新字体・現代仮名遣い版
巣鴨日記
獄中から見た
東京裁判の舞台裏
重光葵 著
MAMORU SHIGEMITSU
ハート出版

巣鴨日記

市ヶ谷軍事法廷前に立つ重光葵

目次

凡例

一、本書は、文藝春秋新社刊重光葵著『巣鴨日記』（昭和二十八年五月十日発行）を底本とし、漢詩の部分など全体の約二割を省き、抄録したものです。
二、原則として、旧字は新字に、旧仮名遣いは新仮名遣いに改めました。
三、文章を読みやすくするため、一部の漢字を開き、句読点の整理などを行いました。
四、原本のふりがなを整理し、難読と思われる漢字に、ふりがなを追加しました。
五、明らかな誤字脱字は訂正しました。
六、編者が補った注は〔　〕で括りました。
七、補った注の肩書きは、主に内容に関係する時期のものを用いました。
八、写真と著者によるスケッチを追加しました。
九、副題は編集部が新たに加えたものです。

〔編集部より〕
当社で復刻を希望される書籍がございましたら、本書新刊に挟み込まれているハガキ等で編集部まで情報をお寄せください。今後の出版企画として検討させていただきます。

極東国際軍事裁判　被告人と弁護人　昭和22年10月（主席弁護人は鵜澤總明、松岡と永野は開廷初期の情報）

荒木貞夫　ローレンス・J・マクマナス　菅原裕　蓮岡高明　徳岡二郎
土肥原賢二　フランクリン・ワレン少佐　太田金次郎　加藤隆久　木村重治　北郷為雄
橋本欣五郎　E・リチャード・ハリス　林逸郎　奥山八郎　金瀬薫二　岩間幸平　菅井俊子
畑俊六　アリスティディス・G・ラザレス中尉　神崎正義　国分友治　今成泰太郎
平沼騏一郎　サミュエル・アレン・ロバーツ　宇佐美六郎　澤邦夫　毛利与一　柳井恒夫　北郷為雄
広田弘毅　ジョージ・山岡　花井忠　渋澤信一　広田正雄
星野直樹　ジョセフ・C・ハワード　藤井五一郎　右田政夫　松田令輔
板垣征四郎　フロイド・J・マタイス　山田半蔵　佐々川知治　阪埜淳吉　大越兼一　金内良輔
賀屋興宣　マイケル・レヴィン　高野弦雄　田中康道　藤原謙治　山際正道　栖橋渡
木戸幸一　ウィリアム・ローガンJr.　穂積重威　木戸孝彦
木村兵太郎　ジョゼフ・C・ハワード　塩原時三郎　是恒達見　安部明　北郷為雄
小磯國昭　アルフレッド・W・ブルックス　三文字正平　高木一也　小林恭一　松阪時彦　齊藤誠一
松井石根　フロイド・J・マタイス　伊藤清　上代琢禅　大室亮一
南次郎　アルフレッド・W・ブルックス　岡本敏男　松澤龍雄　近藤儀一
武藤章　ロジャー・F・コール　岡本尚一　佐伯千仞　原清治
岡敬純　サミュエル・アレン・ロバーツ　ジョン・G・ブレナン　宗宮信次　小野清一郎　蔵重鉄一
大川周明　アルフレッド・W・ブルックス　大原信一　金内良輔　福岡文子
大島浩　オーウェン・カニンガム　島内龍起　内田藤雄　牛場信彦　西郷従吾
佐藤賢了　ジェームス・N・フリーマン　ジョン・G・ブレナン　草野豹一郎　藪馬伊三郎　井上益太郎
重光葵　ジョージ・A・ファネス大尉　柳井恒夫　金谷静雄　三浦和一　宇佐美六郎
嶋田繁太郎　ジョン・G・ブレナン　E・リチャード・ハリス　高橋義次　瀧川政次郎　祝島男
安田重雄　鈴木勇　奥山八郎
白鳥敏夫　チャールズ・B・コードル　成富信夫　佐久間信　広田洋二
鈴木貞一　マイケル・レヴィン　高柳賢三　戒能通孝　加藤一平　福島壽
東郷茂徳　ジョージ・山岡　ベン・ブルース・ブレークニー少佐　西春彦　加藤伝次郎　七田基玄
東條英機　ジョージ・フランシス・ブリューエット　清瀬一郎　河北健治郎　内山弘　塩原時三郎
梅津美治郎　ベン・ブルース・ブレークニー少佐　宮田光雄　小野喜作　池田純久　梅津美一
松岡洋右　フランクリン・ワレン少佐　小林俊三
永野修身　ジョン・G・ブレナン　奥山八郎

判事

ウィリアム・フラッド・ウェッブ（濠州　裁判長）
エドワード・スチュワート・マクドゥガル（カナダ）
梅汝璈《ばいじょこう》（中華民国）
アンリー・ベルナール（フランス）
ベルナルト・V・A・B・レーリンク（オランダ）
エリマ・ハーベイ・ノースクロフト（ニュージーランド）
イワン・ミキエビッチ・ザリヤノフ少将（ソ連）
ウィリアム・ドナルド・パトリック（英国）
マイロン・キャディ・クレーマー少将
（米国　ジョン・パトリック・ヒギンズと交代）
ラダ・ビノード・パル（インド）
デルフィン・ハラニーリャ（フィリピン）

検事

ジョセフ・ベリー・キーナン（米国　主席検察官）
フランク・ステイシー・タブナー Jr.（米国）
向哲濬《こうてつしゅん》（中華民国）
アーサー・ストレッテル・コミンズ・カー（英国）
セルゲイ・A・ゴルンスキー（ソ連）
S・Y・ローゼンブリット大佐（ソ連）
アラン・ジェームス・マンスフィールド（濠州）
ヘンリー・グラタン・ノーラン代将（カナダ）
ロベル・L・オネト（フランス）
W・G・F・ボルゲルホフ・マルデル（オランダ）
A・T・ラヴァージ（オランダ）
ロナルド・ヘンリー・クィリアム（ニュージーランド）
ゴビンダ・メノン（インド）
ペドロ・ロペス（フィリピン）

※極東国際軍事裁判速記録第八号、第百八号、三百三号等を元に作成。メンバーは時期により変動。

昭和二十一年（一九四六年）

四月二十九日　月曜日

一

今日は天長節で自分にとっては忘れ難い記念日である。十四年前上海新公園の爆弾で一脚を失ったのも今日であった。今朝篤《あつし》（次男、長男は既没）は祝賀式のために学校に出かけた。妻は今日の天長節を祝する意味で魚でも買うと云って出かけて行った。上海事変の時に生れた華子《はなこ》（長女）は学校の天長節の式は戦後取り止めになったので自宅にいた。斯《か》くして、夕日の眺めが好いので夕陽楼と名付けた鎌倉の借家には朗らかな記念の一日を迎えた様に見えた。

二

朝九時前けたたましい音が玄関に聞えた。何人か激しく玄関の戸を叩いている。自分が開けに行った。雲を衝く様な七尺もあろうかと思われる米人M・P将校が見覚えのある小柄の米検事局の人と共に立っている。

請じ入れると彼は身分を明《あきらか》にして「命によりて貴下を同行するために来た」旨を告げて直《すぐ》にその用意をする様に促した。スートケース一個に身回品を入れることが許された。華子は日本茶を用意して行儀正しくこれを珍客に捧げた。

自分が用意のために寝室に入り、便所に行っても、大男の憲兵大尉はついて来た。やがて玄関に出た。隣の竹光〔秀正・重光秘書〕君夫人と女中のおたきさんが見送りに出た。十四歳になる華子には「斯様《かよう》な時には何時《いつ》も云っている通りにしっかりしてね！　ママにも御兄さんにもよろしく。皆しっかりするんだよ！」

と云って聞かせて今にも爆発しそうな涙の顔を胸に押し付けて額にキスしてやった。華子は態度は取り乱さなかった。そして道路に待たせてある憲兵のジープまで皆んなと共に見送りに来た。

爆弾のまた落ちて来し天長の
芽出度かるべきその同じ日に

三

ジープは鎌倉海岸から稲村ヶ崎の新道に出て、七里ヶ浜を過ぎ鵠沼《くげぬま》、藤沢を経て横浜東京に向った。昨日までは自分は起訴されないとの確報を持っており、今同車している検事局の男もついこの間自分の処に来た時に左様云っていた。今同車している彼に何故こんなことになったかと聞くのも変なもので、自分は道筋の景色や鎌倉の歴史を話題とし、彼等の日本における生活の不自由について慰問したりした。検事局の人は華子の態度に余程感動したものと見え、

「自分は未だ斯《かか》る可憐《スイート》な情景を見た事がない」と繰返して述べた。

元陸軍省の建物にジープは上って行く。裏に回って兵隊の食堂に入った。すでに二時であった。特に訳を話して注文したと見える。同じテーブルに着いた検事局の人と憲兵大尉とジープの運転手と而《しか》して捕えられた自分と四名相対して昼食をした。給仕は日本娘であって、運転手の兵士は頻《しき》りに彼女に愛嬌を振りまき、ランデヴゥーの打合せを要求していた。

食後、私は本館の建物内にある検事局に案内された。自分の口供書に署名するためであると云うことであったが、その必要はなかった。その間主席検事キーナンらしい人やその他が自分の着席している事務室の一隅に入って来て自分の様子を見た事に気が付いた。

再び階段を降りてジープを乗り換えて巣鴨監獄の入口に着いたのはかれこれ四時半頃であった。

付添の検事局員は私の注文で、監獄の受付に、自分の不自由な脚のために、日本便所に腰掛を用意することを依頼するのを忘れなかった。

巣鴨が自分を受け取る手続にかなり時を要した。自分に付き添って来た検事局員に別れの挨拶をして、監視兵に促されて、受付を通って監獄の建物に連れ込まれた。

四

建物の西の入口から廊下の左の方の大きな薄暗

い室に連れ込まれて、ここで脱衣しろと命ぜられた。向うの壁の方をよく見るとそこには半ば衣を脱した梅津大将が立っている。自分には連れがあることが初めて判った。病院用のガウンを着せられて、松葉杖で梅津大将と共に廊下に引き出され、更に次ぎの室に入った。ここで写真をとったり、指紋を押したり、身長・体重等体格検査は厳重を極め、伝染病の注射の後、ＤＤＴを振りかけられて、それから各自の衣服が渡された。

自分の衣服に着換えて、更に次ぎの獄兵に引き渡されて、廊下を奥へと棍棒の指す方へ歩かされた。巣鴨で第一の最も厳重な関門No. 39を、番号札の様なものを見せて、獄兵は我々を通して、更に大廊下に出た。この大廊下を右に歩いて、第四棟Ⅳの鉄柵内に導き入れて、その棟の獄兵に我々を引き渡した。

我々を受取った第四棟の獄兵は、その棟の三階の一室の扉を大きな鍵で開け、自分のらしいケースを抛《ほう》り込んで、自分を入れて、鉄の扉を無言のまま、外から乱暴に激しく閉めてしまった。

不図《ふと》気が付くとその部屋には一人の先住者が居る。京都府の木成市治〔大阪俘虜収容所梅田分所〕と云う曹長で、俘虜関係で来ているとの事である。同君は私を歓迎し、同情し万事面倒を見てくれる事となった。

梅津大将も、この三階の一室に入れられたらしい。夕方になって平沼翁《おう》も東郷前外相も入って来た。

暫《しばら》くして廊下の小窓から底力のある声で、

「重光君、重光君」

と呼ぶ声がする。

「広田だ、広田だ、またゆっくり会おう」

私の入獄を知った広田前首相が見張の獄兵を避けて、散歩の帰りか何かの序《ついで》に、廊下の窓から私に激励の言葉をかけているのである。

五

夕食後間もなく、獄兵は扉を開けて、私に出て下の廊下に行けと云う。云われる通りに松葉杖で下に降りて行った。愈々《いよいよ》起訴状を渡すらしい。第

松岡洋右元外務大臣

四棟の鉄柵から大廊下に出て行列を造った。西の方からも行列が来る。その中に松岡や、木戸等の顔も見える。これらの西と東のＡ級戦犯の行列は間もなく大廊下に接続する一室に連れられた。その室には台が設けてあって、その台の上には数人の米国の役人が立っている。我々はこれに面して整列させられた。台の上の中央に居る勲章のリボンを多数付けた将校は宣言した。

「極東国際軍事裁判所の検事局は、この度貴下等をＡ級戦争犯罪人として同裁判所に起訴することに決定し、ここに命によって起訴状を各個に手交するものである。公判は五月三日に初まる」

台の上に居る外務省の本野大使館参事官がこれを通訳した。一人一人ＡＢＣ順で呼び出されて、中央のＭ・Ｐ将校から部厚い起訴状が手交された。その数は二十八名であった。

異様な服装に下駄を穿《は》いて、手に数珠《じゅず》をつま繰って何やら口ずさんでいる大川周明博士は、起訴状を受取るべく進み出《い》でた時に昏倒して、漸《ようや》く助けられて室外に出た。久しく会わなかった松岡君は口髭を生やしたりして、痩せ衰えた顔の色は蒼白であったが、低声で何か頻りに喋っていた。恰《あたか》も学生が卒業証書でも受取る様な態度で起訴状を受取って、元の如く自室に帰らされた。

起訴状をめくって見たが、日本の侵略戦争は犯罪行為であるとして、平和に対する罪、人道に対する罪、侵略、殺人、不法行為等を羅列し、五十五項目の犯罪事実を掲げ、被告二十八名を各項目に当て嵌《は》めて、各々極刑を要求している。一項目でも有罪となれば死刑に値するものである。占領軍は二十八名を選出して、これをＡ級の責任者と看做《みな》して極刑を課し、占領の血祭りに上げんとするものであることが余りにも明瞭になった。私には満洲事変は勿論の事、張鼓峯《ちょうこほう》事件〔昭和十三年満ソ国境で起きた日ソ軍事衝突〕、支那各地の占領、対仏印侵入から俘虜虐待に至るまで責任が問われている。起訴状を読むのは好い加減にして漢詩の書を取り出したりした。

五月三日　金曜日

朝八時、廊下にて厳重なる検査を受け整列。バスにて極東国際軍事法廷なる市ヶ谷元陸軍省に向う。バスは目かくしなり。

東條大将は常に人気を呼び、出発前すでに写真班のねらう所となる。バス陸軍省建物に到着するや、米日新聞写真班の猛襲撃を受く。

元陸軍省の表玄関より上る。日本臭の建物も何《い》時《つ》しか米国式に見ゆ。階段を数うるに何《いず》れも十三段なり。窮屈なる控所にてA級同士雑談の機を得たり。

あらゆる威容は裁判所に付与せらる。十一時半頃漸く開廷、被告は裁判官と向い合い、四方より良く見える高き場所に置かれ、裁判官席と被告席との中間に検事団席、弁護団席、速記者席等あり。西側に新聞記者席、見物人席あり。傍聴席は二階に造られている。一見大芝居なり。先年モスクワにて見物せしブハーリン、ルイコフ等の粛清裁判に酷似して米国式なり。裁判の公平と被告取扱の公正とは、彼等の極力世界に宣伝する所なるも、裁判は勝者の敗者に対する懲罰たること最初より明瞭なり。

見物人、書記局等に次で、被告着席。裁判官は満場起立の上グース・ステップよろしく入場。

昼食後続行、法廷暑苦し。大川上衣を脱し、妙なことを口走りながら前列の東條の頭を敲《たた》き初《そ》む、法廷騒然となり写真班大いに活動す。

高柳弁護人〔重光、鈴木担当〕起訴状訳文の不正確を指摘す。

休憩後大川の弁護人大川の医師診断書を提出して免訴を要求す。

市ヶ谷の極東国際軍事裁判所(旧陸軍省)玄関前に到着した護送バス

極東国際軍事法廷全景

起訴状朗読を終らずして閉廷。

五月四日　土曜日

前日の通り八時準備、九時法廷着、九時半開廷。

大川被告遂に病気欠席を許可さる。起訴状朗読を了《おわ》る。法廷手続（裁判所条例）朗読省略。

五月六日　月曜日

定刻法廷に到る。

大川狂博士退陣、寂寥《せきりょう》〔ものさびしさ〕を感ず。松岡老体力尽く。

大川周明教授

裁判官は威容を整えてグース・ステップをとりて入り来る。

清瀬弁護人〔東條、佐藤担当〕裁判長を忌避す。

被告は例外なく無罪を主張す。

検事の挙証の段取りとなり一週間休廷、来週月曜日再開。

五月七日　火曜日

ソ連検事団速記者等を伴い、巣鴨に来り私を呼び出し尋問を行わんとす。私は法廷開始後、弁護人の許可なくして尋問に応じ得ずと拒否す。

五月八日　水曜日

同室五名何れも俘虜関係なり。互に激励す。起床、掃除、一時間半の外気運動あり。午後共同風呂に入る。賑《にぎわ》いて却《かえ》って気を散ず。食事時となれば、番兵大声

チャウ〔めし〕！

と呼ぶ。多くはどんぶり鉢の中に、飯に汁類を打ちかけたるものなり。恰も飼犬に食事を給する

が如し。

同室五人健在にして親切なり。掃除行き届き清潔なるは幸《さいわい》なり。

自宅より外套、スリッパ、下着等、到着す。急に家を思う。篤と華子、今夜も子等を夢に見ん。パパは何処に居ても不自由には変りなし。ここに居ても家に居ても唯座っているまでなり。何処でも同じ、案ずる勿《なか》れ。唯立派に成人せよ。父の愛は限りなし。

五月十三日　月曜日　朝小雨

法廷再開、午前午後に亘りて裁判管轄問題について、弁護団（清瀬一郎博士先頭に立つ）と検事団（キーナン主席及《および》カー英検事）との間に激しき論戦あり。夕帰囚。

本日は手紙日なり。子等へ

静かなる心を以《もっ》て静まらむ
世を祈るなり子等よいそしめ

内閣成立せず、政情不安の如し。

五月十五日　水曜日　小雨

米人弁護人の熱弁続行し、具体的罪状の記述なき起訴状の返還論あり。遂に休廷となり、午後に至りて漸く再開。

巣鴨にて理髪屋曰《いわ》く、配給は一週乃至《ないし》十日遅れ世相惨憺《さんたん》と。

五月十六日　木曜日　少晴

午前中運動。

共産党野坂〔参三〕等の率いる「米よこせ」民衆大会は宮城《きゅうじょう》に押しかく。戦犯問題と共に天皇の責任を追及する革命運動は内外より激化しつつあり。

五月十七日　金曜日　曇

十時半開廷。弁護側の抗弁全部を却下す。
宇佐美弁護人〔平沼担当〕に会う。同氏曰く
「米人弁護団数日中に到着の予定、中に大物もあり、あなた（記者〔重光〕のこと）はソ連の要求した人として且つベストケースとして大いに人気あ

り。米人側が東條に興味をもつのとは素より全然別の意味なり」云々。

　松井大将は獄内の待遇改善要求を提唱せしも、断ることは団体行動にては却って反対の結果となる恐れあり、個別的に行うべきものなりとの結論に達す。

五月二十一日　火曜日　少晴
　十九日の食糧メーデー赤色大示威運動宮城及《およ》び内閣に押しかく。革命勃発前夜の観あり。対日理事会議長アチソン大使は「日本においても英国におけると同様共産党の擡頭《たいとう》を好まず」と声明して、占領軍の政策を転向した。この声明は米国務省も直に支持した。吉田内閣流産の報あり。

五月二十三日　木曜日　少晴
　朝パン食を給せられ喜ぶ。
　戦犯者財産没収と無慈悲に報ずる新聞を見る。ニュルンベルク裁判に総て倣《なら》うものの如し。斯くては家族の生活も不可能となる。罪三族に及ぶソ連式の遣り方が採用せられたものなるべし。今日の敗戦は昔の源平の戦の如く同族鏖殺《おうさつ》〔皆殺し〕を免れず、而してこれ皆文化の名において行わる。

五月二十四日　金曜日
　宇佐美弁護人に平沼男《だん》〔男爵の略〕と共に会見。初めて充分に打合せの出来たる如く感ず。法廷に対する準備も進捗す。同氏は世界の学者、宗教家、思想家に対するアッピール案をも齎《もた》らす。

五月二十九日　水曜日　晴　入浴（入浴は週二回）

　高き外壁の側の鉄条網内の新運動場にて遊歩す。

　本日柳井〔重光担当〕、宇佐美、ファネス〔重光、武藤担当〕三弁護人と会談す。

　柳井、宇佐美談。

　起訴数日前には私を拘留するに付議論ありたるが如し。太田三郎〔終戦連絡中央事務局第三部長〕は二日前には私の名前はなかりしと云い居《お》れり。何れにしても、ソ連検事が来て起訴状全部を改竄《かいざん》せり。検事側は最後まで二種の起訴状を準備せり云々。

ファネス少佐曰く

米国検事は私は拘束は愚か、何等起訴の理由を発見し居らずと云い居り、尚《なお》ソ連は一回も尋問せずして起訴せるは不法なりと論ずるものあり（米検事の尋問を以てこれに代えたりとも云い得）。米国側の反響少からず、私の起訴は問題をかもし居れり云々。

その他裁判について打合せす。

一と月の日数も早く過ぎ行きぬ
神の試練のありがたくして

永雨の今日晴れ渡り葵草《ひまわり》の
陽に傾きて咲ける牕《まど》あり

高壁の内に新に回らせる
鉄条網の中を歩きぬ

高壁の内を青空仰ぎては
又俯《うつむ》向きに歩く人々

追はれ行く羊に似たる一群の
人を追ひ行くM・Pのあり

新運動場より遥《はるか》に鉄条網を越して、他のグループの遊歩に谷（正之　前外相）君の姿を認め、思わず手を上ぐ。

幾重にも鉄条網の張られたる
向ふの小庭に吾友の見ゆ

同室斎藤大尉所報

福原勲（陸軍大尉　大牟田収容所分所長）三日前死刑宣告を受けたと、二十三日斎藤大尉は彼に出会う機会ありたりとの事。

六月一日　土曜日　晴

午後一時半より運動あり。隣の鉄条網内に北澤〔直吉・在ビルマ大使館参事官〕、石澤〔豊・大東亜省南方事務局長〕、甲斐〔文比古・大東亜省政務課長〕の三氏を見る。何れもバーモ関係の人々なり。遠く挨拶す。彼等には何の責任もなし。占領軍の鬱さ晴らしなるべし。実に気の毒に堪えず。

六月四日　火曜日　雨

　法廷九時半開廷。手続問題の後、キーナン主席検事劈頭《へきとう》総括論告あり。午前午後に亘り三時間一万五千語に上る。東京裁判は勝者の軍事裁判にして、将来平和確保のための新例なることを述べ、日本の犯したる、国際平和に対する反逆、侵略戦争、不法残虐行為に対し、文明の名において裁判し過去の責任者を摘発抹殺し、将来の戦争防止に資する趣旨を演説す。

　日露戦争が日本のだまし打《うち》に初まる侵略戦争なりと叫んだ時に衆目は検事席におけるソ連検事に注がれた。

　キーナン主席の辛辣なる論告は裁判の尋常ならざるを予知せしむ。裁判はすでに結論を有《も》つ国際的合意あるものの如し。宣伝芝居の観深し。果してこれによりて文明は救われ平和は将来に確保せらるべきや。

六月五日　水曜日　曇

　清瀬弁護人巣鴨に来り、全被告のサインを得て、これまで弁護人代表たりしコールマン海軍大佐〔東條担当〕の代表辞任を認むることとなり、東條前首相被告一同を代表してコールマン大佐に対しこれまでの労力に対し謝意を述ぶ。

六月六日　木曜日　晴

　函館俘虜収容所長江本〔茂夫〕中佐釈放帰還。

六月七日　金曜日　晴　午後運動

　華府《かふ》〔ワシントン〕極東委員会においてソ連、濠州、ニュージーランドの援助を得て日本の天皇制を覆さんことを計る。

　天皇陛下マッカーサー訪問、又地方に巡視の報あり。米英対ソ関係悪化報ぜらる。英議会ソ連問題討議。

　六月十五日より外相会議再会。

　戦犯裁判来年一杯続き、第二次裁判更に大量に続行せらるべき旨カーペンター大佐〔GHQ法務局長〕声明。

キーナン論告に日本諸新聞挙《こぞ》りて迎合す。

メモアール執筆に着手す。

六月八日　土曜日　晴　入浴

同室山田君起訴され、本日横浜裁判に付せらるることとなる。

　山田君の前途を祈りて

強く生き正しきものの意気をもち
**　敵をも挫かめ一筋のみち**

ロンドン電報として尚四百五十名の戦犯検挙ありと報ぜらる。

六月九日　日曜日　晴　運動

　夕隣室より歌声聞ゆ

一　**世界平和の夢を見て**
**　　戦敗れたお互だ**
**　男は度胸やくざじゃないが**
**　巣鴨の兄弟元気で行こうよ**

二　**一度は捨てた命なら**
**　　何百年の刑期でも**
**　笑って頂戴しようじゃないか**
**　　巣鴨の兄弟元気で行こうよ**

三　**生くるも死ぬるも神様まかせ**
**　　メリケン給与で朗かに**
**　前世の約束果たそじゃないか**
**　　巣鴨の兄弟元気で行こうよ**

四　**おれが未練なこと云えば**
**　　笑って死んだ友人に**
**　ほんとにほんとにすまぬじゃないか**
**　　巣鴨の兄弟元気で行こうよ**

五　**国で妻子や老いたる親が**
**　　蔭膳そなえて細々と**
**　おれの帰りを待ってるじゃないか**
**　　巣鴨の兄弟元気で行こうよ**

六　**今に日本が息吹き返し**
**　　むっくと起きる其の時は**
**　おいらの手柄も光るじゃないか**
**　巣鴨の兄弟元気で行こうよ**

武蔵野の風の吹き巻く埃浴びて
羊の群の如く追はれぬ
たそがるるころほひつのるわびしさに
人の心のなどてかよわき

六月十一日　火曜日　天陰雨湿

Ⅳ（第四棟）Ａ（一階）より、Ａ級戦犯者二十六名、Ⅵ（第六棟）に移転せしめられる。同室者は東郷前外相。

親しみし室の勇士に訣《わか》れ行く
一掬《いっきく》の涙吾なからめや

六月十二日　水曜日　晴

運動あり、入浴す。

初日の食事当番Ｋ・Ｐ〔キッチンポリス／の略・配食係〕は広田前首相、畑元帥、遠方から食事を運んで来て各人につぎ分けて渡すのである。二十六名の全員、元帥、大臣、大将の古手が列をなして破れ膳を以て食事にありつこうとする図は実に異様である。

各室は各自掃除をしなければならぬ。寝床の上げ下しは勿論、便所の掃除もすることとなった。掃除が足りぬと獄兵から幾度もやり直させられる。六時に起床、八時出発法廷に行く。その前日は入浴鬚《ひげ》そりをやる。行列で鉄柵の外の浴室（各人別）に行く。

二十六名が運動の時は高壁の側の鉄条網の中をＭ・Ｐの監視の下に、動物園の檻の中の様に人々は歩き回る。

平沼老は、下シャツの上にチョッキだけを着て、膝を少し屈めて老人らしく早足で歩いているが、この民主生活を興じている様にも見える。同室の南老は白鬚、童顔、独歩を楽しんでいる。星野青年は下駄穿きで一高流の豪傑歩きをやりながら、煙草を手から離さない東條と、肩をゆすぶりながら歩いている。小柄な木戸侯は人々と語りながら、キリキリ鉄条網に沿って歩き回っている。小磯や永野は疲れて、ただ一本しかない小さな木の蔭に休んでいる私の側にしゃがみ込んで、梅雨になっ

星野直樹元内閣書記官長

てから特に神経痛を感ずると腰をたたきながら、米国弁護人二十九名中二十八名までは、断る裁判をする権限はマッカーサーにはないと云う意見で、その書きものを裁判長に提出したが、裁判長は受取らなかった。キーナンは不日《ふじつ》〔近いうちに〕やめるそうだ。ウェッブ裁判長の地位も危い、と云って獄屋らしい噂ばなしを始めた。

重臣も元帥も大臣大将皆共に
羊の群の如く歩きぬ

六月十三日　木曜日　蒸暑

六時起床例の如し。七時出発準備、八時出発。

食事中の佐藤賢了陸軍中将（左から二人目）と東條英機元首相

法廷午前検事書類提出の上、日本侵略の大地図を掲げて説明し、更に日本の政治組織を軍国的なりとして攻撃す。午後四時閉廷。

巣鴨同室者東郷前外相去り、佐藤陸軍中将（前軍務局長）代って来る。不自由なる私を援助せしめんとの意を含む。

米人前弁護団長コールマン大佐等の仮装弁護人帰国す。一般論告一段落のためなるが如し。

比島判事初登場。これにて十一国全員揃う。有色人判事三名となる。

六月十四日　金曜日　晴

朝獄内体操の掛声聞ゆ。

法廷においては、カナダ検事の日本政府の侵略的組織に関する演説に次で、米国検事の補足あり、後各被告の履歴朗読あり。暑苦し。

六月十七日　月曜日　暑強し

法廷各人の履歴朗読あり。私の履歴中次官時代の部分脱落し居り、弁護人は次官休職のことを追加申出たり（防共協定に関係なきを証するため）。

検事よりコンスピラシー（共同謀議）の説明あり。更に一九二八年頃より日本の教育、政治、言論総て排外的となり、遂に暗殺手段も使用され大臣現役軍人制の確立によりて政治は軍の動かす処となると論断す。

証人初めて出廷す。和歌山県に永く語学教師たりし米人で、今は司令部高級軍人。弁護士は反対尋問において「証人は和歌山県に居たる時は米軍のためにスパイ行為をなす任務を有したりや」と反問した。

六月十八日　火曜日　暑気強し

法廷、検事側の証人続々出廷、米人証人に次で大内〔兵衛〕、瀧川〔幸辰〕前大学教授等出廷す。

六月十九日　水曜日　暑気　入浴

新聞報、キーナン主席検事華府にて談話を発表し日本天皇を戦犯として起訴の意なしと言明す。これにて戦犯の根本問題は解決したるも同様なり。一同大安心し宮城を遥拝す。

大君は神にしあれば勝ち誇る
　敵の手出しもとどかざるはや

陛下は実に正しい人である。この報を聞きて木戸、東條非常に喜ぶ。

六月二十日　木曜日　蒸暑

検事証人、伊藤述史《のぶふみ》、前大使〔情報局総裁〕。軍国宣伝の紙芝居証拠として提出さる。

六月二十一日　金曜日　暑気

大阪毎日新聞作製映画〔『非常時日本』（昭和八年）〕荒木大将の軍国主義演説提出さる。

六月二十五日　火曜日　暑し

幣原〔喜重郎〕男証人に出廷、記者に対し有利なる証言をなす。

六月二十六日　水曜日　暑

幣原男証言続行。

六月二十七日　木曜日　暑

犬養健《たける》氏〔第一次近衛内閣逓信参与官〕出廷、記者に有利なる証言をなす。

六月二十八日　金曜日　暑

若槻〔禮次郎〕男出廷、記者に有利なる証言をなす。

市ヶ谷台下正門前に華子母と共に目かくしバスを見送り居るを見付けた。

田中隆吉陸軍少将

七月五日　金曜日　雨　入浴

平沼男病む。

岡田啓介大将〔首相〕に次で田中隆吉《りゅうきち》少将〔陸軍省兵務局長〕証言台に立ち、センセーションを起す。木戸日記満洲事件の部提示あり。

証人が被告の席を指さして
犯人は彼なりと云ふも浅まし

七月六日　土曜日　半晴

田中証言続行。

ケンワージー隊長の尽力により、二ヶ月余の懸案たる西洋便所の設備なる。

敵の中捕はれの身にも情ある
人の心を感ぜざらめや

七月八日　月曜日　雨　蒸暑
田中隆吉証人反対尋問、弁護士不振。

七月九日　火曜日　小雨　蒸暑
法廷にて裁判長自ら絞首刑又は銃殺刑を課する意向を口にす。
田中隆吉証言終る。

七月十日　水曜日　蒸暑甚し
法廷は苦熱のため十五日月曜日まで一週間休廷。

七月十一日　木曜日　暑気極度に達す
獄内において突如一切のスートケース類を取り上げらる。室内雑品の置所なく又机代用物なく、書き物に甚だしく不便を感ず。
暑熱一層こたう。

平沼男一週間病み、本日遂に病院に移さる。八十の老人を牢獄に繋ぐは真に人道問題なり。

七月十五日　月曜日　運動
法廷開く。冷房装置尚完成せず。午後休廷す。弁護団と会談することを得たり。
米判事ヒッギンス去り、後任は軍法務官クレーマー少将。

七月二十二日　月曜日　盛夏　遊歩　入浴
法廷、秦徳純《しんとくじゅん》（中国軍人）証人台に現わる。土肥原秦徳純協定の当事者なり。
平沼男病院より帰来。

七月二十五日　木曜日
法廷にて秦徳純証言終り、南京事件に移り、日本軍の暴行証言に入る。醜態耳を蔽《おお》わしむ。日本魂腐れるか。

七月二十六日　金曜日　小雨涼し夜冷ゆ

法廷支那人証人二名南京占領日本軍の非行を立証、その叙述惨酷《じょじゅつざんこく》を極む。嗚呼《ああ》聖戦。

七月二十七日　土曜日　遊歩

喜恵子遠路暑を衝いて来訪、家情を語る。無恙《むよう》〔異状のないこと〕を報ずるも、その顔容瘠せ衰え昨日の面影なし。憐憫《れんびん》に堪えず。獄兵を介して煙草若干を渡して慰安す。

七月二十八日　日曜日　遊歩　入浴（法廷のある前日は入浴鬚そりあり）

各室の徹底的検査捜索あり。針は勿論、糸、紐《ひも》、石鹸、外国煙草を押収。獄兵の態度ことさらに非礼を極む。

七月二十九日　月曜日　小雨　五十九歳誕生日

法廷に米英の有力なる証人出廷、南京残虐事件、阿片問題を証言し、日本軍の行動及《およ》び日本政府の方針を非難す。

極東国際軍事裁判所憲兵隊長
オーブリー・S・ケンワージー中佐

ニュルンベルク裁判は七月二十六日各国検事の最終論告あり、二十二名全部極刑を要求す。

七月三十日　火曜日　雨　浴

市ヶ谷道中及法廷控室において、吾々の警護M・P隊長ケンワージー中佐は吾々に対してあらゆる同情を表示す。その親切は到底常人の能《よ》くする処にあらず。その部下、将校、兵士、皆隊長に習う。中佐は吾々に特に米煙草を寄贈さるるのみならず、面会弁護士との会談等に関する吾々の希望は、最大限にこれを充さんことに努力する。彼は最も純粋なる米国の正義観に徹せる人と認めらる。吾人に対する親切は、極刑に追わるる敗者に対する武士の情なり。彼の如きは米国民主主義の誇《ほこり》なり。

七月三十一日　水曜日　嵐後晴　遊歩　浴

法廷、満洲建国よりリットン報告書に及ぶ。午後法廷、傍聴席に華子の姿見ゆ。手を振って喜んでいる。母も居る様である。

ケンワージー隊長に知らせたら、早速休廷時間に面会し得る様に取運んでくれた。金網越しでなく、立派な応接室に案内された。監視のパーキンス中尉は、成るべく遠方に離れているという気のきかせ振りである。入獄以来初めて華子の手を取ることが出来た。真黒く日にやけている。一日三回鎌倉の海に入るとの事であった。華子の目にも父の目にも涙が光っていた。母の瘠せた姿が痛々しく感ぜられた。一時《ひととき》を嬉しく順序も取り止めもなく語り合い、パーキンス中尉がまだゆっくりで宜《よろ》しいと云うのを押して、時間通りに切り上げて次回を約して別れた。室の外にはファネス、柳井の弁護人がすでに待っていた。

目かくしバスが市ヶ谷台を下って正門を出る時に、母と華子とはその側に立って、バスに向って手を振っていたのを窓のすき間から見つけた。

八月一日　木曜日　嵐後晴

法廷、森嶋公使〔守人・奉天総領事代理〕証人出廷、満洲事変勃発の際の関東軍参謀部板垣、石原〔莞爾〕、花《はな》谷《や》〔正〕、土肥原、建川〔美次〕等の行動を検事のために証言す。

ファネス反対尋問に立ち、当時重光駐支公使発幣原外務大臣宛電報中三通を提示して、重光が宋《そう》子文《しぶん》〔行政院副院長〕と共同して満洲事変を解決せんとして具体案を有したることを証言せしめ、検事側の反対を押し切って奮闘の結果右電報を証拠文書として法廷をして受理せしめ、更に証人より種々《いろいろ》有利なる証言を得て殊勲を樹つ。

最後に、関東軍が武力を以て文官の介入を排し既成事実を作って、政府及出先機関は如何とも手の下し様なかりし事態をも証言せしめた。

八月二日　金曜日

法廷は森嶋証人に次で、前田多門氏〔朝日新聞論説委員〕証人台に立ち、文教の事について検事のために証言す。

巣鴨出入身体検査益々厳重となる。

八月四日　日曜日　晴　遊歩　入浴

昌谷《さかや》〔忠・駐フィンランド〕公使来訪、丁寧に慰問さる。

八月五日　月曜日　天気不定　遊歩　入浴

法廷にて大阪毎日作製「非常時日本」（荒木陸相演出）の映画を見る。午前中を費す。画面も演説も別に異様なものなく当時軍部宣伝の日本精神の高揚を目的とせるものなり。

午後に至り、支那事変の段階において米人パウェル証人台に現わる。松葉杖をつき歩行殆《ほとん》ど不能、M・Pの援助により証人台に着席す。パウェルは上海イヴニング・ポスト及ウィクリー・レビューの持主にして、マンチェスター・ガーディアン、シカゴ・トリビューン等大新聞の通信員として、終始一貫したる生涯の排日記者なり。戦争勃発後上海日本憲兵のために捕えられ、所謂《いわゆる》豚箱《ブタバコ》に入れられること数ヶ月、病を得て遂に上海工部局病院にて両脚を切断す。その後米国に帰ることを許されたるも健康は遂に旧に復せず、今日辛うじて彼の最後の仕事として検事のために東京裁判の証言台に立つに至ったものである。証言の主目的は満洲事変及支那事変中再度の上海事変、日本軍の残虐行為を立証せんとするものなり。

八月六日　火曜日　薄曇　遊　入浴

法廷、先《ま》ずモロー大佐（検事）支那事変に対する総括論告をなす。

パウェル証人証人台にあり、第一次第二次第三次上海戦争について証言の上、自ら

「被告席に重光氏の居るのを見るも、彼は彼処《あそこ》に居るべき人ではない。彼は常に平和人道のために尽した人である」

と述べ、ファネス弁護人の反対尋問に応じて、重光日本公使は各国代表と共同して事変を処理して、平和に導きたること、重光公使は常に平和及人道を重んじたる事実を証言す。法廷は恰も「重光デー」の観ありと一A級戦犯者は皮肉る。

終生《しゅうせい》の排日家パウェル氏が検事の証人として立ち、斯くの如き証言を行いたるは記者に多大の満足を与え、正義滅びずの感を起さしむ。ファネス弁護人も非常に満足す。彼は、パウェル氏がもし重光の利益のために証言することを許されずば証人台に立つことを拒絶すると云い張りたりと内報す。ファネス弁護人更に曰く英国大使館側は重光戦犯は了解し得ずと云い居れりと。

記者の外交が日本人よりも外国人に寧《むし》ろより多く理解せられ居ることは大なる慰安なり又大なる誇りなり。正義は飽くまで顕現されざるべからず。

人の子は皆神の子ぞ又人の
心は神の心とぞ知れ
真心は国の境に隔てなく
人の毛色に変るあるなし
時として外《と》つ国人の心こそ
勝りて尊き事も多かり

八月七日　水曜日　遊歩　入浴

ケンワージー隊長、迎いのバスに乗るや、本日のスターズ・アンド・ストライプス紙を手渡してくれた。開いて見ると昨日のパウェル証言を大見出しで一頁劈頭に載せ「重光は平和を求めたり」と大見出しの下に法廷記事が載っているのが目に付いた。

後で柳井君の差入れてくれた新聞を見ると日本新聞も一様に本件を目立って取扱っている。

正義は勝つのだと云う声が我陣営に広まった。

法廷は本日盧溝橋事件、南京事件を取り扱い多田大将〔駿・参謀次長〕、漢口米商証人台に立つ。

八月八日　木曜日　晴　立秋　遊　入浴

法廷、支那事変

伊藤述史氏再び証人台に立つ。

U・Pホーブライト記者は日本管理政策一周年の感想ステートメントを要望す。

彼曰く

「確かな筋よりの聞込みによれば米国側は何等貴下訴追の意向なかりしこと確実なり、ソ連の要求によるものなり」

八月九日　金曜日　晴

法廷、検事は近衛声明等を提出す。

母と共に華子の姿を見る。

南大将曰く

「自分は法廷に来るのを楽しむ、毎日何か得る処あり。弁護士、検事、裁判官、憲兵等の態度を見るに我々の教えらるる処少からず」云々

その言や好し。彼また決して常人にあらず。日本人は学ぶべき点多し。never too late.

同大将又曰く

「自分はこれまでやって来たので死ぬる事は実は何とも思っておらぬ。随分種々《いろいろ》な事をこれまでやったからね！　裁判は面白い。あんた（記者）も最早思い残す事はあるまい。それに法廷では却って広告される様なもので、自ら云えぬ事を法廷で他人に云って貰って、立派な歴史を公表してくれる。仕合せじゃないか」云々。

南大将の哲学であり、又今日の重光観である。

八月十二日　月曜日　晴　遊　浴

法廷、米新聞記者ゲチー（I・N・S〔UPIの前身〕）証言しキーナン主席検事質問す。

北支、第一次上海戦争、盧溝橋衝突等を引き出す。

八月十三日　火曜日　晴　遊　浴

ゲチー反対尋問に大波乱起る。

キーナン主席検事と裁判長と正面衝突の場面を

演出し、法廷緊張す。

弁護人の証人尋問激越なり。ゲチーの覚書はキーナンとの合作なることを遂に証言す。又彼は寧ろ被告の証人たるべしと申出たことあること等暴露せられ、米弁護人の攻撃鋭く法廷最大の緊張なり。

市ヶ谷途上未だ戦時中の壕舎に住めるものあり、その傍に一輪の葵草誇らかに咲くを見る。

八月十四日　水曜日　晴　遊　浴

法廷休、米国戦勝記念日なり。

ポツダム宣言受諾一周年、即ち降伏記念日なり。

八月十五日　木曜日　浴

法廷、支那検事の論告あり。日本軍の残虐行為をあばく。

宣教師の南京暴行事件の証言あり、虐殺、強姦、暴行、破壊、数時間に亘って縷々証言して尽くる所なし。吾人《ごじん》をして面を蔽わしむ。日本人たるもの愧死《きし》すべし。

八月十六日　金曜日　晴

法廷、南京虐殺強姦事件を終り、溥儀《ふぎ》前満洲皇帝証人として出廷。数奇の運命を担う同人は、終戦の際日本に渡来すべく、顧問中島少将等と共に、飛行機にて奉天に到れる際、ソ連機到来して連れ行かれ、ハバロフスクに収容、今日ソ連の陣営より出廷す。背広姿、日に焦げ健康そうに見ゆ。百%宣伝材料に使用さる。証言はキーナン主席の直接質問に応えたものであって、その生い立ちより、満洲王位引き受けに及ぶ総て、日本側の脅迫によりて行動せしものなる事を白々しく証言す。憐むべし、彼はソ連の俘虜として死命を制せられ、更

愛新覚羅溥儀前満洲国皇帝

に支那側の処刑より免れんことをも工夫し居るものの如く、総ての非を日本側に着せしむるを、最も安全なる策と考え居るものの如し。

かつて満洲皇帝として、小なりと雖《いえど》も、新京の王宮に起居せるものの気品風貌は毫《ごう》も認むることを得ず。総ては日本側の脅迫詐欺によらざるなき点に付技巧を弄す。

ヴィクトル・ユーゴーの九十三年（仏革命史）を読む。

八月十七日　土曜日　晴　遊

暑気強く、米作愈々《いよいよ》好望。

ペセドウスキー「日本をスパイする」（赤色外交の真相）を読む。

八月二十日　火曜日　晴　遊　浴

二階に新《あらた》に来りし一組、横浜裁判往復のため朝五時より出発用意喧騒甚《はなはだ》し。

法廷、溥儀キーナン尋問午前を以て終了す。終始日本の圧迫による行動で、常に反抗の機を窺《うかが》い居たりとて日本の侵略を滔々《とうとう》縷述《るじゅつ》す。その心事憫《あわれ》むべし。午後より鵜澤弁護人〔日本側弁護団長〕反対尋問の後、ブレークニー〔東郷、梅津担当〕の反対尋問に移る。

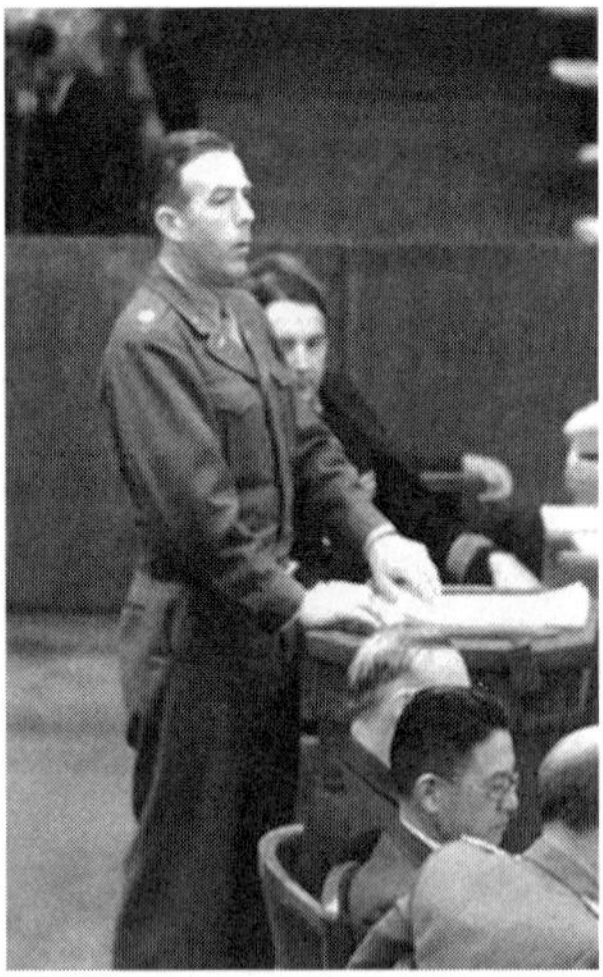

ベン・ブルース・ブレークニー米陸軍少佐

八月二十一日　水曜日　晴　遊　浴

台風去る。

法廷、ブレークニー反対尋問最高潮に達し、終日尽きず、溥儀の正体遂に暴露さる。ブレークニーは永く溥儀を研究し、一両年前ライフ誌に溥儀を叙述したることとある位なり。彼の尋問は歌舞伎の大芝居を見るが如し。

八月二十二日　木曜日　晴　遊　浴

ブレークニー反対尋問続く、終ってクライマン（南の弁護人）尋問す。溥儀が天津《てんしん》時代、当時の陸相南大将宛の親書持ち出され溥儀を驚かす。溥儀尚その真実性を否定して法廷に一波瀾起る。

八月二十三日　金曜日　疲労を感ず

溥儀尋問、波瀾重畳。清瀬反対尋問不振。

八月二十四日　土曜日　晴　法廷なし

可憐薄儀、満洲朝の裔《すえ》

路傍の一布衣に如《し》かず

俘虜虐待のために、内外各地において続々死刑の執行発表せらる。宗教家はこの戦後の殺戮《さつりく》を何と見るや。ソ連革命後の世界相は遂に人道を全体主義的に滅亡に帰せしめつつあり。

八月二十六日　月曜日　晴　遊　浴

薄儀反対尋問、清瀬弁護人続行。

薄儀手跡《しゅせき》問題となり、ジョンストン（溥儀家庭教師）著書も引合いに出さる。

八月二十七日　火曜日　晴　遊　浴

溥儀尋問続行。終りて検事文書提出、土肥原の溥儀誘出に関する天津総領事桑嶋主計《かずえ》電報提出さる。

八月二十八日　水曜日　晴　遊　浴

検事文書提出続行。証人出廷。

阿片問題に入り経済侵略に移る。

八月二十九日　木曜日　遊

残虐行為（南京蕪湖《ぶこ》等）文書及証人の提出あり。

八月三十日　金曜日

支那各地残虐行為阿片問題（河北、広東、広西、熱河）文書提出、証人出廷。

九月二日　月曜日　晴　遊　浴　篤誕生日

横浜沖ミズリー号の一周年記念日なり。当日の詠《うた》

願はくは御国《みくに》の末の栄え行き

我名さげすむ人の多きを

一年前、早朝薄暗きに帝国ホテルを出でたる日を想起す。敵艦上の儀式は、真に我国開闢《かいびゃく》以来の恨事《こんじ》なり。予期せられた爆弾は飛ばず、却って張合い抜けの調子なり。

爆弾は、本年四月二十九日天長節に当りて飛んだ。私も遂にA級戦犯人として巣鴨に来り、毎日法廷に立つ身となった。

晶《あきら》（甥、外交官）も良嫁を得て近く結婚の意あり。将来の大成を期すべし。我を嗣《つ》ぐものは汝なり。

ニュルンベルク裁判論告終結し、判決近きにあらんとす。検事は勿論、輿論《よろん》宣伝も総括的に死刑を要求す。結果は推して知るべし。東京裁判もこれに対応して進行し、南京虐殺等我が侵略戦争に関する、あらゆる醜状暴露せらる。これらの犯罪行為が、コンスピラシーの原理によって連座せしめらるるにおいては、何人も死刑は免れざるべし。全体戦争においては、勝者は敗者に対して活殺《かっさつ》自在の権を有す。

獄屋の取締も益々厳重となり、本日は食器も一律に室内保管を禁ぜられ、廊下の一部に置くことを命ぜらる。裁判進行と共に、自殺防止に極度に神経を使用するものと見らる。

二百十日も天気晴朗、米作は予想を超ゆる豊作か。

九月三日　火曜日　晴　法　遊　浴

法廷は阿片問題、満洲及支那における阿片政策の攻撃余す所なし。証人は元興亜院部長及川某（源七中将）。

九月一日の日本タイムズ紙上米議会視察員のソ連に対する極端なる意見の報道あり。米ソ関係の急速悪化は免れず。ソ連問題は恰もミュンヘン後のドイツ問題に似たり。

ケンワージー隊長より松葉杖の寄贈あり、今日これを使用す。

獄内食器引き上げのためＫ・Ｐの世話に混雑を来《きた》し、佐藤同僚弱る。

九月四日　水曜日　晴　法　遊　浴

法廷、阿片問題は米国在支財務官の報告を基礎として証拠を提出し、満洲、朝鮮、北支、中支、南支に亘る日本の非行を摘発す。阿片問題の中心人物里《さと》見《み》甫《はじめ》証人として出廷す。

平沼男数週間の病気全癒、明日より出廷、松井大将尚病院に在り。

九月五日　木曜日　晴　遊　浴

法廷、阿片問題続行、文書提出。

阿片問題の果して何人を訴追せんとするものなるか。

前日森岡〔皐《すすむ》〕中将（北支政務委員会顧問、特務機関長）証言中に対米英戦争は東條の主張なりとの一節あり、反対尋問による追及によって、証言は支那検事等の要求によって作製捺印せるものなること暴露す。森岡は開戦当時日本にあらず又東條とも会見せず、単に一般の風説によりて書きたるに過ぎずと判明し、キーナン主席を憤怒《ふんぬ》せしめ、偽証罪を以て告発すべしとまで怒号したるも、本日は検事の成績良好ならず。

ファネス弁護人の奮闘による所多し。

九月六日　金曜日　晴　遊　浴

法廷にて篤に面会、考え方も落ち着き明朗な気分にて大《おお》いに安心せり。

法廷は経済侵略の総括論告に次で満洲に対する経済侵略の挙証に入る。宛然《えんぜん》〔そっくりそのまま〕満洲国の

ジョージ・Ａ・ファネス米陸軍大尉

広告の観あり。
九月七日　土曜日　晴　理髪　蒲団干し
横浜裁判にて判決を受けたる所謂《いわゆる》既決囚、獄内にて重労働に服す。監視兵の眼をくぐり窓より煙草を投げ与えて激励す。

秋の陽の獄屋に入りて脚延ばし
秋の陽の入りて遽《にわ》かに人の声
秋晴や牢屋の内も蒲団干し
戦犯の園に働く一群に
「光」投ぐれば応と答ふる
窓越しに裁判如何にと我問へば
重労働二十年もらひましたと若者答ふ

晶差入れの「芭蕉講話」を読む。

九月九日　月曜日　半晴　遊　浴
法廷は経済侵略立証を続行。満洲国の工業発展を広告するの奇現象を呈す。

門戸開放、機会均等に関する日米両国の立場について文書提出され、有田（八郎）、宇垣（一成）外相とグルー大使との往復文その中にあり。米国の門戸開放政策と日本の大陸政策との調節は容易の事にあらざりし。

九月七日、スツットガルトにおける、米国務卿バーンズ氏のドイツ人に対する演説（国境線の確定は平和条約による云々）は、世界の注目を惹く。米国の対ソ態度の硬化は明瞭なり。米国の第一声と見らる。

九月十日　火曜日　半晴　遊　浴
法廷、日本の大陸における経済侵略続行。

英国ワイルド中佐（英印軍第三軍司令官付参謀）シンガポール攻略による英俘虜に対する残虐的待遇に対する証人として出廷。

九月七日のバーンズのスツットガルト演説は、米国の対ソ強硬政策の声明として注目せられ、米国がその義務を果すため欧洲より撤兵せぬと宣言したのは英国を満足せしめた。ドイツの東境は平和条約によって定まるとの点については、ポーランドにおいて抗議的大示威運動となる。

九月十一日　水曜日　晴　遊　浴

法廷、ワイルド証言（コミンズ・カー英検事指導）続行。

シンガポール俘虜の英濠人虐待、虐殺の状況、支那人五千以上の虐殺状況を詳細陳述す。南京事件に似て更に英濠人に及びたる点において問題は一層複雑困難なり。

九月十二日　木曜日　晴　遊　浴

法廷、ワイルド証言は進んで、印緬《いんめん》鉄道建設のための残酷悲惨なる俘虜使用の状況を細大洩《もら》さず証言し、本件に関し赤十字を通じ日本側（外務大臣は記者）に提出したる抗議文書をも提出し、記者を起訴する最初の検事の指名と認められた。

この種抗議を受けた記者は当時直に軍部にその調査を依頼したるも、常に事実を否定しこの種の報道は敵の中傷宣伝なりとの回答を受けるを例とした。記者はこれに満足し得ず、遂に天皇陛下に直訴して軍部を厳重に戒飭《かいちょく》して〔注意を与え慎ませて〕いただいた経緯あり。日本の名を汚すことこれより甚だしきはなし。今次戦争の汚点なり。

赤軍、ハルピンに侵入。

九月十三日　金曜日　晴

法廷、コミンズ・カー英検事、俘虜虐待、印緬鉄道残虐行為等について挙証すること巨細を極む。

ワイルド証人は陸軍省（復員局）の作製したる調書を提示し、先き回りしてこれを一々反駁す。

検事辛辣を極む。

九月十四日　土曜日　夜雨　午前遊歩　午後遊歩

秋風身に沁む。

武蔵野の野わき身に沁む鉄の窓《まど》

松井大将一と月入院後、元気に帰る。胃を病みたるなり。やや肥えたり。法廷にて南京事件の挙証を聞くを避け得たるは寧ろ幸なり。法廷における松井の運命はすでに明なり。それでも、彼は山田純三郎君〔孫文支援者〕等の尽力によって、支那に護送され、支那にて形式的に裁判に付せられ、後南京政府の軍事顧問に任用せらるべしとの噂を耳にして、喜色を見せたり。然《しか》し、彼は毎日観音経を誦《そら》ずることを欠かさず、彼の読経の声は異様にさびたり。彼が人の依頼に応じて揮毫する文字は常に

殺身為仁《さっしんいじん》

であった。

秋雨の敲《たた》く鉄まど静かなり

老人の意気を巣鴨の秋之庭

九月十五日　日曜日　秋晴　遊　浴

米兵交替期と見え獄兵新参者多し。親切な男もあり、又無暗《むやみ》に職権を振り回わし嫌われるものあり、多くは十八九の子供上りにて理解なきもの多数なり。

将校も多くは新顔となる。玉石混交なり。今日午前遊歩の際新顔の大尉来りたるが、余りに塵埃《ほこり》の立つを見て同情し、遊歩場を建物の間の樹木のある中庭に変更し呉れ、一同感謝したり。その大尉が遊歩後室に帰る途中、記者の手の中にチェスターフィールド一箱とチョコレート一封とを押し付けて去れり。米人獄吏《ごくり》の中に断る思い遣《や》りある人あり、親切は国境の別なく感ずること深きものあり。

将校にも下士官にも二世日本人あり、混血児あり、仕事には何等差別なし。意地悪き主任下士官の居なくなりたるは一同の大なる喜《よろこび》なり。

Ⅵ棟は汚れたる壁をかき落して奇麗にするため、廊下より各房に至るまで塵埃濛々《もうもう》と立ち呼吸に苦しむ有様、よって遊歩を許さる。

九月十六日　月曜日　晴　遊　浴

法廷、ワイルド証言。

俘虜虐待問題にてコミンズ・カー検事愈々峻烈《いよいよしゅんれつ》

なり。

セミヨノフ〔白軍指揮官〕裁判の内容ハバロフスク放送として報ぜらる。同裁判において日本人証言中富永某〔恭次・関東軍第二課長〕は対ソ作戦計画ありしを証言し、その実行の一部として「関特演」〔関東軍特種演習〕をあげ満洲増兵については特に天皇の御裁可を得たることを述べ、責任は東條にありと証言している。「関特演」の実行は一九四二、三年の交《こう》なりと云う。

米商務卿前副大統領ウォレス、ニューヨークにてバーンズに反対して親ソ演説を行い、ペッパー上院議員等共鳴し大統領の政策の不変を特に声明す。ソ連は米国の輿論《よろん》を分裂せしめんとす。

夜獄兵口笛を吹きて眠るを得ず。

口笛にM・P憎し秋の夜

九月十九日　木曜日　晴　遊　浴

法廷、ワイルド証人ファネス反対尋問の後、防共協定及三国同盟（検事タヴェナー）に入る。総括論告約一時間、相当詳細且つ具体的なり。総て日本の東西南北に亘る侵略企図に連結せるものなり。大島、白鳥両大使の活躍に触るること多し。

挙証は先ず大島大使の口供書提出に初まる。

九月二十日　金曜日　晴　遊　浴

法廷、三国同盟防共協定証拠文書提出さる。本日の新聞は裁判も愈々本格的になったとて昨日検事の総括論告を大見出しで報道している。

防共協定の枢府《すうふ》〔枢密院〕における政府の説明文書を読み上げた際、英国の議員連五、六名来賓として傍聴に来ていた。防共は今の米英の最も大なる関心事となっている。

今日は紳士的の獄兵の当番であって、明日法廷がなくとも入浴が出来た。

九月二十一日　土曜日　晴　午前午後二回遊歩　蒲団干し

老囚は今日秋晴れに蒲団干し

昨日はソ連が東京に送り来りし大切な証人草場辰巳中将（満洲関係）の自殺が報ぜられた。

記者の英国時代の外務省宛電報が証拠として検事より提出されると云う秘報もあった。

九月二十二日　日曜日　晴　遊　浴

晶差入れの夏目漱石「我輩は猫である」を久し振りで読み、これを終る。実に筆達者である。漢文口調で明かに「日本文」に到達する過渡期のものであるが、その蘊蓄《うんちく》には驚かされる。日本的の気のきいた作品で、思想的には何もない。

原田千代子女史差入れの古詩韻範《こしいんぱん》を通読す。同書は支那の詩の粋を年代によって味《あじわ》わしむるもので最も興味深く読んだ。日本文学の淵源《えんげん》が漢、唐、隋、宋の詩文にあり、今日尚その影響を受けていることは云うを俟《ま》たぬ。日本文化が如何にして支那古代文化から蟬脱《せんだつ》して世界の進運に伴う様になり得るかは、当代文人に課せられた難問題である。

九月二十六日　木曜日　秋晴　浴

法廷、三国同盟、主としてドイツ側文書提出。松岡外相ベルリン訪問に関するドイツ側文書は奇怪なる節多し。

ヒットラーもリッベントロップ〔外相〕も松岡に対して

(1)英国の敗戦降伏近きにあること。

(2)ソ連の心配なきこと（ソ連がもし日本を攻撃せばドイツは直にソ連を処分すべきこと）。

(3)日本は天の与えたる千載一遇の機会を逸《いっ》せずシンガポールを攻撃し英帝国を崩壊せしむべし。

(4)果敢なる行動により準備なき米国は参戦せざるべし。

(5)ドイツ潜水艇及空軍の威力はよく英米を威圧すべし。

等を力説して松岡をしてシンガポール攻撃を決意せしめ、松岡はドイツ側に向い、自分は時機到るまでは陛下にも近衛公にもベルリン会談の内容は云わざるべく、関係方面その他に反対起りて計画瓦解するを恐るるに付、ドイツ側も絶対漏さるることなき様にせられ度《たし》、従って電信等に書かざることを注意し、その同意を得居れり。云々。

これらドイツ側文書の記述が果して真相なるやは詳細に究明の要あり。

九月二十七日　金曜日　晴　蒸し暑し

雲赤く彩りたる朝只一人
小窓の空をあかずながむる

法廷、三国同盟締結後の日独伊三国協調振りの文書提出。ヒットラー、リッベン、大島の独断的勝利予報頻りに行わる。検事準備なく半時間早く閉廷。

本日蒸し暑く風邪気味のもの多し。

篤、華子に面接す。両児元気良く篤は学校対抗試合に優勝の見込ありと（テニス）。優勝すれば京都に試合に行くと申し居たり。

九月二十八日　土曜日　小雨　浴　理髪

スターリンのなした平和演説は世界各国民特にソ連人を喜ばせたが、英米の政策は益々バーンズ的に硬化しつつあるが如し。特にギリシャ問題は地中海の鍵とて英米共必死の力を入れ居るため、ソ連は戦術的退却を余儀なくせらるべし。

スターリン声明において、戦争勃発の原因のなきことと共に、支那より米軍撤退を求め又原子爆弾の威力を軽視し居る点は意味深長なり。ギリシャ問題に歯の立たぬことが明となった以上ソ連は再び東に向うものにあらざるか、支那方面愈々多忙となるべし。

九月二十九日　日曜日

風邪、終日出《い》でず、良寛詩集を読んで楽しむ。彼は全く別世界に往来せし禅僧なり。その学識また容易ならざる苦学の集積なり。

九月三十日　月曜日　小晴

病を推して法廷に出《い》ず。本日はニュルンベルク判決の日なり、死刑は十五日執行と報ぜらる。

仏検事（オネト）より仏印侵略総括論告行わる。

次でオネト検事、証拠書類の提出を英語で行うことを裁判長より命ぜられたるも、英語不充分にて通ぜず。ここに悶着起り、仏国は大国なれば当然自国語を用い得と頑張り、キーナン主席もまた陳弁して裁判長と衝突し、法廷は混乱して一時休廷を余儀なくせらる。

仏人の仏語に対する執着は実に想像の外である。

十月一日　火曜日　晴　入浴　風邪やや宜し

法廷は仏検事に仏語使用を許すや否やについて主席検事の弁論あり、再びキーナンとウェッブとの衝突となり、度々休廷して局面の収拾を行う。その間キーナン主席に対するウェッブの不信の言動もあり、両者の関係は極度に感情問題にまで発展し居る様なり。昨日はキーナン威丈高となり、米主席検事の云わんとする所を聴かざるやと詰問せしに対し、ウェッブ裁判長は取り合わざる態度をとる。

ファネス弁護人曰く、検事と弁護人との喧嘩は有り勝ちなるも、検事側と裁判長との喧嘩は希有《けう》の事なりと。

明日は仏検事オネト氏の謝罪によりて事を解決して、仏語使用を許可する手筈となる。

新聞はダーダネルス問題重大化を報じ、ソ連は九月二十八日トルコに通牒を送り、モントリール会議を開く前にソ連と交渉せんことを要求す。その回答通牒文中にトルコが戦時海峡を枢軸側に使用せしめたことを指摘しあり。

他方パリ平和会議においても、米英対ソの関係は硬化の一方なり。

十月二日　水曜日　晴　遊　浴

法廷。オネト検事の陳謝釈明の後、仏印問題の論告挙証を進む。

本日ニュルンベルク判決判明す。

絞首刑

ゲーリング、リッベントロップ、カイテル、ローセンベルク、フリック、シュトライヒヤ、フラン

ク、ヨードル、ザイスインクヮルト、ザウケル、カルテンブルンナ、ボルマン（欠）計十二名
終身刑
ヘス、フンク、レーダー　計三名
有　期
シーラッハ（二〇年）シュペア（二〇年）ノイラート（一五年）デーニッツ（一〇年）　計四名
無　罪
パーペン、シャハト、フリッチェ　計三名
パーペン、シャハトは起訴事項に関係なしとの理由、フリッチェは余りに小物と云う訳、何れも更に国内裁判に付せらると報ぜらる。総計二十二名。

ゲーリング獄中服毒自殺す

六歳の娘の顔をゲーリング
母と見くらべ顔をそむけぬ
男泣く淋しき秋やゲーリング
絞殺の刑に消え行く人々の
万歳の声消えず残るも

リッベントロップはドイツ民族の万歳を唱えて死に就く。

戦は止みても行ふ殺戮は
人道平和（文化）の名にてなさるる
戦は尚続くなり捕はれて
犠牲の人は次ぎ次ぎにやらる
殺されて屍は砕かれ匿《かく》すとも
其の魂は尚かけるらむ

屍は灰となして散らし所在を知らさずと報ぜらる。

大体予想通りなるもノイラートが無罪とならざりしは遺憾なり。A級戦犯者はニュルンベルクの判決を見て何等動揺の事なく、平素通り談笑して市ヶ谷に往復す。

十月三日　木曜日　半晴　浴

法廷、仏検事の仏印侵略問題摘発、松岡外交登場、泰印国境調停に関する枢府議事提出さる。
検事提出の文書中多数はドイツのもので、オッ

ト〔駐日独〕大使の報告電報多し。而して仏印侵略と云うよりも、寧ろシンガポール攻撃準備行為の挙証と見るべきもの多し。

十月四日　金曜日　小晴　嵐気味　遊　浴

法廷、仏印侵入問題続行。

北仏印越境の際、出先軍が早まりて実力を用い、ハイホンを空爆せること天聴に達し
「重大なる大局を誤るは常に此輩なり」
と陛下の逆鱗に触れたりとの記事、木戸日記に出ず。

日仏共同防衛取極（加藤〔外松〕―ダルラン）に関する枢府議事（一九四一、七、二十八日）証拠として出ず、―枢府議事は全部枢府側より検事に提出せりとの事なり。

午後の法廷の大部分は、法廷において露語使用を許容するや否やの討議に費さる。ウェッブとキーナンとの葛藤ここにも繰返し展開さる。他人事なるも不愉快なる場面なり。露語は仏語同様一定の条件の下に使用許可さる。

ニュルンベルク判決を耳にし戦争止みて尚且つ殺戮を行わざるべからざる人類の愚を思う。ドイツ人民は無罪の判決を受けたる三名を更に国民裁判に付するため再逮捕すべしと報ぜられ、ソ連判事は無罪の判決に対して抗議したと報ぜらる。ソ連は飽くまで資本主義を敵視するものなり。

今や世界は明《あきらか》に二分す。第二次世界戦争は単に三分せる世界を二つの世界となしたるに過ぎぬ。米英とソ連との争覇はドイツ問題を通じ、海峡問題を原因とし更に又東亜問題のために今後益々波瀾を起し、遂には収拾困難の場面に立ち至るであろう。然《しか》し、誰れも戦争は未だ欲していない。ソ連も用意はない。両者は今後戦争の準備に突進しつつ平和を維持するために秘術を尽すものと想像される。

十月五日　土曜日　秋晴　遊二度

今日初めて牢棟Ⅵの東側、即《すなわち》、巣鴨屋敷の東北

隅の広い庭園にて散歩を許さる。これは永い間の吾人の希望なりしものである。この空地には芝生あり、植木あり、小庭あり、広さも二千坪を越すと思わるる広さなり。その中に煉瓦やコンクリートで堅めた歩道がある。その上で遊歩が許されるならば塵埃《ほこり》を起すこともなく気持よく歩ける。これが吾々の念願であったのである。本日高秋《こうしゅう》の季節にこの念願が達せられ、而《しか》も午前午後と二回の遊歩、新任キャプテンの取計《とりはから》いと見えた。人々は皆喜んで歩いた。この新鮮なる庭山の小さな傾斜の芝生に横臥《おうが》して日光浴をした。同好者は平沼老等数氏であった。

「今日は幾分紫外線があるだろう」

と云う人があった。

蒲団干しもなされた。

芝生の上で種々《いろいろ》な談《はなし》が出る。法廷の事は勿論、米ソ関係や一般政治問題が多く話題となる。

来週から初まるソ連検事の論告は書類八百十、証人四名二週間に亘ると予報されている。被告以外の名前も無遠慮に羅列し、総理幣原男の如きも引き合いに出される模様にて、ソ連は日本における右翼資本主義勢力の打倒を目的としているとの事である。ソ連に起訴された記者は特にソ連検事の云う所に興味を有《も》つ訳である。

時間が来て歩道を辿《たど》って獄舎へと帰る。歩道は南向きの三つの建物に向っている。中の建物は古風な煉瓦造りで、半分は塔型の見張台になっており、半分は空《から》の室になって、房二十二と云う番号がある。これに並んで西側に新式な近代式倶楽部様のコンクリートの平屋がある。その前に小庭があって、仲々手の込んだ植木や、泉水、築山、庭石等がある。池の中央に石橋が懸ってその倶楽部式建物の入口に通ずるのである。石橋には方円橋と刻んであり、橋の左は池が円形となっており、右の池は方形である。築山には温知院と云う石碑が立っている。

東側の妙な日本風の建物は炊事場の様な設備がある。これらの建物は何れも、戦時空襲のために半ば破壊されて屋根はなくなっている。

ある物知り顔な人が云う。

「真中の煉瓦造りの怪物の様な建物が絞首台で、両側の建物が遺族のための休憩所や、仕度場で、簡単な読経の後に死体を荼毘《だび》に付して持ち帰ることが出来る様にしてある訳だ」

平沼男は
「日本の刑法では死刑囚には本式の葬儀は許されておらぬ」

と説明した。

この広い園で、今日は気持好く遊歩しているA級戦犯者は、ニュルンベルク判決の例に従って、幾人絞首台に上ることになるであろうか。彼等はそんなことは如何《どう》でも宜しい。堂々と所信を法廷を通じて明《あきらか》にしたいのだと云っている。

最近巣鴨で相次で行われている絞首刑は、巣鴨の西北隅のこの処より反対の西側で行われているのである。

遊歩の帰りに老人共は一同、乾《ほ》した蒲団を担いでM・Pに追われて牢屋へと歩を運んだ。

十月六日　日曜日　曇　午前午後遊歩　浴
昨日の通り東側の広場にて散歩を許さる。ソ連の東京裁判戦術は、固《もと》よりその世界政策に響応するもので、日本における新聞ラジオを初め、ゼネスト運動もこれに関連あるにあらずやと疑わしむるものあり。

十月七日　月曜日　雨　浴
仏オネト検事の挙証進行。
南仏印侵略及経済侵略を摘発す。最後に一九四五年に至り日本軍が仏印を接収し、安南、カンボジア、ラオス独立運動援助の挙証に及び、同年二月一日の最高会議の決定及松本〔俊一〕大使と記者（外務大臣）との往復電報等提出さる。仏印が日本に対して公然敵対関係に入りたる後の日本の行動特に安南等の独立運動援助を裁判所は如何に判定するかは興味ある事なり。明日より行わるるゴルンスキーソ連検事（同氏は外務人民委員部の条約局長なり）の論告は六十五頁の大部のもので、政治的宣伝を主とするものなるを理由として弁護側より異議あり、兎に角客観的挙証の部分のみ有効なりとの裁定の下に朗読許可せらる。

十月八日　火曜日　曇　遊　浴

法廷、ゴルンスキーソ連検事の冒頭論告あり。朗読二時間、英語日本語同時通訳す。

日露戦争による日本の侵略は旅順攻撃の不法奇襲に初まり、シベリア出兵、大連《だいれん》会議等を通じ終始日本の侵略企図を指摘し、その例として、華府会議における幣原全権の演説を引用し、又シベリア出兵当時の松平〔恒雄・浦塩派遣軍政務部長〕、セミヨノフの関係を叙述し、更に満洲国の建設も、張鼓峯、ノモンハンの衝突も何れも皆日本の侵略にして、日ソ中立条約はすでに無効に帰していた次第である。ソ連は戦争の惨害を短縮せんため遂に参戦するに至りたる次第なりと縷述《るじゅつ》した。

張鼓峯侵略責任者として記者を指名しているのは勿論なり。記者がモスクワにおいてリトヴィノフ人民委員と交渉せし際、威嚇的態度を以て交渉に臨み、軍部を使嗾《しそう》して〔そそのかして〕侵略戦争に出でしめたるものなりと論断している。

ゴルンスキー提出の挙証文書は、荒木、石渡〔荘太郎・大政翼賛会事務総長〕対談の国民新聞記事に始まり、華府会議幣原全権の演説等極めて杜撰なるもので、その内より自己の論旨に嵌《は》まる部分をつぎはぎして朗読し、これに註釈を付して全部として一つの演説に仕組みたるものである。中に満洲国総務長官武部六蔵氏口供書の外セミヨノフの口供書も含まれている。セミヨノフはすでにモスクワ裁判にて死刑を宣告せられ刑は執行せられたものである。

法廷にてきゑ子に面談す。

十月九日　水曜日　曇　遊　浴

法廷、ソ連検事の文書提出続行す。本日国策研究会（大蔵公望《きんもち》男主催）関係の文書多数出ず。同会幹事長格の矢次一夫氏証人として出廷。検事の希望に反する証言多し。
　総力戦研究所関係の文書提出さる。これら文書は当時熱に浮かされた極端分子（多くは軍人）の論策に過ぎざるも、不幸にして、その体裁は政府文書そのままで、検事側の利用に最も適した内容を有するものである。
　本日は傍聴席に中須夫妻見ゆ。

十月十日　木曜日　少晴
　民国双十節《そうじゅうせつ》〔建国記念日〕なり。上海生活にて思い起すこと多し。
　本日支那においてはマーシャル特使最後の努力としての国共調停案を共産軍は拒絶したりと。
　ゲーリングを往訪したる妻及六歳になる娘――娘が無心に教わった算術を指頭を以てパパにやって見せた。その姿を見てゲーリングは顔をそむけて泣いた。と新聞は報ず。天下何人か涙なからむや。

　法廷、ソ連検事文書提出。日本俘虜軍人の口供書に非ずんばG《ゲー》・P《ペー》・U《ウー》〔国家保安総局〕のスパイ文書なり。
　十五年前、在ソ大使時代の広田氏が旅行者参謀本部員笠原〔幸雄〕少将になしたる談話（沿海州攻略の必要について）筆記、何時《いつ》しかソ連側の入手する処となりて提出さる。本日の文書は多く軍部のシベリア攻撃計画の暴露なり。後宮《うしろく》大将〔淳・第三方面軍司令官〕、河邊中将〔虎四郎・関東軍第二課長〕、富永中将（元次官）の口供書も提出さる。

あどけなき小供の所作にゲーリング
顔をそむけて男泣き入る
殺される日定まりたる人々の
心は尊し神の如くに

十月十一日　金曜日　曇
　法廷、ソ連検事イワノフ大佐、ソ連侵略を証明する軍関係の文書を提出す。村上中将〔啓作・第三軍司令官〕、柳田中将〔元三・関東州防衛司令官〕、後宮大将、武部〔六蔵・満洲

〔国務院〕総務長官、三宅中将〔光治・満洲国協和会中央本部長〕、笠原中将等の口供書を提出、朗読したるが、弁護士側よりこれらを証人として請求したるに対し、多くは病気なりとて出廷を拒み、笠原のみ昨日に引き続き証人台に上る。

梅津大将は秦〔彦三郎〕中将（参謀次長、関東軍参謀長）及吉岡〔安直〕中将（満洲国皇帝顧問）を証人として要求せるも、所在不明としてソ連側はこれに応ぜず。彼等は或《あるい》はすでにこの世に在らざるやも知れず。

関東軍司令官山田〔乙三〕大将及方面軍司令官喜多〔誠一〕大将の口供書提出のなき点も怪まれ居れり。

本日きゑ子華子同伴面会す。

十月十二日　土曜日　曇天

ソ連はスターリン演説によって戦術的に緩和策を採っている様で、パリ平和会議におけるモロトフ〔外相〕の態度も兎に角会議を不成功に終らしめざる様努めている。トリエスト問題もユーゴを押えて四大国間で纏《まとま》ったことは注意を要する。ソ連の外交戦術は千変万化なるも大局的には未だ準備ならざるを思わしむ。

記者に対するソ連の起訴事項は張鼓峯以外になきが如し。

十月十三日　日曜日　碧晴

昨土曜日午前弁護士柳井前公使ファネス氏と共に来訪打合せをなす。主として張鼓峯問題なり。ファネスもソ連提出材料の貧弱なるに驚き居り、張鼓峯問題の解決は日ソ双方において喜びたる平和解決なり、「満洲国境を守備する任務は関東軍に有り」との私の当時の言明は何等脅迫に非ず、ファネスは非常なる自信の下に法廷に臨む意気込を示す。柳井君も同様大いに自信を示す。最善を尽して晏如《あんじょ》たり。

十月十四日　月曜日　曇　遊歩　浴

法廷、ソ連検事――満洲における日本側の対ソ侵略意図挙証、文書の一部を繫ぎ合せて一場の演説を行う。度々《たびたび》弁護側の異議により裁判長注意す。

橋本（欣五郎）松井石根のコーカサス反乱計画なるものも出でたり。

更に終戦当時の文書焼却問題出で、対ソ侵略問題に関連して河邊前参謀次長証人台に立つ。

本日荒木、小磯、梅津等の名前多く出ずるも何れも実質なき事のみなり。

不可侵条約拒絶問題、東支鉄道サボタージ問題も出た。

十月十五日　火曜日　雨　遊　浴

法廷、東支鉄道サボタージ問題より進んで張鼓峯問題に入る。ファネス奮闘す。

ソ連検事の提出せる重光リトヴィノフ〔相外〕会談録はソ連の論点に都合好き箇所のみを利用し、日本大使が本国の命によってリトヴィノフを脅迫し、日本大使はソ連侵略の共犯者となりたりと云う趣旨なり。

ローガン弁護人は本件は最後に円満に妥協を見たものなるに付全部却下すべしと提議したが、裁判長は最後の妥結は減刑の材料とはなるももし侵略の事実立証さるれば犯罪は成立すべしと述ぶ。

ファネスはソ連の提出せる地図上の国境線は写真の上に後より線を引きたるものなることを指摘してソ連側の痛た手を衝く。

十月十六日　水曜日　秋晴　遊　浴

法廷は張鼓峯問題、リトヴィノフ交渉日記の朗読を進行、弁護側の異議続発す。

検察官の演説に付キーナンとウェッブとのゴタゴタ例の通り。

法廷は張鼓峯よりノモンハンに移り、防共協定より三国同盟に及ぶ。防共協定については記者の戦時中の演説を証拠に引用す。

十月十七日　木曜日　晴　遊　浴

法廷、ソ連検事論告挙証進む。日本の対ソ攻撃意思を松岡外相の言明を引用して第三次近衛内閣も同罪なりとし、日本が対ソ攻撃を行わざりしはソ連の実力を恐れたためであると断じ、更に日本が中立を侵犯せる事例を引用す。

ニュルンベルク処刑全部了《おわ》る。ゲーリングは処刑前獄中服毒自殺に成功す。

ヒットラの後追ひ行ける人々の
魂残るか秋の今日の日

十月十八日　金曜日　晴　遊　浴

法廷、ソ検事記者を追及すること急なり。先ず一九四三年一月外務省発表の日独伊三国経済提携について、これは東條重光の合作なりとして昨日朗読せしに対し、ファネスは立って、重光は一九四三年四月下旬に初めて入閣外相となりしものなることを指摘してソ連検事の論罪を覆す。次でソ連検事は、記者が戦時三国同盟記念日になしたるリッベントロップとの交換放送及祝電を引用して、これは重光のコンスピラシーを立証するものなりと主張す。これら引用の演説等の文書にはソ連関係の内容のもの一つもなし。

この日ソ連検事の力を入れたるは対ソ侵略計画としての参謀本部の訓令「関特演」計画なり。梅津の名前特に度々引用さる。証人としてソ連俘虜となり居る瀬島中佐〔龍三・関東軍参謀〕、及松村少将〔知勝・関東軍総参謀副長〕等出廷したるも、参謀本部の作戦計画は単なる年次計画にして、何等政府と関係なきものなること、斯る年次計画は計画たるに止まり、対ソ作戦としては遂に発効せざりしものなることを証言す。

ソ連の持ち出したる文書百五十通を越ゆるも、一つも人をして納得せしむるものなし。

十月十九日　土曜日　秋晴　庭園遊歩

蒲団干し多し。

パリ外相（平和）会議もニュルンベルクにおける処刑の日に終りを告げて、会議はニューヨーク国際連合開催（十月二十三日）に持ち越されることとなった。
パリ平和会議は米英が多数を以て押し切った形で、ユーゴスラビアはトリエスト問題に不満で、遂に対伊条約に調印を拒絶し、最後の日には平和会議に出席しなかった。モロトフとバーンズ〔米国務長官〕とは最後まで激論を飛ばし、新聞記者は米ソの関係は最低レベルに達したと報道した。これから海峡問題やドイツ問題が処理せられんとする際前途は多難である。対日平和条約も賠償問題について予《あらかじ》め妥協が出来るまでは着手することは困難の模様である。

然しバーンズは十八日華府において楽観的見通しを発表し、ユーゴも早晩調印するであろうと述べた。ソ連は戦争に至らざる程度において主張を曲げぬ態度である。米国がソ連を集団機構の風呂敷の中に包み得たと考うるのは時期尚早である。今後の欧洲諸問題、支那問題の処理は多難を予想せしめる。日本問題もその一つである。

米国の対外政策が二大政党の共有物となって来た事は米国の成熟を意味し、その強味である。共和党のヴァンデンバーグはパリより帰って、直に対外一致を破るものに攻撃を開始した。云うまでもなくウォレス〔民主党・前副大統領〕、ペッパー〔民主党・上院議員〕に対して鋒先が向けられているのである。

十月二十日　日曜日　高秋　遊午前午後　浴

東側の広い野趣《やしゅ》のある庭園の散歩は秋晴れの日格別の気持ちである。温知院の石碑の上にも方円橋の側にも誰れかが担ぎ出した毛布が日光浴をしている。

No. IV とNo. V との間の空地にはシベリア松が五六本見事に成長している。その中間に一寸《ちょっと》した小庭が出来て、日本の庭松が二、三本作り立てられて石さえあしらわれている。その間に、日蔭を好む石蕗《つわぶき》が今を盛りと黄金色の花を付けて、多角形の大きな重なり合った緑の濃い葉に姿を映している。荒木大将も窓の下の日向のコンクリートに腰を卸してこれに見入っている。一句出そうと云う所らしい。

南大将もつんぼ耳を立てて隣に座わられた。今日、午前の遊歩時間に芝生の上で寝転がりながらの平沼男爵の談片に

御前会議において、清浦伯〔奎吾・第二十三代内閣総理大臣〕が最後の御奉公として老齢を犯して上京し、極力戦争を避けるために宇垣大将を内閣首班に推薦した。これに対して阿部大将〔信行・元首相〕は、今日陸軍を押えるためには東條の外になしと主張し、木戸これを支持し遂に戦争に突進した。自分は東條推薦は好くなかったと思う。世間では長州閥が策動したと云って非難している。東條推薦前、長州人が鮎川義介《あいかわよしすけ》氏〔満州重工業開発総裁〕宅で会合した事を指すものと見える。近衛公が松岡を外相とすることには自分も反対で、池田成彬《しげあき》氏〔内閣参議〕等も極力諫止《かんし》したが容れられなかった。

等と談ぜられた。

白鳥も来て一緒に煙草を吹かしながら、支那民族論等をやる。マック総司令官や吉田首相に提出した彼の英文意見書なるもの、日本は戦争を放棄すべしとか、皇室をクリスチャンとすべしとか妙な紙切り占いをしたものの内容を又説明し初めた。平沼男は八十でも仲々元気で偉いものだ。東條大将は巻煙草のホルダーを手から離した事がない。素足に支給の巣鴨製の下駄を穿いて、ポケットに片手を突込んでコロコロ歩いている所はいたずら青年である。寺小僧と云う仇名《あだな》を取っている彼は、この頃秋風と共に、立派な陣羽織を差入れて貰って着用に及んでいる。遊歩にもめったに出て来ない。室に引き籠って頻りに書き物をしている。裁判に対する準備のためで、自分の口供書を書いて

東條英機元首相(大森収容所)

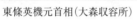

いる様である。東條は自殺に失敗してから種々の世評を受けた様であるが、彼は自殺を弁じて「自分の陸相時代に出した戦陣訓には捕虜となるよりは自殺すべしと云うことが書いてあるから、自分も当然自殺を計ったのである」と云い「自殺失敗は不覚であった」とも云う。横浜の米軍病院に横《よこた》わっている時マッカーサー司令官の見舞を受けて、米国にも立派な武士道があると感激した東條である。今日は裁判によって自分の所信を堂々陳述する機会のあることを喜んでいる。彼は日本がこれと信じた既往の行き道を、彼の信念によって立派に説明するものと思われる。彼の責任は固より重大である。然し単に東條を悪人として悪く云えば事足れりと云う風な日本の世評は浅薄である。彼は妻子に裁判後二三年は少くとも我慢しろと云ったとの事である。

　彼は勉強家である。頭も鋭い。要点を摘んで行く理解力と決断とは、他の軍閥者流の遠く及ばざる所である。惜しい哉《かな》、彼に宏量《こうりょう》〔広い度量〕と世界的知識とが欠如しておった。もしも彼が充分の時をもってこれらの要素を修養によって具備していたならば、恐らくは今日の如き日本の破局は招来しなかったであろう。蓋《けだ》し、彼が軍部を押え得る唯一の軍人であったことは確かであったからである。今日彼の唯一の念願は禍《わざわい》の天皇及皇室に及ばざらんことである。

　彼は覚悟はしている。時としては、

「早くやって貰いたいのだ」

と頸筋《くびすじ》をさすったこともある。法廷の控室で、ケンワージー憲兵隊長の斡旋《あっせん》で、未だ若い令嬢と相対している姿を見ることがある。その父子の会見には誰か涙をそそらざるものがあろうか。

十月二十一日　月曜日　晴　遊　浴

　法廷はソ連検事論告終了して、戦争準備摘発段階に入り「ニュージーランド」代将主任検事となる。証人として総司令部経済科学局部長某〔H・リーG・バート〕証人台に入り、百数十頁に亘る調書を口述書として提出す。その材料は日本陸軍省作製の両度の五年計画案なるもの、即一九三〇年より四一年までとなり居るものを捉え、計画的に一九四一年に戦争を起す準備をなしたりと結論し、これを立証するため佐藤賢了中将（当時軍事課員）の演説を引用す。
　又日満経済協定枢府審議記事提出あり。広田外相の答弁引用さる。

十月二十三日　水曜日　小雨　遊　浴
　法廷——戦争経済準備、ニュージーランドのクィリアム代将論告、リーバート証言進む。我経済財政の戦争準備、開戦前の南方軍票印刷等を摘発す。

　聖上名古屋行幸
　聖上のもまれもまれて民草と
　共に居ませるおん姿はや

十月二十四日　木曜日　霞
　法廷、リーバート証人反対尋問——南方軍票準備は一九四一年一月の頃にて近衛総理、東條陸相、及川〔古志郎〕海相、河田〔烈《いさお》〕蔵相の時にて四相限り厳秘に取扱いたるものなり。
　今日壁掃除のため前の室に一時移る。

十月二十五日　金曜日　晴
　法廷、リーバート反対尋問続行。
　昼食後、きゑ子会談、家計難渋を極む。篤、京都学校試合より帰来、ファイナルには敗れたりと、却って宜し。

　秋の日や傍聴席に妻の顔
　秋風の沁みて瘠せたり妻の顔
　妻の来て瘠せたる顔を引きしめて
　「化粧品屋でも出さんか」と云ふ
　人生の底に落ちては健康《からだ》のみ
　頼りなるぞとあはれみて答ふ
　人は皆生れし時は裸なり
　屈せず進め路《みち》険しくも

十月二十六日　土曜日　晴

壁掃除は横浜裁判の既決犯を使用して一日にて完成、直に旧室に帰ることを得たり。日当りよきが一同の喜びなるのみならず、私にとりては折角取り付けて貰った西洋便所は何よりも貴重であるからだ。

　聖上岐阜大垣行幸

聖天子群集の中にあり万歳の
声は轟き「君が代」渡るも
聖上はもまれもまれて群集は
声を限りに万歳叫ぶも

十月二十七日　日曜日　晴

二世米兵に与う

ひがし**西大平洋**に**繋**がれて
くさびとならむ**人**の**尊**とき
真心は**国**の**境**の**隔**てなく
人のかたちのけじめあるなし

芝生の上の集い

ゲーリングの自殺を話題に秋の庭
芝の上にどうした事か自殺論
自殺を論ずる老囚達や芝の上
文明の汚辱なりとて芝の上
処刑所の前の広場や秋の空

本日東側広場の芝の上で秋の陽を満喫しながら梅津大将と論ず。大将は私と共に四月二十九日の天長節に巣鴨に拘禁せられた人である。将軍中の将軍、数十万の在満関東軍を統制して微動だもさせなかった名将である。常識に富む堅実なる人格者で、終戦当時八月十四日終戦の聖断のあった時、阿南陸相が玉砕派中堅将校が「クーデター」を行わんとしておるとて相談に来た時に、梅津参謀総長は諄々《じゅんじゅん》としてその不可なるを説き、聖断は明かに下ったものであるとして、宜しく部下の統制に全力を尽すべきことを説得したのであった。阿南はその直後に陛下に申訳ないとて自殺した。

降伏文書の調印には彼もさすがに渋った。「自殺を自分に強制するものだ」とも云った。私はその考えちがいを説いた。阿南の自殺を以て不忠とも罵った。愈々降伏文書調印の大命が梅津と私に下った直後、天皇陛下は吾々を各別に召されて「大切の体であるから自愛して事に当り軽挙の事なき様に」との趣旨の御言葉があった。梅津は最後まで御奉公をした。而してA級戦犯として今ここに居る。軍人としては最も戦犯に縁の遠い人である。

　梅津は先輩として、東條よりも板垣よりも先きに陸軍大臣となっていなければならぬ人である。近衛公は誰れでも新しい物食いで、その人物の如何は見なかった。もし軍一部の意を迎うることなく、梅津を重用していたならば、軍の統制は出来、或は戦争には至らなかったかも知れぬ。軍の急進派は満洲の重要性を強調して、梅津を満洲に敬遠することに成功した。東條内閣の末期に梅津を参謀総長にした時はすでに遅かった。

梅津美治郎陸軍大将

　梅津の談《はなし》では、小磯内閣成立の時は山下〔奉文大将〕を陸相に擬《ぎ》したが、東條は反対し杉山〔元元帥〕以外を不可とした。東條は陸相に居据わりを策した訳だが、実現せず、結局杉山を出すことになったとの事である。

　梅津も私と同じく、最後にソ連の要求によって捕えられたのである。しかも、彼は関東軍司令官として最も軍の統制に力を注ぎ、ソ連との間に事なからしめた人である。

　世界の視聴は、十月二十三日からニューヨークに開かれる国際連合総会及これに次ぐ四国外相会議に集中せられつつある。結局米英の集団機構政策成否の試練である。

　ソ連はスターリン声明によって戦術的退却をやり、パリ会議でもイタリア条約問題でユーゴを支持せずして四国外相会議の草案を維持した。然しソ連の米英ブロックに対する猜疑心は如何なる点においても解消せずこの後の困難は倍加するであろう。然しモロトフはニューヨークにおいてトルーマン演説に御世辞を云い、国際連合には飽くまで協力すると云っている。

　米国ではバーンズがパリから帰って報告演説を行い、ウォレス事件は一応解消した。両政党の支持する一致の外交を強調しつつ平和達成のための妥協の用意を示してはいるが、ソ連に対しては飽くまで主張すべきは主張し準備すべきは準備して行く態度である。輿論《よろん》は益々硬化し、共産党の第五列〔スパイ〕を警戒している。米国一般はソ連の実体をかなりよく理解して来た様である。

　英国はニューヨーク会議直前、二十四日議会で外交討論を行いこれに備えた。対ソ問題を中心にアトレー〔首相〕とチャチルとは共に強硬論を吐いている。チャチルはヴィトー（拒否権）の濫用を非難し、ソ連が欧洲の各地に二百個師団を駐屯せしめている事実を政府に問い、政府に対し外交問題については反対党を入れて挙国的態度に出ずべきを提案し、右は戦争準備を意味するやとの質問も出たが、チャチルはこれに対し「ヒットラードイツはまだ簡単であるが、クレムリンのコレクチブマインド（集団心理）は複雑にして危険である。今日の現実より見て時に戦争準備の言葉を使用せずして時局を論ずることは出来ぬ」と答えた。

　斯様な背景を以て開かれるニューヨーク会議はスペイン問題あり、拒否権問題あり、南阿〔アフリカ〕印度人問題あり、外相会議にてはドイツ条約問題を始め難問題が山積している。討議は進められ破裂は見ないであろうが、片付かぬまま問題は多く次ぎの会議に持ち越さるるものと思われる。結局は米英対ソ連の問題である。

　支那においては国民軍は圧倒的に優勢を示しているが、共産軍の潜勢力《せんせいりょく》は軽視することが出来ぬ。支那においてもソ連と米国との争《あらそい》である。日本における複雑広範な政治的一般ストライキも共産党の策動によるものである。世界は明に二つになって何処でも争われているのである。

ほおづき

ほほづきを手折りて帰る牢の室
絞首場の前の小庭に萩は散り
絞首場の小庭の池の柳颪
焼け残る絞首場の段々に蒲団干し
幾人か涙濺《そそ》ぎし青柳
絞首場の松にかかれる秋の月
絞首場の残骸あはれ松の月

晶《あきら》良縁あり本日結婚し披露す。

若者の意気をば揚げよ秋の空
青春の気に満たしめよ秋の空
世の中の春にも秋にも門出かな
これからは青年の世なり秋の天
若夫婦揃ふも秋の墓参り
若者よ松の緑の伸ぶ如く
　風に耐えつゝ霜に屈せず

十月二十八日　月曜日　快晴　浴

法廷、戦争準備経済問題反対質問。宇佐美弁護士初尋問（英語）上出来なり、スミス弁護人は反対尋問によって、日本の経済政策が当時の世界の大勢に順応したるものなることをリーバート証人に認めしめ、結局これを戦争準備と見るや否や、又もし然りとすれば防御的のものなりしや又はこれを攻撃的のものと解《かい》すべきやは観察者の見方如何の問題なりと云う結論に達せしめたり。スミス反対尋問は圧巻なり。

ファネス、米英旅行の事に決定せり。

十月二十九日　火曜日　快晴　朝日見事なり　浴

法廷、軍事戦争準備の論告（イングリッシュ検事）に入り、総力戦研究所を重く見、検事はこれを以て戦争準備機関として、その研究報告が内閣の倉庫より出でたりとて、研究所の理事者堀場〔一雄〕陸軍大佐を証人として出廷せしむ。証人饒舌。証言価値減ず。彼の云う如く、総力戦研究所なるものは何等政府に関係なきものに相違なきも、軍部はこれを以て戦争準備機関として充分の内容を持たしめんと企図せしは疑《うたがい》を容れず。軍部の計画は吾人の全く知り得ざる程度に突き進んで実行せられ居たりしなり。

十月三十日　水曜日　快晴

法廷、戦争準備――総力戦研究所を追及したる後、更に十一月五日御前会議の決定（九月六日御前会議を更に進めたもの）中南方占領地行政の部を読み上ぐ。

ファネス、帰米訪英の準備に着手。

竹光君来り弟蔵《おさむ》の手紙を持参、最近の状況を知りて喜ぶ。竹光君曰く、最近I・N・S通信の不発表電報によれば被告中重光、賀屋及畑は遠からず釈放せらるべしとありと。裁判組上にあるものの期待すべからざる所なるが、本日広田氏はバス内にて、京都にてきき込みたる所として承知する所によれば、重光と広田は遠からず釈放せらるべしと、吹く風にても涼しき便りなり。

十月三十一日　木曜日　曇後雨　浴

法廷、戦争準備立証は陸軍関係より委任統治地域要塞化の立証に入り、南洋土人の口供書十数通提出さる。後海軍関係に入り、先ずロンドン条約批准の枢府調査委員会及本会議の記録を提出し、金子、河合両顧問官の硬論を紹介し、浜口首相の答弁要旨を朗読す。浜口首相は海軍条約問題について国論分立し、騒擾《そうじょう》の原動力となりつつある現状を指摘して憂慮す。実に海軍軍縮問題が統帥権問題を惹起《じゃっき》し、軍部を動かし左翼の乗ずる所となり更に右翼の盲動となり、遂に軍内部の激動となって満洲事変起りて大戦に及ぶ。その原因は多く海軍軍縮問題にあり。禍の根本は誤った統帥権の観念にあり。我《わが》伝統の武断主義に在り。日本民主化は国民の政治的常識をやしなうことに初まると云うべし。

蔵の手紙に郷里の事詳報あり嬉しく読む。

馬場常男（陸軍中佐）ラバウルよりアドミラルチー守備に回わり遂に戦死。

（ソ連の戦術転換）ソ連は果して政策戦術の大転換を行った。ニューヨークの国際連合総会においては十月末モロトフは世界的軍備縮少の提案を行って会議を驚かせた。これに呼応してスターリンはＡ・Ｐの質問に応じて第二回目の平和声明を行うと共に、チャチル一派を指して英米においてはその一派が第三次世界大戦を希望していると高調している。チャチル一派はかつてはヒットラーによって平和攪乱者と呼ばれ今又スターリンより好戦者と指名せられた。彼等が常に全体主義者の敵であることは事実である。

　モロトフは拒否権の維持を主張すると共に原子爆弾をも含む軍備縮小を提案して、ソ連は国際連合の絶対支持者であることを演述した。彼れは米英代表の平和使命の特権を奪い去って、ソ連が世界平和のチャムピヨンなることを宣言したのである。

　ソ連は観念上から云っても、実際政治から云っても、従来の国家とはその組織を異にしている。その手段は国内的にも国際的にも共通にして多様である。ソ連が今度の戦術の転換によって如何なる方法手段を目的の達成に向って選ぶかは仔細に観察することを要する。チャチルもヒットラーは簡単であったが、クレムリンのコレクチブマインドは端倪《たんげい》すべからざる〔容易に推測できない〕ものがあると云っている。

　Ａ級戦犯人物中で好く似た文武の大物が居る。広田弘毅重臣と畑俊六元帥とである。明敏にして物の表裏を観破し、世運《せいうん》を洞察する

畑俊六陸軍元帥

ことは、如何なる人にも勝るとも劣る人々ではない。両者には共通の特性がある。脳裡には総てのことが鏡にかけて写す様に明確に反映する。従って物事の理解が早い。然し、総ては時が自分に都合好き様に解決してくれ、人が働きかけてくれる。事物は循環を俟《ま》って機の熟するのを捉えることが最も賢明である、と考えている様である。アスキスのウェート・アンド・シーの原則は西洋における一種の禅味《ぜんみ》である。決して自ら働きかけることなく、受動的性格の持主で又これが彼等の政治哲学でもある。我が文武の両先輩は禅の奥儀を体得している様で、その動揺なき姿は誠に尊いものである。広田氏は揮毫の依頼には、それが何十遍でも

物來順應《ぶつらいじゅんのう》　弘毅書

と書く。これは広田氏の経文でもあるかの如くである。その筆跡は実に見事である。畑元帥は

馬上五十年夢又夢　俊六

と書く。畑氏は又戯画を能《よ》くし、老人が室の掃き掃除をしている所を巧に画き、王侯相将何有種と自賛し俊六画と銘を打つ。立派な俳画でもある。

広田弘毅元首相（中央）

十一月一日　金曜日　晴　遊歩　浴

法廷、戦争準備中最後の海軍関係を終りて、愈々米英と日本との関係に入り、検事の論告は最高潮に達す。この日米ヒッギンス検事総括劈頭論告を行う。

日本が満洲事変によりて、連盟規約・不戦条約・九国条約の侵犯をなしたるより説き起し、日本の侵略を、満洲事変より支那事変、仏印侵略の順序に述べ来《きた》り述べ去り、遂に日米交渉に至り、真珠

法廷面会所

湾の奇襲に及び、英、蘭印の攻撃に至る。日本の対米英開戦の如何に準備せられたる計画的のものなりしかを糾弾して余す所なし。ルーズヴェルトの天皇陛下に対する親電の配達を妨害せる日本政府の卑劣なる態度を指摘し、東條に対すると同様に東郷に対し痛撃を加えたり。如何に外交当局の地位の困難なるかを窺知《きち》せしむ。

論告は固より米国検事の一方的観測に過ぎざるも、一国の行動が相手方によりて如何に解され得べきかを知る好資料なり。検事は平和人道に対する罪及殺人罪を論告しつつあるなり。

法廷面会所は本日より改造せられ、取締は一層厳重となる。ゲーリング自殺もその一原因と認めらる。裁判の進行に伴い種々窮屈となり断末魔の近接を感知せしむ。

蔵（弟）華子同伴面会に来る。蔵は遭難以来初めて出会う。田中姉の死亡の事、田舎の事、その他種々と談合することを得たり。如何にも瘦せ居るが気がかりなり。

華子は元気にて種々家情を聞けり。成育を楽しむ。

十一月二日　土曜日　晴　蒲団干

突如、房移転の命あり、A級一同ⅥよりⅤの独房に移さる。室は北西向きなるも静かなり。

独房や我はA級戦犯なり
移されし先は孤独の秋の牢
五度目に房《へや》転々と牢の秋
裁判と共に移るや秋の牢

独房の経験も亦秋の牢
何処に居ても同じ事なり秋の牢
判決もぼつぼつ予想の出来る秋

独房は畳二枚を敷き、窓ぎわに洗面器及腰掛便所を設備し、蓋《ふた》をして同時に机となり腰掛となる仕かけで便利に出来ている。

座して居り寝て居つ秋の牢屋かな
独り言も遠慮はいらず秋の牢
論告は何処迄行くか秋の牢
独房に座禅を組みて秋の午後

独房に移されて諸事急に厳重となる。法廷でも面会は来週よりは網戸越しとなると云う。本日の散歩は逆転して元の鉄条網内の小庭となる。監督厳重を極む。法廷の進行とも関係あるものの如し。

動物園に似たる遊歩の秋の囚
鉄条網の中をぐるぐる秋の囚
老人も怒鳴り散らさる秋の牢
論告も愈々荒れて野分吹き
A級も覚悟の前の野分かな

我々もどうなる事かと秋の牢
我々はどうにもならぬ秋の牢

ファネス、柳井両弁護人来訪、木戸日記について打合せをなす。ファネスは柳井と共に木戸に会見の筈なり。

十一月三日　日曜日　晴　遊歩

明治節と云へば晴れたる天気かな
本日は明治節なり牢の人
空見えぬ牢屋の窓より明治節
監獄も超満員の明治節
遥拝は遊歩の機会に秋の空

独房の隣は南大将、前は平沼、佐藤、木戸等の人々である。聾《つんぼ》の南さんは相変らず飄々乎《ひょうひょうこ》として毛槍《けやり》音頭を踊る様な格好である。純白の天神鬚《てんじんひげ》は名物である。独り牢獄生活を楽しんでいる様子であるのはさすがである。法廷でも何かと有益なことを聞いたり見たりする。外交とは軍の行動の尻拭いをすることであると思っていたが、今度初め

木戸幸一元内大臣

て外交の重要性を了解した、と述懐するのが南大将である。

木戸侯は最少年者でありながら、内府として又多年日本の政治の中枢を左右した人として、陛下の代理の意味でA級戦犯と指定せられたことは、彼の本懐とする所であろう。陛下の御身辺に異変のないことが彼の心願であることは明である。

彼は、常に近衛公の引き合いに出されるが、近衛公とは性格において大分異っている。彼は軍閥の味方ではなく常に敵であった。彼は終戦には積極的に全力を傾注した。第三次近衛内閣の後に東條を総理として推薦した彼の責任が屢々《しばしば》問われるのであるが、その時の模様を彼は次ぎの様に説明する。この時の重臣会議には清浦伯が老軀を提げて看護婦を伴って出席し、死を賭して最後の御奉公をなすと報ぜられた。

木戸談

重臣会議においては皇族内閣が問題となり、林〔銑十郎〕大将は皇族内閣ならば海軍よりと遁げたため成立せず、首相は陸軍よりと云うこととなって、若槻氏は宇垣大将を推したが、宇垣では軍の統制は出来ぬと阿部等が云い出し、結局阿部、広田、林等の意見は東條ならばと云うことになった。清浦伯は単に陸軍部内の人と云いたるのみにて宇垣の名は云い出さず、恐らく清浦末雄氏〔清浦伯八男・東久邇の守衛班長〕の関係もあり皇族内閣（東久邇宮《ひがしくにのみや》）を意中にもっていたのであろう。

木戸談話は前に出た平沼男の談《はなし》と違う点がある。もっとも平沼男は会議には暴漢による負傷後未だ出席するまでに全癒していなかった。

長州閥の策動云々の世評は所謂《いわゆる》世評に止まるものと思われる。

今日は新憲法発布の日なり。新憲法は理想的の民主主義憲法で、更に軍備を廃し戦争を否認するもの、羹《あつもの》に懲りて膾《なます》を吹くの類か。

独房

戸を閉ざし錠を卸せば小天地
物を考ふ自由まだあり

十一月四日　月曜日　雨

独房は北面し隙間風あり、脚痛にて安眠せず。アスピリン二度飲む。煙草も神経痛には悪し。

法廷は日米関係挙証文書提出の段階に入り、満洲事変前よりのもの提出さる。中に天羽《あもう》〔英二・外務省情報部長〕声明あり。支那事変については広田外相関係第一次近衛内閣時代のもの多し。

ルーズヴェルトのシカゴ、カランチン演説は裁判長の注意によりて朗読を廃す。平沼男法廷にて病気となる。

三日新憲法式典議会にて行われ、国民祝賀会宮城前にて行わる。両陛下行幸、十万民衆感激溢れて万歳の声大内山《おおうちやま》〔皇居〕を揺がす。

十一月五日　火曜日　小雨　浴

法廷、支那問題に対する米国政府の抗議文の洪水なり。多く広田、有田時代のもので松岡時代に入りつつあり。

日本国憲法公布記念祝賀都民大会に天皇皇后両陛下御臨席。宮城前広場は人で溢れている。

平沼男昨日遂に入院す。八十の老人には無理な仕事なり。

ファネス帰米に付贈物をなす。

妻きゑ子来訪。持原〔武彦〕君（北京・死刑）は絶望なるが如し。それでも持原夫人は北京に帰り度しと云い居る由。

法廷も巣鴨も益々厳重となる。

十一月六日　水曜日　曇

法廷　本日、日英関係に入り、記者の政府に対する意見及情勢観察の電報、イーデン外相及バトラー次官との会見録、有田外相次で松岡外相との往復電報多数朗読せらる。記者は三国同盟に反対し、英仏の戦敗を信ぜず、ダンカーク後の英国の決意を賞揚す。検事は記者に対して何を罪《つみ》せんとする意向なりや。
本日見物席に中須建子（姪）を見出し、昼食後面会することを得た。
本日新聞で新憲法祝賀式場で群衆に取り囲まれ万歳歓呼の嵐の中に立たれている両陛下の御写真を見て感慨無量。隣席（法廷控室）の木戸に対し
「これで最早大丈夫と思う」
と云えば、木戸も
「もう大丈夫、今日は漸く戦いを終った気がする」
と応えた。この国民的感情は米国も世界も認めざるを得ないに違いない。結局皇室の問題を定めるものは日本国民であるからである。

十一月七日　木曜日　小雨　浴

昨夜雨声多し。内村全集や芭蕉俳句等を読む。廊下にてはM・P喧騒なり。夕食にあさ漬出る。

法廷　本日は記者とチャチル首相との会談録、チャチルの松岡外相宛メッセージ往復等披露あり。これらの記者の電報往復は日英国交の破綻を防止せんとせし記者の最後的の努力なり。

キーナン主席論告台に立ち、日米交渉の初期の文献を提出す。松岡外相、大島駐独大使及近衛首相の関係、日米交渉を回《めぐ》りて暴露さる。ドイツ側

文献は松岡外相のドイツ側に深入りを実証す。
本日谷前外相、室前通行の姿を見付けて声をかけたり。昨夜来同じV棟に移されたりと、元気に見受けたり。彼の室も余り遠きには非《あら》ざるが如し。

十一月八日　金曜日　曇

法廷　日米交渉挙証続行。米国の態度は独ソ戦争後硬化す。松岡外相は独ソ戦争開始と共に北方に進出せんことを奏上し、陛下は非常に御心配の上、近衛首相の意見を徴《ちょう》せられ、近衛首相と松岡外相との意見の異なるものあるを発見さる。

リッベントロップは、大島大使に対し日本が南進を欲せざれば今日は北進してソ連を処分すべき千載一遇天与の機会なることを力説し、大島大使はこの趣旨を以て政府を動かさんとして全力を尽す。尚大島大使は日米交渉に反対し、リッベンの意を承《う》けて日本の不信を絶叫す。

本日、日本の侵略史を綴るスチムソン〔陸軍長官〕、グルー、ハル〔国務長官〕三氏の口供書提出さる。ハル最も激烈なり。

木戸日記度々引用せらる。六月二十五日の分に、汪精衛《おうせいえい》〔汪兆銘・南京国民政府主席〕が重慶との妥協成立の暁は一身の進退の事は全然頭山〔満〕翁に委任せる旨の言明の一節あり。

十一月九日　土曜日　曇　浴

ファネス巣鴨に来訪。

前駐日大使グルー氏の口供書を示す。ワレン弁護士〔土肥原、平沼、松岡、岡担当〕が米国より帰り齎《もた》らせるものである。その中に平沼、広田と共に記者の事を記している。これらの諸氏は何れも平和のために軍部と戦った人々で戦犯とせらるる理由を解し得ない。彼等各々はその地位において仕事を為したるも常に平和維持に努力したものであると記し、記者については特にグルーの著書を引用し、同書において匿名を以て記してあるは記者の事であって、記者は開戦後においても尚グルー大使に書面を寄せて平和事業の失敗を遺憾とし、一日も速《すみやか》に平和の回復を見て日米国交再建に努めたいと所懐《しょかい》を述べた。これは当人の信念に出ずるのでなければ、当時の情勢上斯る危険な行為はなし得ないものである、との趣旨を述べている。ワレン弁護人のファネスに語る所によれば、グルー大使夫人は特に記者のことについて心配（ディスターブ）されていたとの事であった。

記者はグルー大使夫妻の如き人々が記者の立場を正解していることを非常に喜び、かかる口供書を進んで書かれたことは、今日の境遇の記者にとって何よりの慰安である。

ファネス弁護人の齎らせる首藤安人《しゅどうやすと》（元在英日本商務官）君の口供書も見た。同氏が記者（在英大使）の依頼によって日英関係を繋ぎ、日独同盟を阻止せんとして日英間に支払協定を主として英大蔵省リースロス氏と交渉したる事を記述したものである。

十一月十日　日曜日　好天気の様なり

薄暗き北西向きの独房にて天気模様も知るに由なく、読書や居眠りに過ごす。一昨日妻唐紙《からかみ》若干持参せるに付、詩歌を書す。運筆《うんぴつ》意に任せざるも不出来にあらず。

午後初めて遊歩あり。鉄条網の中なり。陽強くなり石炭殻の上に腰を下し日光を満喫す。

十一月十二日　火曜日　半晴

法廷　検事論告は最高潮に達しつつあり。

一九四一年七月二日の御前会議において米英との開戦も辞せずして南進することを決定し（第二次近衛内閣）、更にソ連に対して北方問題をも適当の機会に解決することを決定す。

近衛第二次内閣（松岡外相、東條陸相、及川海相、杉山、永野両総長）は七月十六日総辞職し、同十七日第三次近衛内閣成立し、松岡外相に代うるに豊田〔貞次郎〕大将を以てす。

九月六日御前会議の際は、松岡すでに去り日米交渉は進行中なるに拘らず、七月二日の御前会議より更に進んで愈々戦争の決意を以て南進を決して、南仏印、カムラン湾の占領に突進することとなって大勢《たいせい》は決するのである。

軍部は日米交渉が十月中旬まで成立の見込なき時は開戦すべしと迫り、首相、外相は尚交渉の余地ありとなし、ここに内閣は陸軍と衝突し第三次近衛内閣は危殆《きたい》に瀕す。

木戸日記及近衛手記提出せられて当時の情勢は洗わる。

本夜獄則一層厳重となり、所持品に極度の制限を付せらるることとなる。

十一月十三日　水曜日　半晴
法廷は愈々クライマックスに達し、日米交渉の破綻は暴露さる。
昨夜の厳重なる示達により所持品を送り返すべく徹宵《てっしょう》〔夜通し〕荷造り整理をなす。室に湿気多く陰惨極りなし。

十一月十四日　木曜日　曇
法廷は真珠湾直前まで進み、大統領の陛下宛親電の配達阻止暴露せらる。証人逓信《ていしん》省外信課長は陸軍部内の将校より大統領電報配達留置の指令を受けたりと証言す。

本日悪寒を催し発熱気味にて両脚苦痛甚だし。極力我慢して巣鴨に帰る。法廷控所でケ隊長薬を供し、熱いコーヒーを運び来り毛布を給し呉れた。

巣鴨は大変であった。

中央の大廊下に大小獄吏《ごくり》集まり居り、吾々を全部丸裸とし、衣服を検査し身体をも検査長時に亘りて無法の取扱を受く、口腔内部まで検査す。

記者は発熱甚だしく漸く震えながら検査を了し居房に帰る。居房は畳まで変えられ隅から隅まで検査したものか、手拭類まで持ち去られ恰も略奪の後の光景。

記者は発熱疼痛《とうつう》甚だしく検査後そのまま横臥、医師を要求す。医師来り熱は計りたるも約束せし薬は送り来《きた》らず。

十一月十五日　金曜日　曇

法廷欠席す。終日独房にて寝る。患者食なるものを給せらる。冷ミルク、パン二片及豆類の蒸《むし》たるもの。普通の獄食の和食の温かき方が慣れたせいか、遥《はるか》に口に宜しい。斯様な場所で病気をするのは誠につらい事である。

二世のM・Pが集り、「昨夜ラジオでは貴下外一、二名不日釈放の予定との事でしたが、本当ではありませんか」と云う。私は「裁判進行中の今日釈放は困難と思われる、兎に角裁判は最終までやり自分の立場も充分に明にして貰うことが必要である」と応えた。

十一月十八日　月曜日　半晴　病

法廷欠。

ファネス弁護人来訪、面会所に行く。米英旅行許可あり、多分水曜日出発、年末に帰る予定との事、種々打合せす。記者より、飛行旅行に危険を冒さざること及米英等の旧友人に対して依頼がましき事をなさざること、を特に注文し、華府においてはグルー夫妻に特に謝意伝達の事を依頼す。

十一月十九日　火曜日　曇後晴　浴

法廷、出席。M・P隊員喜び迎えくる。バレンタイン〔国務省参事官〕の直接証言よりブレークニーの反対尋問に移り、米国の自衛戦争に関する定義を衝き、これを経済戦争に対しても認めしめんと努めたがキーナン主席の反対に会い、裁判長はこれを阻止す。

ファネス留守中はブレークニーに依頼することとす。ファネスに対しては再び旅行についても仕事についても無理をせぬ様注意し、私の過去の国際政治運用及考え方についても述べて参考に供す。且つ成るべく速《すみやか》に帰来を要望す。

十一月二十日　水曜日　晴　浴

法廷　バレンタインの反対尋問続行す。

ブレークニー益々円熟し、日米交渉不成立の原因、⑴三国同盟に関連する自衛権の問題を衝き、⑵支那問題に移って駐兵問題を中心として米政府の態度の不合理にして余りに無理解なりしことを指摘し、⑶太平洋の経済均等主義に移り、日本は世界的にこれを実行することを条件として賛成せるにあらずやと反問し、交渉不成立は寧ろ却って米国の責任なるが如き印象を与え検事側を狼狽せしむ。

今朝出発の際、獄吏の手違いか、約二十分ばかりもきもの一枚（下着は禁ず）にて裸同様の姿にて寒き廊下に立たさる。七、八十の老体が風も引かずこれまで耐えているのは不思議な位である。

本日帰りての検査は格別で衣類は和服一枚にてシャツも褌《ふんどし》も腹巻も帯も皆取り上げらる。

記者のみ例外として洋服着用を黙認さる。改良を要求する毎《ごと》に改悪さると一同不満多し。

ファネス今朝出発の筈、天気極めて好し。安心なり。

ジョージ・フランシス・ブリューエット弁護人

十一月二十一日　木曜日　晴　この頃遊歩なし

巣鴨冷厳を極む。

法廷、バレンタイン反対尋問はブレークニーに次でブリューエット（東條担当）次にカニンガム（大島担当）。更に最近帰来せるワレンは国務省がグルー等日本派を排し、ホーンベック（国務長官特別顧問）、ハミルトン（国務省極東部長）、バレンタイン等支那派を中心として遂に日米戦争に持ち行きたる舞台裏を鋭く衝く。

スミスは天羽声明を持ち出して尋問追及急なり。

十一月二十二日　金曜日　晴後雨

法廷、バレンタインの反対尋問続行。

スミスの天羽声明問題より経済戦争論に入り、度々裁判長の注意あるも屈せず、次でブレナン〔永野、佐藤、嶋田、岡担当〕及ローガンは鋭く米国側の日本排撃政策を摘発し、ブルックス〔小磯、南大川担当〕はまた無遠慮に国務省の政策を非難す。次で岡本弁護人〔尚一・武藤担当〕出で、シベリア出兵は米国の慫慂《しょうよう》〔しきりに勧めること〕に出でたるものにて、外務省顧問デニソン（米人）は日清日露の戦争に従事せることを指摘す。バレンタインは、米国の経済軍事政治包囲政策は、飽くまで日本の侵略に対する自衛行為なりと弁疏《べんそ》〔弁解〕す。

米人弁護人は、その錚々《そうそう》をすぐって悉《ことごと》く弁論台に立ち、日本の政策の当然にしてその態度の公正なることを、国務省を代表する証人について立証せんとする。国境を越えたる職務上の努力は真に敬服に堪えず。裁判長が如何に「諸君の弁論は祖国に対して弓をひくものなり」と注意しても、昂然《こうぜん》として祖国は自分等に被告を弁護することを命じたりと云い放つ。米国は単に戦争に勝ちたるのみにあらざるなり。日本人よ大《おおい》に発憤修養を要す。

この日巣鴨においては身体検査益々厳重となり、丸裸にさる。M・Pの将校兵士の態度無作法、粗暴極りなし。

本日グルー前大使より、広田弁護人スミス宛電報にて、東京に旅行するは医師の許可する所とならざるも、米国にて質問書に対して公正なる回答を与うるの用意ある旨申来る。

U・P、ヴォーン支局長は重光、広田、平沼は無罪となるべし、と米国へ電報せる旨広田氏に内報あり。

つはぶきも早や霜がれて只葉のみ
青く残るも牢の庭隅
M・Pの猛々《たけだけ》しくも棒を振り
ハバハバ〔急げ急げ〕と怒鳴り老人をかる

十一月二十三日　土曜日　浴　遊歩

最近の獄内の嵐にも拘《かかわ》らず、風を引いて臥《ふ》せったものは記者一人であった。八十一の平沼男も病院から帰って元気に押し切っている。隣室の南老人も毎日裸で室の掃除を始める。人々は多く寒い室でふるえながら許された鉛筆一本で法廷準備をしている。本日の遊歩は幸に好天気に恵まれ、一時間の日光浴を楽しむことが出来た。星野、大島、佐藤の諸君は半裸肉体美を陽に晒《さ》らして中庭を闊歩した。昨日のU・Pの電報は平沼男にも談《はな》して喜んで貰った。

十一月二十四日　日曜日　浴　遊歩

終日、日光を見ざる薄寒き独房にて暮す。風も完全には回復せず。

十一月二十五日　月曜日　浴

法廷　リチャードソン提督〔太平洋艦隊司令長官兼合衆国艦隊司令長官〕の証言は四段階にてなさる。

一、永野、山本〔五十六〕のロンドン会議における主張も航空母艦は攻撃的武器とせらる。日本は急にこれを多数造り、その数遥《はるか》に米海軍を凌駕す。

ジェームズ・オットー・リチャードソン米海軍大将

二、委任統治地域を要塞化し、これを海軍の基地に利用す。

三、外交機関特にハワイ領事館〔喜多長雄総領事〕をして間諜行為を行わしむ。ハワイ領事館の使用せし諜報者Kuhnの自白を付す。

四、艦隊の攻撃命令永野、山本により発出せらる。

マニラにて撃沈せられたる軍艦那智より引き上げたる日本側文書提出。

ブレナン弁護人先ず反対尋問に立つ。

巣鴨当局の態度更に悪化。

十一月二十六日　火曜日　晴

法廷　リチャードソン大将の証言――ブレナン反対尋問続行。

リ大将は、素直に事実を事実として認むる風あり。彼は一九三九―四〇年太平洋艦隊司令長官たりしも、一九四〇年末大艦隊をハワイに置くの危険なることを論じて、ルーズヴェルトと意見合わず、長官を退くこととなりたる経歴を有す。武人肌の男なり。ブレナンの質問に対し、米国太平洋艦隊のハワイ駐留の目的はル大統領の直接の命令により、日本を牽制しこれに圧迫を加うる目的を有したりと証言した。

リ大将証言を終りて、日独伊単独不講和協定の書類提出さる。

法廷にて瘦妻《そうさい》に会談す。甚だ疲労の様子なり。衣類差入れの事を話す。

検事側は、海軍については主力を永野、次で山本に集中す。

永野元帥は多くを語らず、平素重要なる会議においても居眠りを常習とし、永野の狸眠りは人の知る処である。法廷でも多くは居眠りをなすも「真珠湾攻撃は自分の命令せしものにて軍事的には大成功なりし」と豪語して憚《はばか》らず。彼はロンドン会議においても、海軍大臣としても、軍令部総長としても、狸眠りをしながら時世の波に便乗したるは事実なるも、日米戦争に衷心《ちゅうしん》より賛成した訳ではない。彼は海軍では中間派の立場から自然に重要な地位を占め来り、検事側よりも重要視せられたのである。

永野修身海軍元帥（被告人右から二人目）

リチャードソン大将もケンワージー隊長に対し、永野には米国側も敬意を払い居るものなることを語りたる由、敵も味方も嶋田海軍大将とは同日《ママ》に取り扱ってはおらぬ。彼もまた武人として以て瞑すべし。

本朝、板垣大将大声にて怒号す。獄兵が大将の扉を開くことを失念したため、大将は遂に朝食を摂るの暇なかりしものなり。

法廷控室にてケ隊長コーヒーやトーストを周旋《しゅうせん》し、大将の意大いに和《な》ぐ。

十一月二十七日　水曜日　雨

法廷　濠洲軍医証人として出廷、南方における俘虜虐待、日本軍の残虐行為について証言す。

ローガン反対尋問。

本庄元関東軍司令官の遺書提出さる。中に満洲事件は関東軍司令官のみの責任たることを縷述《るじゅつ》しあり。

十一月二十九日　金曜日　曇

法廷、濠洲軍医 Lt. Col. Albert Earnest Coaxes に次でブラックバーン濠洲軍代将〔ブラックフォース指揮官〕等、俘虜将校ジャワ及台湾における俘虜収容所について証言す。

本日巣鴨に帰着の際、今までとは違い、一同正面の大玄関より入ることを命ぜらる。正面の大理石の階段を上り二階の事務室の側を歩く。何事か起るとの予感あり。果して一室に連れ込まれ、赤裸にされ、眼鏡も入歯も検査のため取り上げられ、軍医によって一人一人頭髪、脇下、陰部、肛門等入念に検査す。毒物搬入を防止する建前なるものの如し。裁判書類の如き全部取り上げて検査し、書類を綴りたる針金類及糸類は皆取りはずして没収さる。検査後裸体を日本衣一枚(帯は許されず)にて蔽い、新しき独房に導き入れらる。記者の房はV・B・3なり。所持品は毛布、枕等に至るまで取り上げられ、小蒲団三枚房に投入しあり。房の小さな物入れの戸は釘付けとされ使用不能ならしむ。六度目の移転なり。裁判の高潮に達し判決の近付くと共に監視及検査は益々厳重となり、殆んど常識を以て判断し得ざる待遇なり。

三階は死刑犯幾人か未執行のものを入れあり。二階のA級組の向い側各室は横浜裁判組なり。裁判によって死刑の宣告を受けたものは直に三階に移される仕組なり。

十一月三十日　土曜日　曇　終日閉じ込めらる

昨日よりの待遇は全く懲罰的としか思われざるが、当局も余り行き過ぎと感じたるためか、午後主任大尉は、記者の房に来りて種々事情を述べた。記者は、吾人は皆当局に協力する意向を有す、不必要なる苦痛を与うる必要なきにあらずや、と云いたるに、彼は能《よ》く了解しているに付成るべく人道的にやる積りなり、等釈明して去れり。

米国式官僚の弊《へい》は巣鴨にも屢々見得る処なり。

十二月一日　日曜日　曇　午前入浴　午後遊歩

今日は大廊下側の小風呂に入らしめらる。浴室は三、四あり。廊下にて連結され監視に便にす。一風呂に二人宛《ずつ》浴す。競争して入る。取り残されたる最後の浴室に平沼男と共に入る。狭きコンクリートに座り込み老人の肩を流した。老人元気よく、曰く、「斯様にして狭い風呂に一緒に入ることは思いがけもない仕合《しあわせ》なり」と。老人だけなりとも早く出したきものなり。

冬風呂に八十翁の脊を流し
八十の翁と共に冬小風呂
風呂番も棍棒を持つ獄吏かな
風呂上り最早昼頃かと腹時計
すりガラスに映る日影の懐かしし

十二月二日　月曜日　小雨

暖房も本月より始められ、空気乾燥して安眠せり。脚痛も軽減す。

法廷　ブラックバーン代将の証言続行。

最高級の俘虜、ウェーンライト大将（米極東陸軍司令官）、パーシバル英将軍〔マラヤ司令部司令官〕、香港総督、マラヤ総督、蘭印総督、グァム総督、その他将官、佐官全部に対する虐待、殴打、強制労働、侮辱行為を次ぎ次ぎに展開す。残念なり。日本人は確《たしか》に堕落せり。明治以来の偏武政策の影響か。

十二月三日　火曜日　晴

法廷は蘭印侵略史の段階に入る。先ず総括論告あり。次で証拠提出に入る。女検事活躍目覚し。

獄番の靴音高し夜寒し
毎日の朝と夕とは裸かな

毎日二十六名の老人の丸裸姿を見せられるのは気持好《よ》きものに非ず。老人の裸形は形をなさず、ただ悲哀を感ぜしむるのみ。これ皆当年の権臣《けんしん》なり。

化物の裸行列に家寒し
老人の裸姿や野分き吹き
M・Pと骸骨の行列に壁凍り
骸骨の行列寒し高笑ひ

十二月四日　水曜日　半晴　浴

朝夕の裸行列例の如し。眼鏡をとられ素足にされるには弱る。その上、松葉杖を取り上げんとする脊長《た》けの将校あり。漸く上官の介入ありて杖を許さる。

差入れの綿入れは紐悉《ことごと》くもぎ取られあり。然しこれでも寒を凌ぎ得るは幸なり。

法廷――和蘭《オランダ》検事の論告挙証詳細を極む。小林〔一三・商工大臣〕、芳澤〔謙吉・蘭印経済交渉特命全権〕交渉より軍事侵略の前夜に及ぶ。

裁判長より特に濠マンスフィールド検事を呼び出し、俘虜問題の今後の検事側の取扱を問い、これまでは東條、重光が関係者なりと陳《の》ぶ。

十二月五日　木曜日　晴　浴

法廷、和蘭検事の挙証進行し、文書の提出詳細にわたり、大東亜会議及決議等に及ぶ。更に蘭印の独立問題に至り、記者が独立に先ず賛成せりとの外務省資料を読み上ぐ。

老人の意気や師走の裸かな
八十の翁も裸の師走かな
本年の暮の峠を裸かな
ハバハバとM・P怒鳴る年の暮
狂《きちが》ひにもならずに済むや年も暮れ
狂せんとするや裸の暮の牢
有難く思ひて過ぎむ牢の暮
裸と手錠横浜行きの姿かな
棍棒を以《もっ》て追ふなり師走空
棍棒と裸と歩く暮の牢
暮の牢裸行列に高笑ひ
骸骨や裸の関は躍り越し

十二月六日　金曜日　晴

法廷、オランダ人の証言終り、ローガン反対尋問に入る。証言は日本軍政時代を、準備時代、純軍政時代、政治参与時代との三期に分って日本の侵略を挙証す。ローガンは、和蘭は日本に対して先ず宣戦せるものにて和蘭こそ開戦の責任をとるべきものなることを力説反駁した。

この日朝、出発に当って巣鴨の取扱について苦情を受け付けるとの申出が所長より白鳥にあった。これを聞きつけた嶋田海軍大将は、その立案を鈴木貞、及、橋本欣両氏に依頼した。橋本氏は直に立案して法廷で白鳥君に翻訳を依頼した。白鳥は乗り気せずして囲碁に夢中になっていた。

昼食後、橋本は白鳥に翻訳を督促した。一、二問答があったと思う途端、橋本の鉄拳は白鳥の面部を殴り付けた。眼鏡は飛ぶ大騒ぎであった。ケ隊長や主任将校及M・P兵士の環視の前であった。兵士等は驚いてこれを制した。ケ隊長は大声で訓戒をなし、もし再び斯る

平沼と碁を打つ白鳥敏夫元駐伊大使(右)

ことがあれば巣鴨の一室に懲戒拘禁すると宣告した。

この事件は、今俘虜の殴打等を罪せんとする裁判が開けて、これが毎日法廷の論議に上っているその法廷の控所におけるA級戦犯間に起った事件であるだけ、米監視兵員等を驚かせた。

吾々は衷心より恥辱を感じた。木戸は私に対して「あれで日本が今日の様になったのだ」と嘆《たん》じた。

荒木大将等一、二の人々はケ隊長に対して日本流に頻りに陳謝の意を表して、事を穏便に済まされんことを請うた。隊長は余りその意味が解らなかった様である。白鳥は終始よく我慢した。

十二月八日　日曜日　晴　浴

愈々冬空となる。来週は比島検事の論告に入るべし。比島における日本軍の残虐行為の摘発行わるとの事である。日本軍の到る所、不祥事あり。日本人は深刻に自省せざるべからず。

本日、鉄条網内の運動も冬景色なり。

十二月九日　月曜日　晴　浴

法廷、蘭人証人反対尋問終日続行。比島残虐行為拠証に入る。

新聞によるに支那法廷は土肥原、松井両大将を要求すと。

朝夕の裸体検査例の通り。

十二月十日　火曜日　晴　浴

法廷　比島残虐行為挙証続く。証人として総司令部雇用の比島美人出廷、日本軍収容所の悪待遇を証言して人目をひく。残虐行為は多くはゲリラ戦の時のことの如く酸鼻を極む。日本人として今日到底信ぜられざること多し。山下裁判を知るケ憲兵隊長は、比島人の云うことは大半嘘なり、山下裁判の時も同様なりと憤慨し居たり。家妻《かさい》きゑ子来り家の消息を伝う。牧野（義雄・画家通称平治）の画を憲兵将校に贈る。評判宜し。

まな板の上に置かれし寒《かん》の鯉
日に二度は丸裸にて年もくれ
朝夕のはだか冷たき松葉杖
M・Pの益々猛ける師走かな
老人の裸も見飽きて年の暮
M・Pの吹くハーモニカ暮の牢

東條と彼の孫

東條も幼き孫の手を取りて
眼《まなこ》に露あり年は暮れたり

十二月十一日　水曜日　晴

法廷　比島における日本軍残虐行為挙証続く。米人証人二名出廷、一九四五年レーテ戦より終戦前マニラ戦に至る期間の比島各地に行われた残虐行為、虐殺事件等続出、聞くに堪えず。一九四二年バターン半島攻略後の「死の行軍」について、今日二名の証人出ず。何れも、吾人を愧死《きし》せしむるものあり。もし日本人としての罪を贖うことを得ば死罪も辞するものにあらず。ケ中佐は私の座席（控所）に来りて慰めて曰く

「こんなことを聞かされて余り気に留めないが宜しい。do not worry too much. 自分は好く知っている。これがあなたの責任ではない。あなたを誰も罪しようとはしていない」

私

「有難う。斯様なことを毎日聞かされるのは誠に残念で愧《はず》かしい。自分は斯様なことは宗教的に（religious）考える」

隊長

「自分も同様である。然し、余り気に留める必要はない。自分はこの建物で各人の履歴を見て知っているが、この中（A級）にはよくない人も居るかも知れぬが、多くはそうでない」

私

「浅はかな一部のために日本がこうなったのだ」

暖たかき人の心に雪も解け
冬の日に身慄《ぶる》ひして聞く武勇談
うらぶれし我「皇道」も寒いかな

空寒く残虐談も三日目なり
市谷の台も凍れと残虐談
我を罪し罪を贖《あがな》ひ同胞の
**　末を開かむ術もあらばや**

十二月十二日　木曜日　晴　浴

法廷　終日、日本軍の残虐行為摘発。耐え難く感ず。

巣鴨内の食器はこれまで日本時代の残り物を使用したため、満足な形のものは殆ど皆無であった。今日から米国軍隊用のアルミのプレート及食器を使用することとなった。恐らく清潔のためならん。

十二月十三日　金曜日

法廷　同じく残虐行為挙証続く。

篤、華子来訪す。篤のテニス談あり。尚、賀陽《かや》宮《のみや》殿下よりの御懇篤《ごこんとく》なる御伝言を承りたり。

「日頃は世話になった。過去の事は忘れてはおらぬ。自分は断る時には何でも致すべし。遠慮なく申出でよ」

との伝言を特に篤を呼び出されて御伝えありしものである。感銘措《お》く能《あた》わず。

**　宮様の言葉に泣きし冬の牢**

十二月十四日　土曜日　晴　浴　最近天気続く

寒に入り天気続き愈々冬景色なり。東北は大雪、汽車止まり、雪害少からず。

終日独房、昏々醒酔《こんこんすいせい》、閑時《かんじ》を過す。巣鴨牢内にて許された室内所持品目。

寝具（蒲団三枚、毛布一枚）
書籍　六冊
鉛筆　一本
洋服　一着
和服　一着
シャツ　三着
タオル　一ツ
歯みがき揚子《ようじ》　二つ
同粉袋　一

又監房では歌を唄ったり、口笛を吹いたり、大声で話すことは許されぬ。

その他十二ヶ条の八《や》釜《かま》敷《し》い規則がある。毎日法廷で日本軍の惨虐行為を聞かされる身は、巣鴨における寒い取扱は幾分かでも日本人の罪滅しとも考えられて苦痛も苦痛とは考えぬ。又、この試練はそうでなくとも有難い仕合せとも思っている。

十二月十六日　月曜日　晴　浴

法廷にて、濠洲検事マンスフィールド、日本軍惨虐行為挙証。

その冒頭陳述において、(1)日本政府はゼネバ〔ジュネーブ〕条約の準用を約し居ること、(2)日本軍惨虐行為中支那及比島の分はすでに挙証以外のものを取扱うこと、(3)連合国政府の抗議に対し日本側は何等有効なる是正手段を取らざりしこと、(4)被告中の責任者を指名し、陸軍省、外務省、海軍省在勤者を重要なるものとし、記者もその時代に外相たりしことを指摘す。

次で証拠提出に移り、南方特にビルマにおける凡《あら》ゆる惨虐行為を摘発し、証人をも尋問す。その一人に濠洲人にしてマレー半島にて捕われ俘虜となりしものあり、首を切られて埋められたるものが生還して証人に出で来り、首の瘡痕《きずあと》を法廷にて示したる等浅ましき場面あり。

本日の法廷の初め、比島関係の終りに鈴木（九《ただ》萬《かつ》）公使証人として出廷、俘虜に関する抗議文を外務省より取り次ぎたる役所（主として俘虜情報局）について証言す。ファネスよりブレークニーに書面来り、前駐支大使ジョンソン（現華府極東諮問委員会議長）及グルー大使夫人の私の擁護の丁重なる口供陳述書を送り来る。尚グルー大使の副島伯宛書面（過去のもの）をも同様送り来る。その内に有田、広田、野村〔吉三郎〕の歴代大臣の言明は何れも誠意あるものなりしも、軍部において妨害してその政策は実行不可能ならしめたることを述べている。広田氏のためには有利な材料と認めらる。尚グルー大使の東郷前大臣に対する口供書は甚だ不利益な内容のものであった。
帰途、一天晴れ渡り、富士夕陽を受けて西天に懸り、見事なる夕景色なり。

バスの人挙《こぞ》りて仰ぐ暮の富士
夕日影そびゆる富士の高きかな
神国の姿尊し暮の富士
東京の焼野が原に冬の富士
夕やけを浴びたる富士の強さかな

十二月十七日　火曜日　晴
法廷、ビルマ等における俘虜虐待について証人及文書次ぎ次ぎに大量に持ち出され、殆んど耳を蔽わしむるものあり。
家妻心配して来訪、俘虜問題抗議文中、私（外務大臣）宛のもの少からず新聞に報道せられたるためなり。

十二月十八日　水曜日　晴　浴
朝夕出入に裸体検査例の如し。

法廷は尚惨虐行為摘発に終始す。今日はビルマ方面よりアンダマン、ニコバル諸島に及び更に香港海南島に至る。
柳井弁護人の談に、比島より帰来の日本人は、比島において米軍の俘虜として収容され、労働に従事したる模様を語るも、ソ連よりの帰来者は、専ら沈黙を守り居るとの事。
今日は大風呂に一同入る。

大風呂に波々うたす暮の牢
老囚もはしやいで入るや暮の風呂

十二月十九日　木曜日　晴　浴
法廷　俘虜虐待挙証続行。海上輸送船舶中の残虐行為より進んでボルネオの死の行軍に至る。日本人の原住民に対する残虐行為を画き出す。
天気連日快晴、夕陽を浴びし富士裾を曳き紫紅《しこう》色を帯び、見事なり。
ファネスは十日頃米国発英国に向うと。今頃は英国ならん。来月には帰来の予定。

十二月二十日　金曜日　晴　富士よし

法廷、惨虐行為摘発も最高潮に達し、ブルーウインクル看護婦証言台に立ち、マラッカ海峡における遭難船舶より上陸せる看護婦虐殺事件を証言す。沈没船より上陸せる難民全部を射殺して海に投ぜる事件なり。今日において殆ど信じ得ざる行為なり。証人は蘇生して不思議に命を全うせる一女性なり。

聞く人も狂せんとする歳の暮

妻来り家事を相談す。中須建子（姪）来る。帰途富士良く見ゆ。意地悪き中尉に厳重なる身体検査を受く。

夕陽負ふ正しき富士の姿見て
正しき国の途を開かめ

十二月二十三日　月曜日　晴　浴

法廷　残虐行為証言尚続行。

一昨朝の四国紀州一帯の大地震惨状目も当てられず。

十二月二十四日　火曜日　晴

富士の遠望鮮かなり。

法廷は、戦前博多に居住したる英国籍人、混血児スパイ行為のため起訴せられたるも執行猶予となりたる男、スマトラ方面の日本軍の残虐行為を遺憾なく証言す。

本日はXマス前日とて法廷は半日、昼食にはケ隊長の取計いにて肉や缶詰、果物、シガレット等の供応あり。当法廷に着席して日本人弁護士も共に記念撮影をなし、ゆっくりして巣鴨に帰る。ケ隊長の心遣いなり。

死出の旅の記念写真やクリスマス
親切も心淋しき年の暮
新年は檜舞台に役者ども

隊長時間を見計い、巣鴨に帰る合図をなし、ゴーホーム go home！と云えば、誰れかが、スイートホーム sweet home と付け加う。一同苦笑。

巣鴨では変りなく赤裸の厳重な検査昨日の通り。

それでも暗き独房に帰ったときはやれやれと感

じた。ホームは矢張りホームなり。何時《いつ》の日か并《へい》州《しゅう》の情〔第二の故郷を懐かしむ気持ち〕を誦《しょう》する日が来るであろうか。

十二月二十五日　水曜日　晴

クリスマス当日なり。併せて牧野の誕生日なり。彼は七十七、遥に古希を通り越して今日尚青年の如く意気潑刺画筆を呵《か》し、語学を修得し、哲学を論ず。偉丈夫加餐《いじょうふかさん》〔身体を大切に〕長寿せよ。

昨夜Xマスイヴ。獄兵等大騒動にて賑やかにはしゃぎ回る。無邪気大いに愛すべし。

K・Pの笑声寒しクリスマス

M・Pのはしやぐも空《うつろ》のXマス

一日は一日と寒くなる牢の暮

十二月二十六日　木曜日　浴　久し振り雨

法廷　ジャワ・スマトラ残虐行為続行。日本軍の宣伝用に作った俘虜優遇映画に役者として出演せしめられた俘虜等を使って、雪冤《せつえん》映画を作製（和蘭政府において）せしめ、これを証拠として法廷にて上映す。日本軍の宣伝映画と彼等の云う真相を描写したる映画とを交互に出し、旧俘虜をして残虐行為を説明せしめたるものなり。最後に虐殺せられたる死体を掘り出して、この残虐の怨《うらみ》は長く忘れずと絶叫せしむる場面を出せり。

十二月二十七日　金曜日　小雨　浴

法廷　スマトラ残虐を終り、セレベス及チモールに及ぶ。同巧異曲《どうこういきょく》なり。特に憲兵の拷問処刑、収容所の殴打絶食等の残虐行為を挙証す。拷問には、水攻め、電気攻め、火攻め、終日正座絶食せしむること、吊し下げ等多種あり。セレベス等海

重光が被告席で描いた三浦和一補佐弁護人

軍地区には飛行士俘虜の殺戮少からず。何れも上司の命によって行われたることを挙証さる。
　本日、三浦〔重光担当補佐〕弁護人よりタオル一筋、ライアン大尉より松葉杖一個を贈らる。
　篤、華子と網戸越しにして談す。悪びれずして談尽きず。

十二月三十日　月曜日　半晴　浴
　法廷、アムボン海軍虐殺事件出ず。人証あり。篤、華子、平治《へいじ》（牧野）同伴来る。平治はライアン大尉の世話で法廷をスケッチす。

十二月三十一日　火曜日　晴
　法廷、アムボン事件反対尋問。
　　裁判も証人尋問で年を越し
　　法廷は残虐行為で年は暮れ
　　証人は来年に持ち越し証言し
　　監獄はうどん一杯で歳を越し
　　妻子等のどうして越すや大みそか
　　鎌倉で日の入り拝む妻子あり
　　すき間風悩む貸家の妻と子と
　　白髪を染めて帰らむ年を越し
　　本年は本年はとて年をとり
　　本年も朝と夕とは丸裸
　　朝夕は丸裸にて歳を越し
　　新年やへんぽんとして星条旗
　　元旦やジープの群の賑はひて

昭和二十二年（一九四七年）

一月元旦　水曜日
　平素通り獄吏開扉。
　　願くは日本の行く手も春の海
　　かにかくに新まる気を祝ふ哉
　　独房に君が代唱ふ年始め
　　元旦のぞうににありつく獄屋かな
　　元旦や獄吏の顔色《かお》に変化なし

独房も牛蒡《ごぼう》にんじん蜜柑かな
元旦の御餅はどうやら獄屋かな

一月二日　木曜日　雪模様　浴

法廷、残虐行為続く。証人尋問昨年より持ち越し。

ニューギニアにおける敵人虐殺、人肉料理、生体解剖等の書類提出さる。南方の地獄生活を想像せしむ。

本日法廷控所において宮城遥拝式挙行。（平沼老司会）

一月三日　金曜日　晴　富士夕景好し

法廷、支那及日本における俘虜の取扱及残虐行為挙証さる。南方の如く極端ならず。B29の搭乗員の処刑は各地に行われたるも、その当時B29の無差別爆撃により反感極度に達せることも日本側の報告によりて読み上ぐ。

その後に、突然、検事は田中隆吉少将を証人台に上《のぼ》せ、陸軍省の幹部会（一九四二年四月）において俘虜問題討議せられ、⑴俘虜将校にも強制労働を課すべきこと（日本の食料事情より働かざれば食うべからずとの建前）⑵白人の優越ならざることを示すため、収容所を日本内地は勿論、朝鮮等東亜各地域に求むべき事を、東條陸相自身において裁決せりと証言し、大に注意を喚起した。尚、田中証人は大本営の構成について証言した。田中少将は東條陸相の下に兵務局長を二年間勤めた人で、東條及武藤（軍務局長）に反抗的態度を採っ

南次郎陸軍大将

ている。

南大将が昨年限り天神鬚を落したと云うので、外字記者は大騒ぎ、その理由は新年に入って心機一転したと答えたことが、外国通信によって写真と共に伝えられた。南大将が鬚を落すと顔が険しくなって、却って好くないからと云うので、大将に天神鬚の神聖を保存する様一同進言した。

一月五日　日曜日　雪模様なり　遊歩

永野元帥金曜日より病気、急に病院に移さる。

一月六日　月曜日　晴

永野元帥、昨五日午前十時半、米軍事病院において死去の事を、ケ隊長今朝バス内にて披露す。元帥は六十八歳。最近の生活に耐えず、平素より弱き呼吸器、心臓のため遂に急逝。斯る老人には最近の巣鴨生活は無理なり。

近衛、杉山、寺内、松岡なき今日又永野逝く。

永野元帥の郷里は土佐であって、最近四国の大地震の結果、家族の安否も不明であるとの事。彼は敗戦の将とは云いながら、海軍最高の地位に上り、遂には真珠湾奇襲の歴史上の人物となった。彼また以て瞑すべし。

昨日迄仲間の中にありありと
見えし姿の今日は消えしも
勝たずとも真珠湾の一撃に
走《は》せし彼れが名後に残るも
元帥の居眠り遂にさめずして
太平洋の夢路辿らむ

本日昼食後、法廷控所において一同西に向い、元帥のため黙禱《もくとう》数分敬礼弔意を表す。

法廷　田中隆吉証人反対尋問、終始緊張す。ローガンは何とかして田中を狂人扱にせんとして「君は怪物（モンスター）と呼ばれているが、それは如何なる理由か」とか「精神病はどうなったか」とか、又他の弁護人は「君は軍務局長にならんとしてその意を遂げず、遂に、東條及同僚に反旗を翻したりとの事なるが如何《いかに》」等と質問し、軍部内部の醜関係暴露す。田中対武藤の軋轢《あつれき》は以前より顕著の事なり。

俘虜問題については、彼は、その主管は軍部で、外務省は単に郵便局の役目に過ぎず、と述べ、俘虜問題は多く政策問題となりたるため軍務局において取扱いたりと証言し、俘虜管理部は俘虜を実際に取扱い、俘虜情報局は情報収集を司り、国外における軍との関係は一切参謀本部を経由するを本道とし、国外収容所と情報局との直接通信は便宜上の異例なりと証言す。

兵務局（田中は局長）は憲兵に関する事務のみを司り、その監督は大臣の直接の責任に属すと説明せるは非常に苦しい点である。弁護士は「君は何時拘引せらるることとなり居るや、憲兵の態度は俘虜問題について周知の事なり」と反駁して検事の抗議を受く。

田中証人は次官の地位は単に補佐に止まり、実権なく「依命通牒」は次官の名前にて発出せらるるも、その実大臣の責任にてなさるるものなりと説明し、次官は大臣代理中と雖《いえど》も重要なる決定はなし得ず、と証言して、木村被告の立場を説明す。尚、東條はドーリットル飛行士の処刑は苛酷に過ぐと反対したるも、杉山は飽くまで強硬の態度に出でたることを証言す。

ゼネバ条約は適用にあらず、単に準用したるに過ぎざるも、天皇は出来るだけその内容を実行せらるる意思なりしと思う。兎に角俘虜問題は日露戦争の先例もあり、人道的に武士道的に取り扱うべきものと思考せられたるも、今日暴露せられたる様の事実ありしは、誠に遺憾千万なり云々との感想を述ぶ。

ローガンの外ブリューエット、ブルックスも反対尋問をなす。ハワード〔星野、木村、小磯、南担当〕は木村のため有利な証言を得た。草野日本弁護人〔佐藤担当〕も立った。

一月七日　火晴日　曇

法廷　田中証人尋問続行。

島内（大島弁護人）より、外務省は何故に郵便局の役目しかやらぬのか、と詰問せるに対し、外務省は俘虜の事は何等権限なく、機関もなき故、単に軍部の取次ぎを行うより外に役目あり得ず、と断言した点は注目をひいた。

検事ウールワースは陸軍部内における俘虜の取扱振り、取扱規則、処罰法、東條訓令、朝鮮軍、関東軍、南方軍と中央との往復文書、電報等を提出した。俘虜の取扱い、特に強制労働等明るみに出され、軍最高幹部の責任益々重大なることが立証せられた。

本日、武藤中将感冒のため病院に移さる。

一月八日　水曜日　曇

法廷　星野氏法廷中途より病気退廷、後入院す。本日俘虜問題中央部の責任に関する文書多く提出さる。中央の訓令、法規、その細則等なり。東條口供書引用さる。口供書中に、天皇陛下には何等の責任なきことを縷々《るる》繰り返し、聖旨に充分副《そ》うことの出来なかったのは全く自分の責任である。斯くの如きことが行われたることは夢にも知らざりし処にして、何れもその意に反して行われたることを述べてある。

次ぎ次ぎに病気となりて入院す
巣鴨ホームの寒く淋しき

一月九日　木曜日　曇後晴　夕陽好し

法廷、米英政府より日本政府に宛てた俘虜問題に関する抗議書及これに対する日本側の回答文、午前午後に亘りて多数提出朗読せらる。一九四二年東郷外相時代に初まり谷外相を経て記者に至り更に東郷に及び一九四五年終戦時に達す。文書百にも及ぶべし。

米国の抗議文に対する長文の回答を朗読せる際、裁判長より何故に斯く全文を朗読するやを質問せしに、ウールワース検事は、右は被告重光が斯る虚偽の回答文（事実と反せる）を発送せることを示してアキューズ〔告発〕せんとするものなりと答え、これに対し裁判長は「重光が故意に回答文を改竄して発送せるならば兎に角、然《しか》らずして単に取り次ぎたるものならば、何等犯罪には関係なし、斯るものを長く朗読するは検事側の利益とはならざるべし、単に被告側の手数を省くに過ぎず」と述べ、他の判事も同感なりとて朗読を打ち切ることを云い渡す。

俘虜情報局員山崎〔茂〕陸軍少将証人として出廷。軍務局と俘虜情報局との関係を証言し、重要事項は総て軍務局監督下に事実上動き居たることを証言す。

この日、星野病院に送らる。

東條大将珍らしく記者の席に来り（法廷控所において）東條口供書について

「昨日法廷で読み上げた自分の口供書は、陛下に累を及ぼさぬものと思うが如何に考えらるるや」

と尋ねた。

記者は

「貴下の口供書は立派だと思う。陛下の御思召《おぼしめし》はおおよそ俘虜の虐待等とは反対であったのは私の能く承知していた所である」

と応えたら、東條もその通りであると云って満足していた。

東條とは巣鴨で再会した時から屢々「陛下に御迷惑のかからぬ様に又陛下の御徳《おんとく》を損《そん》ぜぬ様に」と談し合ったのであった。東條は終戦直後自殺を計る前、大麻唯男《おおあさただお》君〔東條内閣国務大臣〕に託して記者（時の外務大臣）に戦争責任は自分で負う、陛下には御迷惑をかけぬ決心であると伝言して来た。その後も横浜（多分病院）からも同様の伝言を鈴木公使を通じて記者に伝えて来た。彼は今その口供書において素志《そし》を実現しようと計ったのである。而《しか》して、それを記者に了解して貰いたかったものと見える。

一月十日　金曜日　晴　夕陽よし

荒木大将発熱法廷欠。法廷は武藤、星野、及荒木三氏欠席。

法廷　山崎証人反対尋問続行す。次で、ウェーク島の残虐行為より海軍関係に入り、海上をすませ、それより仏印、ソ連関係日本軍の残虐行為に移る。

一月十一日　土曜日　曇後雨　浴

巣鴨当局は急に被告の健康状態を懸念し初め、本日は各人のX光線を撮影した。

ブルーム大尉に獄兵の夜静かにすることを要望したが、その後大分静かになった。記者は米当局との間に立ちて双方円滑に行く様に常に努めている。

米バーンズ国務長官辞職して、支那に特派されていたマーシャル元帥がその後任となるとの報あり。

国際連合の最大問題は、原子爆弾処理の問題と軍備縮少の問題で、米国は原子力処理の問題を取り上げており、ソ連は軍備問題を取り上げて、平和攻勢の有力なる武器として攻勢に出ている。双方の目的は如何にして相手に対して優勢なる武力を保有するかの競争であって、到底その妥協は見込はない。何処《どこ》もここも二つの世界の闘争であってドイツも朝鮮も又日本も同様である。

一月十二日　日曜日　午前入浴　午後遊歩

一昨日より各室の扉を終日開き、暖気を廊下より室に入れる様に注意し、幾分の改善をなす。時々将校の見巡りあり。多分最近の衛生状態について司令部方面より注意ありたるにあらずやと思わる。

星野君は病院より元気好く帰って来た。ブルーム大尉は夜静かにする様命じてくれた。各室に暖気を入れることとも彼の努力である。食事も幾分改善された。

一月十三日　月曜日　小雨

法廷　ウェーク島俘虜に対する残虐行為に関する米国政府の抗議、東郷、谷、重光三代の外相に宛十通を超ゆ。更に太平洋各島、ウェーク、ケゼリン、父島における戦争末期（一九四五年）における残虐行為、例えば、飛行士殺戮、人肉食い（父島）等多数証拠書類提出さる。

次で、病院船撃沈事件及米商船に対する潜水艇の撃沈、機関銃掃射及残虐行為、並にこれらに対する米政府、蘭政府の抗議等多数提出せらる。東郷、重光外相宛のもの多し。太平洋各島における殺戮事件は何れも中央の命令で、出先きは止むを得なかったことを述べ居れり。

海上の残虐行為の追及高調に達し、検事の態度は、細大漏らさず追及するものと認めらる。彼等の態度は、我病院船撃沈や阿波丸撃沈の事を蔽いかくす魂胆とも邪推さる。

巣鴨獄兵更代《こうたい》して総て新となり、粗暴なり。

米国はマーシャル特使を引き上げ、支那問題に見切りを付け、援助打切りの議多し。支那問題は何人《なんびと》も手をやく問題なり。

一月十四日　火曜日　晴

法廷、検事は病院船に対する不法射撃より、印度洋における潜水艦の商船に対する攻撃及その乗員虐殺、その抗議の多数の文書、その中に重光外相宛スイス公使の文書も提出さる。抗議文中にはかなり激烈なるものあり。回答を迫るものもあり。外務省はこれを海軍に取り次ぎてその調査を督促するも、一向に要領を得ざりしものなり。

米国政府より比島俘虜収容所の百五十名の虐殺事件（一九四四年七月）について激烈なる抗議文東郷大臣宛に来れるもの提出さる。

ケ隊長はファネスと同様ニューイングランド出身者にて、ファネスの動静を知り、未だ英国より米国へ帰り来らざる旨を告げ、且つ私を慰めて「裁判の事は何にも気にするに及ばぬ。誰れも貴下を罪しようとはしないことを自分は知っている」と云ってくれた。彼は常に同情者である。

一月十五日　水曜日　晴　富士好し

法廷　比島パラワンにて百五十名虐殺の証人出

廷す。後に仏印残虐挙証（オネト検事）に入る。

一月十六日　木曜日　晴

仏印残虐行為証拠書類提出せられたるも、何れも根拠薄弱な口供書であり、又戦犯調書の証人として呼び出した仏印戦犯調査官なるものは、ローガンの反対尋問を受けて、自分の調書は何れも口供書の内容を整理記録せるものなることを述べ、尚、当時仏印はド・ゴール派なりや又はヴィシー派なりしやとの質問に答うる能《あた》わず、ローガンより敵味方の区別出来ずして如何にして戦犯調査は出来たりやと詰問せられ「明日に至れば返答出来得べし」と苦答す。裁判長は戦犯とならずとも人道に対する罪は構成せらるべしと検事に助け舟を出す。

一月十七日　金曜日　曇

法廷は多彩であった。先ずローガン弁護人の仏人証人（仏印政庁戦犯係）の反対尋問続行。証人は仏印における反日本軍はヴィシー側なりしや又はド・ゴール派なりしや、更に又一九四四年一月北阿西部において証人が軍隊に参加したるは、ヴィシー派なりしや又ド・ゴール派なりしや、それとも、その他のものなりしや、との鋭き質問に応《こた》うること能《あた》わず。裁判長も同僚の助言によって尋問続行を許し、遂にローガンをして「証人は斯る質問にも答うること能わずして如何にして戦犯の調査をなし得たるや」と大見得を切るに至らしめた。

仏検事に次でソ連検事書証を提出し、マンスフィールド代読す。張鼓峯、ノモンハン事件当時の残虐行為を調査せるものなり。尚ソ連検事は書証を検事挙証段階終る後も提出すべしと保留せるは奇怪なことなり。

次で鈴木（九萬）公使証人として出廷し、敵国政府抗議文の取扱振り、回付先きについて証言し、陸海その他の関係局部、特に俘虜情報局に回付したることを証言す。

一月二十日　月曜日　晴

法廷、個人追加証拠に入り、先ず大川周明氏に対し、その多数の著書を引用し、口述書により三月事件、十月事件、及満洲事変の真相を示し、大川氏の思想と戦争との関連とを証明す。次で橋本欣五郎氏に移り、その著書及口供書を朗読し、日本青年党、赤誠会、大政翼賛会関係より満洲事変、レディバード号射撃事件を引用す。

　更に土肥原氏口供書を半ば朗読す。

　支那検事は溥儀の手跡鑑定家の経歴朗読、ワレンは弁護側準備のため休廷を要請す。

　ファネスより書類到着を柳井君報ず。本日は大川、橋本の口供書により、三月事件、十月事件の真相かなり能く判明す。小磯、建川、二宮〔治重〕の指導する桜会将校等を中心とする軍部のクーデター計画なり。

一月二十一日　火曜日　晴

　今日バスの目かくしがなくなり富士見事なり。

一月二十二日　水曜日　晴　浴

　法廷、土肥原に次で南、梅津、荒木の順序にて挙証が進められ、コミンズ・カー検事によって、田中隆吉氏三度証人台に立つ。証言は翌二十二日に及ぶ。満洲事変の当初より終戦に至る主として軍部内部の関係を縷陳《るちん》す。

　岡本弁護人（武藤）先ず反対尋問し、軍務局も一省の一局に過ぎざることを追及せしも、証人は、軍務局は政治、外交、軍事の全般に亘りて事実上日本を管理し、恰も日本政治の中心をなしたる事を証言す。更に武藤は東條の前、畑時代より軍務局長として全局を支配し、米内《よない》内閣の倒壊も彼の策動なり。畑はかつて「飼犬に咬まれたり」と述懐した。東條も政治、外交は多く彼に委《まか》せたりと証言して、武藤に致命的打撃を与う。証人は武藤、佐藤に対し個人的悪感情によって彼等を陥《おとしい》れんとするものにあらず、軍閥の政治干与《かんよ》が遂に日本をここに至らしめた禍根を突き、将来を戒《いま》しめんがためなりと見得を切る。岡本弁護人は軍務局が各省官制通則による一局に過ぎずして、武藤も佐藤も単に東條の一部下として働きたるに過ぎず、責任をとるべき地位になかった点を強調し、武藤、佐藤と田中との軋轢を露骨に持ち出し軍部の醜体を暴露するに至ったのは、見苦しき事であった。

一人にても罪軽かれと祈る日に
あばき合ふ世の只浅ましきかな

ファネスの一月四日ロンドン発ブレークニー宛の手紙を見た。非常な活動の様でロード・ハンキー〔内閣官房長官〕、ピゴット少将〔駐日英国大使館駐在武官〕その他多数知名の人々と会談せる様なり。重要な口供書は何れも写真版に撮り、万一紛失の場合に供えたり。

一月二十三日　木曜日　晴

法廷、星野、広田、平沼、大島、白鳥、佐藤等に対する追加証拠提出あり。就中《なかんずく》、注意をひきたるは、大島が独ソ不可侵条約締結に対する抗議を提出する様、日本政府より訓令を受けたるに拘らず、これを執行せざる一段ドイツ側文書によりて明かとなれること、白鳥は訓令を執行せざる様極力大島に勧め、内閣の更迭を期して訓令に反抗せし事実が判明した。白鳥に対する追加証拠は著書、論文及講演筆記等で、神がかりの亜細亜共栄圏論、英米の没落見透し、独伊枢軸の完勝予想等に関するもので、当時彼の錯乱振りを遺憾なく示すものなり。白鳥は獄中一文（英文）を草し、日本総理、マッカーサー司令官等に呈し、皇室のキリスト教改宗、戦争及軍備放棄論等を占いによって神がかり的に論じた。白鳥は真面目にこれを証拠として彼の平和思想を法廷に立証したいと云っている。佐藤に対するものは、彼が議会予算委員会にて、政府の意に反するものを容赦なく叱責威嚇し、有名な「だまれ佐藤」となりたる行為証拠となる。

ファネス送付の文書はピゴット少将、エドワーズ〔駐英日本大使館顧問〕、グウィン〔モーニング・ポスト編集長〕、リンドレー〔駐日英国〕大使、ロード・ハンキー等諸名士の口供書で、私の一生を飾る文献である。

中須建子（姪）来訪。

平沼老浴場にて裸姿を追い立てらる
二十にも足らざる黄色きM・Pは
棒の先きにて老人を追ひ立つ

一月二十四日　金曜日　晴

獄兵朝大雪なりと知らせに来る。

法廷、書類提出の事にて、ソ連検事は書類の遅延提出を申出で、裁判長は検事段階終了後の書類提出は許可せざりしも、前の書類を更に正確のものに置き換うること、又は弁護側の証拠に関連するものを提出することは差支《さしつかえ》なしと裁定す。

本日は時間を延ばして検事挙証を終結したるに付、検事側の文書提出は、今日限り終った訳である。

本日前参謀本部第一部長田中新一中将証人台に立つ。参謀本部、陸軍省軍務局との関係を説明し、陸軍省側に不利の証言をなす。彼によれば、参謀本部は単に政府の決定せし政策に応じて作戦計画をなす一専門機関に過ぎず、今となって軍部内部の責任転嫁は見苦し。

田中新一中将

本日は佐藤、木村、嶋田、荒木（再度）の外、木戸に対して木戸日記数十ヶ所を引用して、追加証拠提出され、特に木戸日記は東條内閣奏請《そうせい》の経緯を詳記し、東條と別に海相及川に対し勅語あり、憲法を遵守し、陸海協調して事に当れとの御趣旨なりしことを伝え、九月六日の御前会議の決定は全然白紙に返えして審議を進めることに、東條に自ら聖旨を伝えて組閣をなさしめたことを明記している。東條推薦の功罪共一身に負うべきものなることも付記してある。当時の歴史的記録である。

木戸は三国同盟には必ずしも賛成ではなかった。

然し、これを締結せねば国内の治安を維持することが出来ぬと憂慮してその旨平沼首相に進言している。

検事米人マッキニー法廷にて急死。

篤、華子、平治来訪。

一月二十七日　月曜日　晴

法廷、本日より被告側の起訴状却下申立に入る。起訴状全部の却下申立は許されず、全般的に云うべきことは最後とし、最初は各被告の申請をA、B、C順にて行い、荒木より木村まで十余人分を終る。ローガンの木戸起訴状却下申立はさすがに異彩を放った。出来不出来はあるも、大体において米人弁護人の態度は堂々たるものがあった。

本日法廷控所にて貰い受けた鉛筆一本、巣鴨の検査にてゴムや金属類の部分をもぎとられた。

一月二十八日　火曜日　晴　浴

法廷、起訴状却下申立。小磯、岡、大川、嶋田、重光、鈴木等を終りて東郷に及ぶ。ブレークニー重光の分を朗読す。柳井弁護人の起草にかかるもので、底力のある立派なものであった。

一月二十九日　水曜日　晴　浴

法廷、東郷、東條、梅津の却下申請あり、更にスミス弁護人（広田）の一般弁論について裁判長に種々異議あり。結局挙証について全被告に共通の新らしき論点を述ぶることとし、スミスは条約の違反行為なきこと、侵略戦争なかりしこと、各訴因の根拠なかりしことを論断した。

次でクィリアム検事立って、弁護側の申請に対して一般論を以て応じ、満洲事変より説き起し、恰も起訴状の蒸し返しをなすが如し。

一月三十日　木曜日　晴　浴

クィリアム検事の論旨は、終始米国流のコンスピラシー論であった。本人が故意なると否とを問わず、又事実を知ると否とを問わず、少しでも関係したものは全部に対し共同謀議者《コンスピレーター》として同じ責任を負うものなりとなし、満洲事変以後終戦まで一つの侵略戦争及連続せる条約違反行為ありたりとなし、全被告はこれが共同謀議者として、これに対して責任を有するものであると論断した。

続いて、コミンズ・カー英検事は独特の深刻性を以て全被告一人一人について、履歴に基《もとづ》いてその罪状を指摘し、これまで提出された証拠の都合よき部分を引用して責任を追及す。記者に関するものも読み上げられたが、不思議にも張鼓峯関係は全然言及せられず、南方進出に関するロンドン発電報の一部を読み上げ、防共協定締結の功によりて叙勲せられたり（事実に反す）と述べてコンスピラシーの一員なることを証し、主力を俘虜取扱に関する抗議文の取扱に向け、仮令《たとえ》権限なくとも政府の一員として取扱怠慢と云わざるべからずとて、責任を追及した。全体から見て他に比較して甚だ貧弱な論告であった。カー検事は、木戸はただ事の円満に運ぶ事のみを考えて国家が戦争に突入しても少しも顧慮しなかった、彼は御都合主義で信念の人でなかったとか、又、広田は外交を以て他国を欺《あざむ》き、軍閥の代弁をして蔭で舌を出していた（ローガン抗議す）とか終始毒舌を弄した。

一月三十一日　金曜日　晴

法廷はカー検事の個人の却下申立に対する答弁が続行せられた。東郷、東條、梅津、岡、星野に関するものであった。

東郷に関するものは特に深刻で度を過ぎたものであった。

裁判長は月曜日に裁判所の決定を宣告すと申渡した。

本日、家族きゑ、篤、華子来訪した。ファネスより多種の書類到着したとの事。これにて検事側の訴追方向が大体判明した。記者に対しては政治問題で引懸からなければ、俘虜問題で引っかけんとするにあるが如し。

米国は、マーシャル元帥をバーンズの後継者として国務長官となした。マーシャルは直に支那における国共仲裁の政策を放棄し、軍隊及ミッションを支那から引上ぐることにした。米国は国民政府と共に支那を見捨てたのである。マーシャルは三月十日から開かれるモスクワの外相会議に出席して、対独対墺《おう》平和条約を手始めに国際諸問題を討議する筈である。

英国はビルマに対し英帝国の内外において如何なる形にても独立を許容する旨を通告す。英国の大外交なり。

巣鴨は愈々窮屈となる。

二月一日　土曜日　晴　遊

「生乎《か》死乎」（東京裁判）を書く。遊歩の時に何れもコミンズ・カー英検事の下品なる皮肉を評す。

二月二日　日曜日　晴　昨夜小雪　浴(午前)

今日の遊歩はブルーム大尉来り中途より広場に替えてくれたが、大寒《だいかん》も正に絶頂とて武蔵野の木枯し強く吹き、雲行早く、日光浴も思うに委せず引きあげた。

獄則は裁判の進行と共に益々厳しく、外部との連絡も殆んど遮断さる。食事は質量共に低下す。これは世上の反映と思うに連れ、鎌倉の家族の生活について心窃《ひそか》に痛む。

遊歩の時に前の同室者に遠方ながら懐かしく挨拶することを得た。元気に闊歩しいるを見て喜ぶ。若き人々の心情察するに余りあり。何とか早く世に出したきものなり。

二月一日より一斉に断行の筈なりしゼネストは、マッカーサーの命令によって中止となった。その声明によれば、少数の労働者の意思によって大衆は食料飢饉に直面することとなる。これによって生産は低下し、経済機構も政治機関も麻痺する。米国は斯る少数者の行為より生ずる結果を負担し又は食糧援助を行うことは出来ぬ云々と、もっともなことである。日本国民は昨日は軍部に追随し、今日は共産党に利用せらる。

吉田首相は石橋〔湛山〕大蔵大臣の問題で遂に社会党との連係を打切った様である。

二月三日　月曜日　晴

法廷、裁判長は「弁護団側の起訴却下申出は弁護団及検事側双方の云い分を慎重検討の結果全部却下す」る旨申渡した。

裁判はこれから弁護側の挙証の段階となった。それまで準備のため三週間休廷。

休廷中火曜日及金曜日両日法廷控室において弁護人と打合せをすることを許された。

本日家兄族《あつむ》に法廷で三十分余会談。名古屋造船（社長）を引き上げて、東京に帰来したとの事で、極めて元気に見受けられたので、非常に喜んだ。上海で爆弾でやられた時も兄は真先きに駆けつけてくれた。何時も心配をかけて済まぬと思った。裁判の進行振りは弁護人から詳しく聞いて貰った。兄の顔を見ると子供の時に父母の下で二人で学校通いをした時の気持に帰る。中学で怪我をして歯を打ち落された時も兄に連れられて家に帰った事を思い出す。兄は何時まで経っても兄である。

二月五日　水曜日　晴　午後浴　遊歩

最近食糧少し。運輸機関の故障に因るものならん。吉田内閣連立ならず。三大臣改造不評。経済状態悪し。

本日ブルーム大尉来り各人に着物を配布すとて各人の寸法をとりに来た。愈々囚人服を着せるのだと云うものあり。裁判の進行と見合するものの如し。Ａ級戦犯風当り強し。

又暫くしてブルーム大尉は日本よりの分捕《ぶんどり》軍隊服を多数持ち込み、これを各人に着せて見て、印しを付けて行った。兵卒が仕事用に用いていた綿服を吾々に着せる積りらしい。

二月六日　木曜日　晴　遊歩

遊歩の際、法廷憲兵ライアン大尉引率の見習兵一隊の見学するを見受く。

昨日の立春を経て見事な好天気となる。立春には卵が垂直に立つと云う支那の云い習わしが世界的となって、ニューヨークでも東京でも上海でも立ったと云う電報が賑わった。卵が立つのは立春に限らぬと後から科学者が証明した。

高松宮が銀座のダンス場に現れた写真が新聞にのって、巣鴨人を驚かせた。

銀行券は一千億を越え物価は天井知らず。愈々悪性インフレとなる。石炭は月二百万噸《トン》カスカス、生産上らず。米国の生糸相場は低い。吉田改造内閣尚動揺し、連立を希望するものが多い。日本の前途は唯国民全体の汗と忍耐とによってのみ救い得るものであることを人々は忘れている。

三階の死刑囚も最近数名増加、横浜裁判の結果なり。

二月七日　金曜日　晴

法廷休暇中。火曜日と金曜日に弁護士との打合せのために市ヶ谷に行くことを許され、今日はその第一日である。法廷控所では、ケ隊長の斡旋で共同の机の設備も出来た。今日は柳井君にも三浦君にも、ゆっくり相談することが出来た。固より網越しである。

昼後は華子が一人で面会に来て、学校のことや自宅の様子を語った。母は風で引き籠っているが、大した事ではないとの事であった。

法廷では柳井君から、ファネスの送って来たものを見せて貰った。英国の政府筋のものは何れも外務省の承諾なくしては証言なぞ出来ぬため非常に不便であった。それでもファネスは間接にチャチルの証言を得たのを初めとし、元外務次官バトラー、ロード・ハンキー、クレーギー〔駐日英国〕大使、ロード・セムピル〔日本海軍の航空技術指導者〕、ピゴット少将、サー・アイアクロー元商務官、サンソム元商務官等有力者の証言を送って来た。ファネス出発前、私は特に昔の友情を濫用したくないから、先方の進んでやってくれる事以上は要求せぬ様にと注意したに拘らず、これらの人々は何れも率先してやってくれたとの事である。エドワーズの手紙によれば、「これは正に記者の誇《ほこり》とするに足る」ことであるとの事であった。国境を越えた英国人の変らざる友情は実に尊いものである。国際間において仕事をするものには、公私の関係において信頼を得ること程大切なことはない。それが戦争によって公けには敵味方となった場合には深刻な試練に会う。私が国際人として得た信用は戦争を超越し国境を越えたるもので、私の困難なる一生を通じて得たる立派な報酬として感謝と誇りとを以てこれを受取ることにした。

今朝出かけに巣鴨の廊下で滑って倒れた時に体を痛め手頸《てくび》をひどく挫《くじ》いた。その痛みが永く止まない。四時に市ヶ谷を引き上げて痛む手をいたわりながらバスに乗った。巣鴨に着くや、将校や獄兵が異常な身構えであることに直ぐ気が付いた。

脱衣所に入る前に外套を脱がされたのはすでに異例であった。眼鏡や書類、持物は例の如く一切取り上げられた上で脱衣所に入れられた。

ここに裸にされて永い間待たされた。荒木大将は荒々しき声で二世通訳に向って「日本人を知らぬか」と怒鳴った。その二世氏までひどい取扱いだとて共に憤慨した。例の意地悪い中尉が「何を談しているのか」と二世氏に問うた。彼は英語で顧みて他を云った。

一人一人別室へ呼び込まれた。一人に十分以上も費す。自分の番が来た。口腔から眼、耳、陰茎、毛の生えている処、肛門等乱暴に検査する、巣鴨係りの医官である。足の裏から指の間まで引き開《あ》けて検査をする。多大の時間を費して独房に追われた。

房は又畳も取り換えられている。衣類も寝具も書類書籍も皆持ち出されている。而して日本軍が戦時新兵の練習用に用いた様な古着のシャツ、ズボン下、半綿の靴下が放り込まれてある。寝具としては古い毛布三枚が汚ならしい敷蒲団一枚と共に投げ込まれている。洗面器の栓も何のためか取り去られている。

暫くしてカーキ色の軍隊用古タオル一枚と石鹼一個とが獄兵によって投入された。

自殺用の毒物の検査と云う建前かも知れぬが、それならば、外界とは厳重に遮断されているから、斯る検査は非常識である。理由なくあちらでも検査、こちらでも検査、居室も検査、畳の下も検査、出入に丸裸の検査、何の意味か。人々はA級戦犯に対する神経戦とも解した。又故意の侮辱とも感じた。兎《と》も角《かく》戦争には敗けたのである。吾々に対する巣鴨における待遇は裁判の進行と共に悪化し深刻化した。

二月八日　土曜日　晴　終日籠居《ろうきょ》

昨夜は辛うじて睡眠を得た。隣室の平沼男も小磯大将も寝られなかったと云っている。それでも天気が好く日影がさして来たので気持が好い。

ブルーム大尉がやって来て昨夜は眠れたかと聞く。好く寝られなかった。毛布がもう一枚欲しいと云ったら、それは考え様と云った。

「一体巣鴨プリズンは如何《どう》した事か、よくも斯様な寝具や汚ならしいものばかり揃えたものだ。分捕品は多い筈だ。日本軍の将校用の物位ありそうなものだ」

といや味を云ったら、ブルーム大尉はニヤニヤして、これでも洗濯してあるのだと云って去った。ブルーム大尉の後には主任のスワンソン少佐が立っていた。

その後に獄兵は下着の古着を運んで来て、皆に体に合うものを選ばせた。某大将は、これは日本側で俘虜に着せたものらしいと云っていた。

二月九日　日曜日　晴　午後遊歩

本日は終日事なくして済む。

昨日獄兵が投入してくれた雑誌「世界」誌（第十三号――一月号）を読む。その中に創作おとり――藤森成吉、の中にこう云う日本国語論がある。「漢文の様な一音節で変化しない語根《ごこん》だけの言葉を言語学者は語根孤立語と云う。その様な言葉においては、一語一語では、そのあいだの論理関係がわからず、わずかにその位置がそれを了解せしめる。そういう言葉を使う民族には、論理的思想や科学が発達するはずがない。そこに栄える文化は象徴を生命とする詩である。

孔子から孟子を経て老子に至るまでの思想を観察して見ても、この特色は強く感ぜられる。

論理が解りにくい一つの原因は、その表現が論理的に捉えにくく、多分に象徴的な面を持っているためである。次の孟子になれば孔子よりもよほど論理的であるが、その論理的展開は、叙述の展開によって内容的に感知出来るもので、一叙述の持つ意味が象徴的多義的なことには変りがなく、次の叙述によってその多義性が一義的に限定されるまでである。老子は孟子の理論を批判してその上に出たもの。道徳経は孟子批評を内容とした極めて論理的なものであるが、それにもかかわらず、論理を無視したものと見られ、孟子批評たることさえ見落されがちなのは、同じく用語の象徴性が強いためで、そこから道教として民間信仰の教典に転落する。

この傾向は仏教にも見られる。支那の仏教輸入者たちはサンスクリットを習得して、今までの支那にない言葉の論理性に気づいた。その論理意識は他の思想界にも影響し、朱熹《しゅき》のような儒教内の人間さえその意識で儒教を理論づけるにいたった。しかし、言葉の上には多くのとり入れがおこなわれなかったため、翻訳仏典だけにたよる時代になると、その意識も失われざるを得ず、漢文の性格に応じた方面しか仏教も発展しなかった。禅が発展したのはこの理由による。禅は理論仏教を越えて（むしろ論理をとおして達することが出来ないため）そのさきへ象徴的に指示される世界で、それを表現するには元来象徴性にめぐまれた漢文がもっともすぐれていたのである。このことは禅家《ぜんけ》が好んで詩をつくる事実によって一層明になろう。

その漢文に比較して、では、日本語の特色はどこに求められるか。日本語には動詞の活用があり、漢文とは比較にならないほど多くの助動詞があり、漢文では了解に俟《ま》つほかない関係も明示できる。更に西洋語において格の変化によって了解にまつ関係も、日本語では助詞として独立したものが明示する。それだけ論理的叙述がハッキリできる。この機能を全面的に活かしさえすれば、日本語は大《おおい》に論理的で、論理的訓練も大に出来るはずである。それをそうでなく、科学はもちろん独創的な思想さえ支那にまけていたのは、仮名まじり文と云う呼称が示すごとく仮名の部分つまり論理を明にする部分が軽視されて来たからである。従来の漢字制限論は、漢字の字数が多くて記憶しにくい点や印刷能力を低下させる点などからばかり主張されたが、それはむしろヨリ以上、如上《じょじょう》〔上述〕の点から主張されなければならない……」

　言葉が、国際的生存競争上如何に必要なものであるかは云うを俟たぬ。言葉は簡易なるを要する。この点は、日本語は最も不利益な言葉であるので、急速に簡易化する方法が考究されねばならぬ。近時の科学文明の向上期においては言葉は論理化されねばならぬ。この点においては、論者の云う通り、チュラニアン語系に属する日本語は確に象徴的の漢文に比較して勝《まさ》った点があるが、ラテン、ギリシャ系の西洋語系に比較しては問題にならない。日本語を論理化することは、これを簡易化することと一致するものであって、これまた急速に実現する様に努力せねばならぬ。

　日本が今後国際的に文化国家として進出するためには、如何にしても日本語の改善を計ることが急務である。文学者の一致した努力を要する。今日の様な語学行政とも云うべき文部省の指導は唯に日本語の混雑を招くに過ぎないものである。試《ためし》に文部省編纂の日本語文典を見よ。言葉の簡易化も論理化もこれを実現する努力は少しも現れていない。唯複雑な言葉を一層複雑に教えているに過ぎない。これでは日本語の国際的価値は益々低下するばかりである。それは日本の進化の遅れることを意味する訳である。

二月十一日　紀元節　火曜日　晴　浴

法廷控所に打合せのため行く。

控所にて宮城に向い一同整列遥拝して紀元節の儀式とす。

ファネス帰来（日曜日）早速面会す。ロンドンの消息を網戸越しに聴きて尽くる所なし。Edwardes も Butler も Hankey も Piggott も Crowe も Dickson も Betty も皆健在。盲目の Gwyne 老も未だ生存との事。戦時中伝えられた Hankey の死も Edwardes の死も虚報であった。Lilah〔エドワーズ夫人〕も Betty も皆元気であって手紙をことづかって来た。英国人気質である。それよりも国境を越えた人の真心である。変らざる人の心程有難いものはない。ただ淋しかったのは Miss F. M. Lee〔重光が下宿した家庭の女主人〕の消息がないことであった。

ファネスは、英国からはチャチル、ハンキー、セムピル、ピゴット兄弟、エドワーズ、クロー〔英国海外貿易局局長〕、リンドレー、クレーギー、グウィン、セール、ビレンキン、ディクソン、ゼーア、バトラー、サンソム等の知名の士の有力なる口供書、米国からはグルー夫妻を初めケネディー（在英大使）、デーヴィス（在ソ大使）、ヘンダーソン（国務省）、アーベンド（ニューヨーク・タイムズ）、ベス、マシュー、ソコルスキー〔中国通コラムニスト〕等の口供書及国務省から多くの資料を持って帰った。何れも有力なもののみである。

これら英米の人々は何れも進んで正義のために力を致したいと云う趣旨であった。私はファネスの出発の際、特に無理に頼む態度を取らぬ様警《いまし》めた。国家が敵味方の関係にあるのであるから、我より頼むべきものではなく、加之《しかのみならず》、自分は斯様の事によって往時開拓した貴重な友情を却って傷付ける様な事があってはならないと考えたのであった。ファネスはこの点は充分に注意したと説明した。

柳井君は非常な喜びであった。三浦君を加えて種々談し合った。国境を越え敵味方を離れた斯る強い友情の表示は、日本人にとり外交官にとり、外務省にとり、大なる収穫であり教訓であると云う意見であった。私はファネスに対し、斯くの如くして表示された友情は私にとっては何物にも替え難き貴重なものであって、無限の感謝を大なる誇《ほこり》を以て表示するものである。よしんば永久に巣鴨に繫がれても自分はこの友情を保存したいと述べたら、ファネスは非常に感激して、その気持は早速彼等に御伝えすると応えた。

昼後、篤、華子、平治が揃ってやって来た。平治にはロンドンから私に来た手紙を見せた。彼もファネスの仲介でベチー〔記者〕やその他から手紙を受取って子供の様に喜んでいた。

篤の試験も具合が好かったらしい。華子も仲々しっかりしている。彼等は裁判の事やファネスさんの帰来談を聞いて興奮の眼を見はった。網戸越しに父の言葉が好く耳に入った様である。

人は真心が第一だ。真心を一貫することは何よりも大切で又愉快なことだ。それは人が認めると否とに係わるものではないが、逆境に陥った時に自分の真心が通っていたことを知らされることは真《まこと》に愉快なことである。これがその人の人格であり信用である。

人は不自由のない順調な生涯をする時でも又逆境にあっても常に修養して一貫した真心によって常に最善を尽さねばならぬ。立派な精神を養えば必ずそれは透《とお》る。この点は若い者は忘れてはならぬ。

何だか自分が永い間体験して通って来た過去の途《みち》は、青年達にとっては一つの教訓であるとも思えた。子供等は父が、正義は必ず勝つと、巣鴨に入って後初めて会った時に云ってきかせた言葉をよく覚えている様であった。

今日は実に晴々とした愉快な日であった。生涯の中で最も愉快な一日であったと云えよう。

二月十二日　水曜日　晴

午後遅く遊歩あり、天《てん》晴れたれども風寒し。既決囚であろうか、巣鴨内の、壁だけ残った家の煉瓦壁の上に、数人上って煉瓦を壊している。監視兵は地上から見張っている。武蔵野に渡る木枯の激しい吹きさらしで、高い処で危険なる荒仕事をする。下りて来た彼等の皮膚は赤紫に変色していた。

白鳥君の報告によると、最近一階上の既決囚の組では、狂人が一人出来たとの事である。終日散歩もなく唯一人閉じ込められている若い者が気狂《くる》わしくなるのも無理はない。又、最近は自殺を図るものがボツボツあるとの事で、或は日本衣をさいて縄として絞首を図ったり、静脈を切断して死を図ったりする。今朝、一階下の独房で、何か罵《ののし》り泣き騒ぐ声が聞えた。青酸加里の瓶を持っていたものが発見されたとも白鳥が云っていた。

戦後、尚斯かる状況の続行するのは、果して人道と平和に貢献するものであるか。斯かる新しい実験に対して宗教家は終始沈黙を守るのであろうか。

昨夜から、独房に終夜電燈をつけ、監視兵夜中絶えず廊下より室を覗き込む。今日は寒風吹き巻く庭を一時間以上も遊歩した。毛布を被って歩くものあり、ドテラを着用しているものもある。百鬼昼行なるも元気好く歩いた。然し東條も荒木も、松井は勿論のこと、相当憔悴《しょうすい》して来た。荒木大将は荒々しく獄吏を怒鳴る。言葉が違うので強いて問題は起らぬのが幸である。裁判の進むに連れて雲行きは険悪となる。

二月十三日　木曜日　晴

今日人々の談に、一階上の既決囚は風呂場通いにも手錠を嵌められるとの事。死刑囚は、独房を一歩も出でず、判決後数十日を経たるものあり。彼等の精神の異状目につくものあり。我々は、夜は煌々《こうこう》たる電燈の下に終夜監視され、受取る手紙は本物を渡さず、すべて写真に撮りたる上、写真のみ配布す。時としては手紙封入の馬鹿らしき印刷物まで写真にとってある。これは検閲でパスしたものについてである。巣鴨は狂宿《きちがい》なり。

二月十四日　金曜日　曇後雨

法廷控所にて弁護側と打合せのために市ヶ谷に行く。三浦君、柳井君、篤と打合せをなす。

ファネスの持ち帰りたるものの内容について検討し、且つ証人の事について談ず。ファネスの入手せし米国務省の記者に関する記録は、大体正鵠《せいこく》を得たり。ファネスと午前午後に亘りて談ず。ロンドンの様子について更に種々と聞くことを得たり。午後彼は太田三郎君を同伴し快談す。彼のロンドン行きを勧めたのは太田君であった。ハンキー、セムピル、エドワーズ等何れも証人台に立つの希望を表明し呉れる。友情真に神音なり。裁判の結果如何は最早問う処にあらず。昼食後、妻、篤と会談。妻はライアン大尉等に牧野平治画《えが》く鎌倉海岸油画「夕陽」及「朝」二葉を送ることとなった。共に上出来なり。

二月十五日　土曜日　昨夜大雪　浴

狂人宿

きちがひの宿か裸の寒の朝

巣鴨監獄の建物は十年余にもなる「コンクリート」の建物である。囚人房舎は西より第一棟から第六棟まで規則正しく列《なら》んでおり、東端の第六棟だけが二階、その他は三階建てであって、その南端が大廊下によって連結されている。その大廊下は、中央にあるNo.39の鉄扉《てっぴ》によって、廊下の南側にある巣鴨事務所に連結するのである。No.39は獄中最大、最重要の関所であって、ここには見張台があり、番人が通行証を調べて扉の開閉を行う。この扉は謂わば自由と暗黒との境となっている。事務所の中を通って正門に出る。面会所は事務所の一部に設けてある。事務所の外に炊事場とか、洗濯場とかが設けられ、病棟は二棟あったが空襲で破壊された。総ての設備は優に二千人の囚徒を収容するに足るものである。平沼男は監獄としては少し大き過ぎると云っていた。前法相松阪〔広政〕氏は、こんなことであったら今少しく立派に造って置けばよかった、と云ったとの事である。

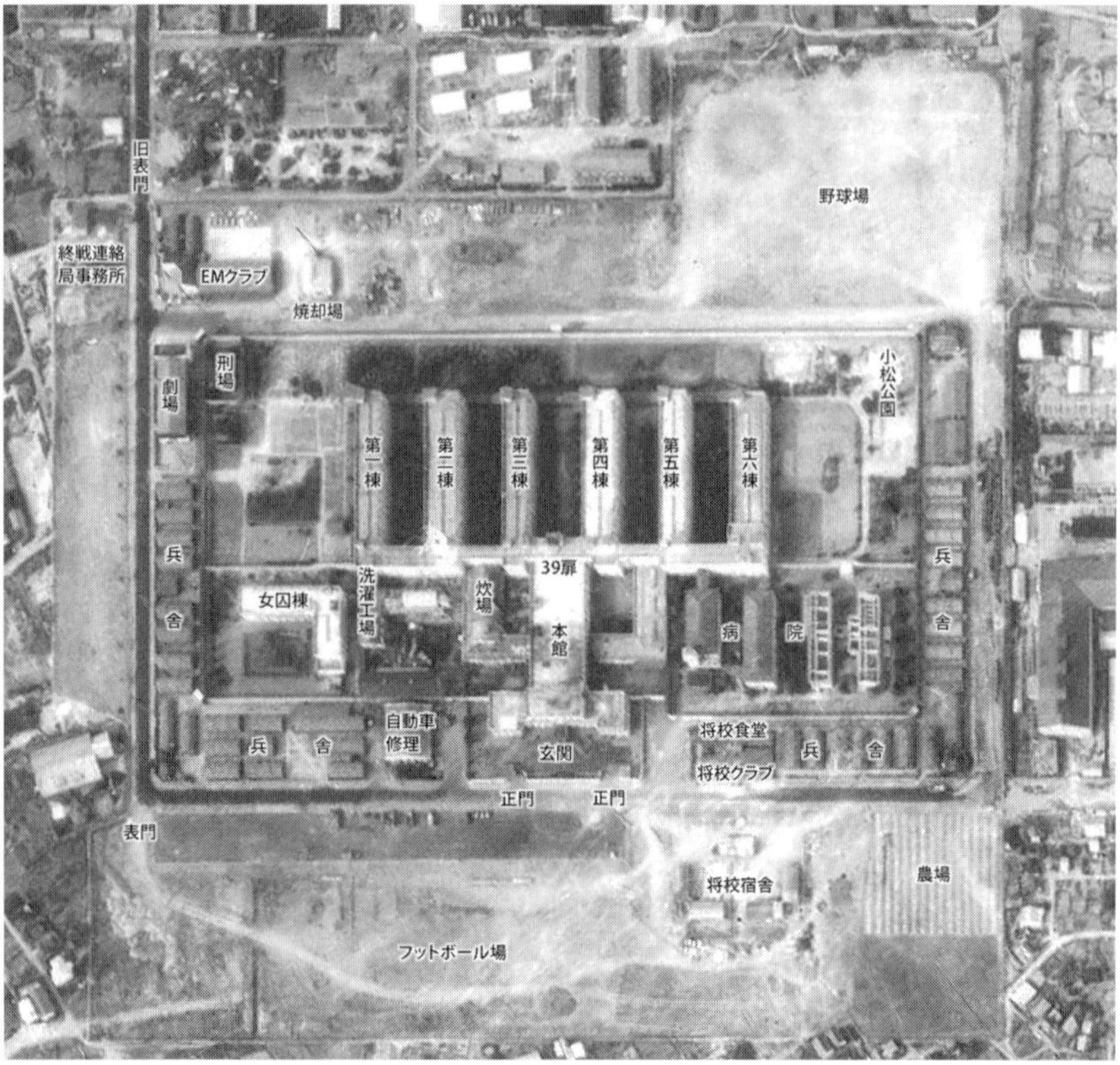

巣鴨プリズンの航空写真(昭和22年7月9日撮影)

松阪氏は巣鴨監獄の建造に関係した人である。

第六棟の東側に広い空地があって、その北東隅に煉瓦造りの古風な物見台や、新式の倶楽部様の半壊で今取り壊し中の建物（実は陳列館）がある。列んでいる六つの棟の北側には高い外壁との間に空地があって、ここが幾多鉄条網に仕切られて、遊歩場となっていて、各棟の北端に監視台が造られている。

第一棟と第五棟が独房棟であって、各階の両側に各々二十数個の独房が列んでいる。第一棟の南端から外に出て高い壁に開けられた鉄扉をくぐって行けば、その壁の南側に二階建の女囚棟がかぎの手になって二つある。

各階の同じ側（西もしくは東の）

に居るものが一組となって、一日一時間監視付きで北側の鉄条網内で遊歩を許される。既決囚はすでに労役に服しており、死刑囚は滅多に外に出されない。

既決未決を問わず、日本の兵隊の古軍服を着せられているので、一団の人々が監視兵に追われながら、絶えず鉄条網の中を群《むらが》って歩いているのは、丁度養鶏場の鶏の群っている状景である。

以前に転んだ時に挫いた手の痛み激しく、鉛筆を持つに堪えぬ。

二月十七日　月曜日　晴

挫いた手の痛みは大分好くなったけれども、未だ拇指《おやゆび》が使えないので、独房の掃除は出来なかった。

食事は何時《いつ》も大島さんの御厄介になっていて、大島さんが気安く運んで来たり、片付けたり、親身に世話して下さる。今日は広田さんが食事を運んで来てくれた。

「あなたに食事を運ばせて、いや、飛んでもない世の中になりました」

と云うと、広田さんは

「今日は当番だ」

と答える。

獄則には前総理も何もない。お隣りの小磯大将にも度々同じ様に厄介になる。当番となれば食器も洗い、廊下も掃く。孫の様な若い獄兵M・Pから遠慮なく、無礼な言葉で怒鳴られる。獄兵は、囚人に狎《な》れぬ様にするためか、数ヶ月もたたぬ内に入れ換えられる。本国から新に来る青年達は純真な点もあるが、ただ機械の様に冷厳なものが多い。将校の命令を字句通りに動くばかりである。彼等が愛嬌を振り撒く時は、本国帰還前に、A級戦犯特に東條のサインを日本の百円札か何かの上に記《しる》して貰う場合だけである。

親切なドイツ語を談す篤学家《とくがく》の軍医があって、毎夕獄房を訪問して皆を喜ばした。私の処では座り込んで種々と話し込み、私の云う事にも興味を示した。獄長が通りすがりに見ていたが頓着しなかった。然しその軍医は間もなく姿を吾々に見せぬ様になった。獄兵も前には能く片語《かたこと》交りの日本語で挨拶をしたりしていたが、最近は八釜敷いと見えてこれもしなくなった。床屋が来ても無論監視付きで交談は一切禁止されている。

この頃は遊歩もなく、終日二畳の独房から一歩も出ることを許されない。扉は開け放たれて、廊下から暖かい空気が房に入る様に配慮はされたが、始終監視兵が廊下を歩いている。監視兵は最近ずっと数がふえた。夜は煌々たる電気がつけ放しにされている。監視のためである。夜用便に立つのを見付かると、監視兵は房の入口に立ち停まって、再び寝床に入るまで見張る。犯人が自殺すれば巣鴨の責任になると云うのであろう。非常識に待遇が厳格になって来た。外部との連絡は絶対に許されぬ。差入物は衣類も一切禁じられている。ただ裁判用の書類のみは法廷で弁護側とやり取りすることを許されている。

巣鴨から法廷に行く、その出入は例によって丸裸にされ、持ち物は一切その都度検査される。二重の検査である。行き帰りの検査、法廷でも二重の網戸である。外部との連絡は斯様にして厳重に遮断されているのであるが、それでも巣鴨に帰る時は思い出した様に時に手荒い検査がある。肛門から、陰茎、足の裏、口腔等容赦なく検査する。巣鴨に帰ると一つの室で裸になり、順々に検査を受けて、他の室に身に一物も着けず素足《はだし》のまま行く、ここで朝出がけに脱ぎ棄てた獄房用の衣服に着換えて、整列して獄房に帰るのである。眼鏡も入歯も書類と共に検査を受けねばならぬ。自殺防止のためにあらゆる科学的方法を実施する訳で、ニュルンベルクでゲーリングに死なれた様な醜態を、巣鴨では演じまいと堅く決定したものの様である。米国式に微に入り、細を穿《うが》って吾々と外部との連絡を絶ち、検査を頻繁にしてその目的を達しようとする。最近は手紙も総て写真にして渡される。毒物を手紙に付けて送るかも知れぬと云うのであろう。我々A級は法廷通いに忙しいと云うので、B、C級の人々が我々のK・Pもしてくれたが、これもあぶないと云うので、廃せられてK・Pは、我々自身がやることとなった（私は除外）。科学的に考え得る、凡《あら》ゆる方法を追求して来るのであって、その結果が他に対する侮辱になろうが、又は非人道的の事になろうが、それは何等頓着する所ではない。裁判が進行し終りに近づくに従ってこの傾向は激しくなる。考えて見れば無理もない事である。A級戦犯人は平和の罪、人道の罪、殺人の罪等凡ゆる罪悪に問われている極悪非道の罪人で、彼等はこの我々を今無事に絞首台に上《のぼ》さんとしつつあるのである。この戦勝者の権利を行使するのに違算があってはならぬのである。

扉近くから見ると、三階の廊下の端に一人の丸裸の日本人が立って、外の大廊下に出るべく鉄柵の開くのを待っている。寒いために盛んに手足を動かしたり揉んだりしている。三階は死刑以下重い既決囚の独房である。恐らく彼は何かの用事のために今引き出されて行く所であろう。この三階の死刑囚なるものは殆ど独房から出されない。入浴の場合も手錠を嵌められるとの事である。手錠と云えば、横浜裁判に通う連中は、往復とも自室から前方の更衣室まで長い廊下を丸裸で歩かされ、法廷往復の途上は手錠をはめられるとの事である。

怖ろしい文明の規制である。日本は戦争に敗けたのだ。敗けたものが勝ったものの裁判を受けるのは文明と人道との要求する所であると云うのである。

三階の独房に居る一人が発狂した。騒がしく罵り立てた。獄兵は簡単に彼を引っ張って「病院」に連れ去った。数日前一階に又罵り泣き騒ぐ声が聞えた。若い一人が静脈を咬み切って自殺を計ったのだとの事である。

巣鴨は狂人宿となった。戦争は済んでも殺戮は続く。真の平和は何時来るのであろうか。本日午後遅く、久し振りで突然遊歩が許された。雪があるので広い空き地のコンクリート路の上を散歩した。風もなく日光もまだ残っており、建物の風よけに座り込んで平沼老等と日向ぼっこをした。支那服の松井もよろよろしながら歩いて来た。小磯も神経痛の脚をさすり体を曲げながら加わった。老人等は幸に元気である。二年に亘る牢屋生活に拘らず、兎に角健康を維持している。彼等の態度を見ると、日本人に浸潤している禅味を帯びた運命諦観《ていかん》が見られる。最後まで堂々と立派に、人として日本人として気品を保つことが望ましい。

こうして遊歩の時又は入浴の時に一緒に談をしたり、法廷控所で集合したりするのは孤独を医《い》する貴重な機会である。

二月十八日　火曜日　晴

六時に起床、獄兵は起床を命ずるにもレッツゴ、レッツゴと怒鳴る。暫くすると腹の底から「ウォーッ！」と云う気合をかける声が聞えて来る。これに応じて「ウォーッ！」があちらからもこちらからも聞える。獄兵まで面白がってこれに和する。若い獄兵がアメリカに帰って、芝居の幕切れにこれをやって観衆を驚かしてやろうと眼を輝かしているのも居る。

バタバタと蒲団をたたいたり毛布をたたいたりする音がする。朝起きて間もなく廊下で埃《ほこり》をはたいているのである。

間もなく大島さんが飛び出す。M・Pの声に応じてK・Pの活動が始まる。食事が鉄柵からこの棟に運搬されたのである。獄兵が又ハバハバと怒鳴る。

フカシパン、汁にコーヒーを、アルミの盆の上にK・Pから載せて貰って、各々行列で自分の室に持って帰る。暫時《ざんじ》は静かになる。足の痛そうな小磯当番がコーヒーのアルミ桶を持って、おかわりは要らぬかと各室を回っている。

食器を返して食事が片付けられると又静かになる。窓から少しの青空が見え、日光が屋根に映っている。今日も天気の好いことが分る。

間もなく観音経を読む声が聞えて来る。松井の震えた老僧的読経の声である。南無妙法蓮華経南無妙法蓮華経と高らかに誦する声が響く。鈴木や板垣の室からである。

暖炉のパイプから暖い空気を煽《あお》り出す煽風器の装置の音が、丁度船の汽缶の音の様に響き、アルミの食器を片付けるK・Pの音が混入する。丁度洋上を航海する船の船室に起居する気持である。ちらっと朝日が鉄窓《てっそう》の上を射る。最早や法廷行きの時間が近いことを感で計って、裸になり易い身仕度をして出発の用意をする。

何時になく出発準備がゆっくりしていると思っていると、慌ただしくブルーム大尉が手違いで今日法廷に行く事を知らなかった、直ぐ出かけるのだと云う。ケ隊長のバスが迎えに来たので泡喰ったものと見える。衣物《いもの》一枚引っかけて皆廊下に整列する。鉄柵を開けて大廊下に出る。二列縦隊にキチンと列んでM・P十数名に警戒されて進む。A級にはさすがに手錠ははめぬ。No.39の鉄扉を通って本館の廊下を進む。建物の二階本玄関に遠からぬ処に検査所と更衣所が設けてある。前の脱衣室で裸になって、検査官の頑張っている室を通って、次の脱衣室に行って、前に脱ぎ棄ててある自分の洋服を身に着けて、廊下に整列して出発命令を待つ。

小磯國昭元首相

松井石根陸軍大将

老人連の丸裸を見て誰れかが「横綱の土俵入り見た様だ」と戯談《じょうだん》を飛ばすと、骨と皮との横綱はそれでも意気揚々と丸裸で歩《ほ》を運ぶ。褌もない横綱連である。

今日も目隠しのないバスが来て、三日前の大雪後の晴れ続きで、見事な富士を遠望して市ヶ谷に行った。

今日はファネスにも柳井君にも二度会った。準備は着々進捗している。

昼食後に篤と平治が来て種々な談をした。篤は英語が幾分進歩した。平治はベチーの手紙を持って来て見せてくれた。そして、ロンドンからの便りに興奮して、その夜は寝られなかった、と云った。彼は非常に瘠せた。家妻も大食の平治の食物に充分手が回らぬと見える。

柳井君の談では、ある新聞は巣鴨では約百名の自殺企図があって、ある者は青酸加里を有《も》っており或者は金物を用意していた。A級では平沼は絹の紐を有ち、小磯は紙で綱を作っており、板垣は爪切りを匿《かく》していたと書いてあった。細かい規則違反の事柄を取り上げて、大げさに外国通信が取り扱ったことが又日本に逆輸入せられたのだと説明した。

斯様なことが巣鴨のきちがい宿を益々狂わせているのである。書類を綴る紙も自殺用の縄と見られたと見える。とくに覚悟しているA級には自殺者はない。

巣鴨の狂宿を離れて法廷に通えば忙しくその日は経つ。弁護人の外に家族のものにも出会えば、今日の境遇では我々の最大の慰安日(ハッピーデー)である。

二月十九日　水曜日　晴

武藤中将より昭和二十年の句帳を見せらる。比島時代より巣鴨時代に亘るものなり。読むもの涙多し。

武藤中将も覚悟は充分にあり。

午前三時、軍参謀長とかの巡視とあって、獄内どこもここも掃除整頓、異常な緊張である。一階の連中は日本語で気を付けの号令までかけられている。巡視の一行はやがて多人数の大名行列で廊下を通って行った。法廷の度に証言のあった日本俘虜収容所の上級将校の視察振りと少しも異る所はない。軍隊は何処の国も大同小異である。巡視がすむと獄内は一時に緊張が解けて、獄兵達の粗暴な振舞が直ぐ始まった。

二月二十一日　金曜日　晴　富士限りなく好し

法廷で弁護側と打合せす。

ファネス、柳井、三浦三氏、伊豆長岡に宇垣大将を往訪。張鼓峯交渉に関して証言方依頼打合せたりとの事。

弁護団会議において、総括論告（清瀬氏）に重光不加入の件申出でたるに、一同騒然たるものありしと宇佐美弁護人語る。加入を強制する訳にも行かざるべし。私の立場は、軍部を主とする他の人々の立場とは異るものあるは明かなり。

家妻来訪、異状なし。食糧困難増大の様子なり。広幡侯〔忠隆・皇后宮大夫兼侍従次長〕、木戸面会の序《つい》でに挨拶す。上村《かみむら》〔伸一・新京大使館〕公使は浦塩《ウラジオ》まで来り居り、便船あり次第帰国出来るとの報あり。無事帰国をこの上なく喜ぶ。上村一家は大なる試練を経たり。願わくば、将来の開け行く力強き基礎とならんことを。

天羽君、巣鴨にて、何の事か三ヶ月の隔離懲罰に会い居るとの事。最初一ヶ月はパンと水だけ与えらるとの事、心痛限りなし。

永井大使（松三《まつぞう》）〔ロンドン海軍軍縮会議全権委員〕息〔二男邦夫〕（応召海軍大尉）、印度洋英船撃沈事件に引っかかり、シンガポールに戦犯として送らるると。氏は一週間前、三谷〔隆信・駐仏〕大使の令嬢と結婚したばかりなりとの事。悲しみに堪えず。

世田谷で野犬に喰い殺された二十二の娘あり。世相悲しむべし。

二月二十三日　日曜日　曇　浴

横浜裁判は長野俘虜収容所関係で絞首刑五名、終身刑二名の言い渡しありと報ぜらる。

休廷（三週間）後、弁護段階始まる。

二月二十四日　月曜日　晴　浴

法廷、本日再開せらる。出発の際は検査一層厳重となりこれまで持ち出し（書類等は）自由なりしものも一切検査を受けざるべからざることとなる。

本朝のスターズ・アンド・ストライプスにU・P通信として、本日法廷において陳述さるるものとして高柳氏の裁判管轄権に関する議論を紹介したるものあり。裁判長は右は連合軍の安寧《あんねい》セキュリティーに関し、裁判所を侮辱するものとしてU・P記者に次でスターズ・アンド・ストライプス編集主任を呼び出して厳重譴責《けんせき》の言い渡しをなしたり。

次で清瀬氏の冒頭陳述に入る。参加せざるものは私の外広田、平沼、土肥原、鈴木の五名（鈴木は後に取消す）。

清瀬氏の冒頭陳述は午前午後に亘りて三時間以上を費したり。内容も形式も堂々たるもの

清瀬一郎弁護人

にして、日本帝国の国策を擁護するに主力が注がれ、戦争の自衛にして侵略にあらざること、コンスピラシーのなかりしこと等滔々《とうとう》数千言を費し法廷をして謹聴せしめたり。

冒頭陳述の第二部たるべき高柳博士の法理論は今日朗読を許可せられず。

ファネス、柳井、三浦諸氏宇垣大将を伊豆に訪《と》い、証言（張鼓峯）を完成す。大将も非常に元気で意気込んでおらるるとの事、感謝。

二月二十五日　火曜日　晴　浴

法廷、脚痛幾分宜し。愁眉を開く。

昨日の清瀬氏の冒頭陳述は日本の新聞は多く全部を掲載。反動派の弁護なりとて非難するもの多きも、その議論は正論なり。幾分の行き過ぎは免れず。

ローガンの一般陳述あり。裁判長の横槍にて相当部分が削らる。

山岡〔東郷、広田担当〕一般書証提出。次でハワード、ラザレス立つ。

弁護側の準備は事務所の設備、経費なきため難渋を極め居るが如し。

篤、華子、平治、竹光君、来る。

ファネス、バッゲ・スウェーデン公使の書簡到着せりとて見せた。

昨年十二月二十九日付の林市蔵〔義父・元大阪府知事〕の手紙二ヶ月目に到着した。但し原本でなく写真である。

二月二十六日　水曜日　曇　浴

法廷、弁護側書証約五十通提出。ソ連問題多し。日ソ中立条約、その違反——外蒙援助条約は露支条約違反なり——日露戦前の李ロバノフ条約暴露——。

脚痛甚だし。

宇佐美弁護士に会う。

中須建子面会に来る。書籍差入れ呉れる。

二月二十七日　木曜日　曇　浴

法廷、ラザレス弁護人、山岡弁護人、書証提出。

支那関係——二十一ヶ条問題——尼港《にこう》事件——シベリア出兵に対する我態度等。

次で小野博士〔清一郎・岡担当補佐弁護人〕の日本関係法規——憲法——各省官制等。

クリスチァン・サイエンス・モニター通信は清瀬氏の冒頭陳述を評して、反動派の最後の宣伝なりと報ず。これは正面よりの反駁にあらず、公平なる批評と云うべからず。敗者を敗者として取扱わんとする気分に過ぎず。但し清瀬氏が皇道とは「デモクラシー」なりとなした点は果して如何にや。軍閥が皇道を如何に利用したるやは一般の記憶に尚新なり。清瀬氏の所論は日本の弁護としては正当なるも、これは直に日本軍部の弁護とはならず。

本日ラザレス弁護人はコミンズ・カー英検事の所論を反駁して、

「吾人はカー氏の云うが如く同盟国の一つを以て他を攻撃するの態度によって同盟関係を毀損せんと意図するものにあらず。自分も戦時米国軍人として戦いたるものなり。然れども今日戦犯容疑者の弁護人として如何なる事柄も日本側に有利なる材料は弁護資料として遺漏なくこれを取り上げて検事の所論を覆し、弁護の任務を果す所存なり」

と応酬した。

米人弁護人のこの態度には頭が下る。

真心は国の境の隔てなく
太平洋の海の水色

二月二十八日　金曜日　晴

朝富士のそゞろに白し獄屋口

法廷、本日日本の法令に関する証拠提出さる。文書提出の上藤田〔嗣雄〕博士第一証人として出廷、清瀬氏直接尋問す。藤田博士は陸軍省参事官として日本の組織法について証言せんとするものである。証言も尋問も共に不振。

ノーラン代将〔カナダ代表検察官〕の立証を覆さんとして却って結果悪し。証人の出廷は逆効果多し。

ブレークニー氏は侵略の国際法的意義を探究すべしとて、ソ連が北満に侵入したるリットン報告書の記述を朗読し、更にソ連がフィンランドに侵入したる国際連盟の報告書を朗読せんとして検事の異議に会い次回に譲る。

本日篤来訪す。

ニューヨーク・タイムズ清瀬陳述を非難す。已《や》むを得ざることとなり。日本新聞の追随は遺憾なり。彼等は沈黙を守るべきなり。

三月一日　土曜日

華子も満十五歳となりたり。上海事変後十五年を経たればなり。健康でのびのびと育ったが何よりなり。混乱せる世に不自由に成長するも仕合せの一つなり。自分も子供二人と余命を提げて苦闘するを何よりの愉快と感ず。

法廷も順調に行きつつある折柄、人間は不思議なものにて、自分の生死の問題から次第に遠ざかって、如何にして将来生活を維持せんか、家族をも支えんか等の生活問題に考えが移って行く。将来の方針等はその次の談《はなし》である。境遇の変化によって一段低い処を考える様になったのである。死に直面した時の考え方は貴い。鳥の死せんとするやその声や美しである。何時までも死生の間に彷徨している時の清き立派な精神を維持したいものである。

三月三日　月曜日　晴　浴

最近配布を受けたバイブルを熱心に読む。

法廷、国際法上戦争犯罪人なるもの存在せざることを証明するための証拠、ブレークニーによって提出せられた。国際条約違反に対して個人の責任を問わぬと云う点を、証明せんとするものである。不戦条約に違反して他国を侵略した例として、ソ連のフィンランド侵入（国際連盟報告）、エストニア、ラトヴィア、ポーランド、ルーマニアへの侵入、英ソのイラン侵入の際のチャチルの演説、米国のアイスランド出兵等を持ち出さんとしたが、何れも却下された。ただ濠蘭軍のチモール占領のみは、訴追に関係ありとして採用された。原子爆弾に関するスチムソンの懐旧談もまた却下された。

ブレークニーの善戦は目覚ましく、提出文書は多く受付けられその内容も明かにせられた。法律論としては根本問題で相当裁判所を揺ぶった様である。

三月四日　火曜日　曇　浴　妻面会

法廷、ブレークニー続行。

岡田忠彦元衆院議長

原子爆弾問題に次で、パリ会議〔第一次世界戦後〕におけるランシング及びスコットの戦犯委員会における戦犯反対記録も今日は却下された。

次でブレークニーは一九二八―一九四五年に至る日本内閣員表を提出し、その間十七内閣の起伏あり、多数の閣員ありたる中に少数の被告等は相互に連絡もなくコンスピラシーの有り得ざることを論じ、証人として岡田忠彦氏〔衆院議長〕を招く。

岡田証人は政府と政党との関係、大政翼賛会、翼賛政治会等について証言し、田中大将〔首相〕の東亜平和政策、久原《くはら》氏〔田中義一首相特使〕とスターリンとの会見状況を述べて多分に田中大将及久原房之助氏のために弁ず。

岡田氏に次で御手洗氏〔辰雄・東京新聞論説委員長〕証人台に現わる。御手洗証人は過去二十年の政治の表裏を知り又研究したものとして政治の運用について証言せんとす。

三月五日　水曜日　晴

法廷、御手洗証人が十七内閣倒壊の証言に対する裁判長の介入に対して、スミス弁護人（広田）より法廷における裁判官の不当なる介入（Undue Interference）に対し注意を喚起したるに対し、裁判長は激怒し、右は法廷を侮辱する言辞なりとしてその取り消し及び謝罪を命じ、スミス弁護人これに服せず、裁判所は休廷、合議をなし、その結果裁判長はスミス弁護人の出廷を禁止する旨宣言し、スミスは最後の抗議をなし法廷に決別する旨を述べて退廷す。総て行き過ぎなり。御手洗証人は各内閣の倒壊及その原因について説明し、タヴェナー検事反対尋問に立ち、簡単に要領よく応答を済ます。

昼後、篤、平治来る。今朝ライアン大尉より篤は京都に行くと聞きたるが、今篤より京大入学試験を受くるためなること判明し大に驚く。漸く軌道に上りし両児の教育が父の眼の届かぬ様になることは破滅の源なりと感じたがためである。斯様な大問題に父の意見を求めざりしを叱責したるもすでに遅し、東京帝大を避けたるが過失の原因なり。父は強いて干渉せざるも、父が獄に繋がれつつも月に一二度の面会で真剣なる指導をなすことの出来るのは最上の精神教育と思った。もし京都に行ってしまえばそれも出来なくなるのみならず、

デイヴィッド・F・スミス弁護人

余りしっかりしない知人等の仲間入りをする様になるのが極度に恐れられてならぬ。孟母の居を替えたこと幾回なるを知らず。男の児は特に社会に出る直前の教育が一番肝要である。篤の京大入学試験に落第することを望んで止まぬ。
スミス弁護人の強硬なる態度に対し賛辞を呈する被告多し。間には調子外れて喜んだりする軍人被告も二三見受ける。平凡なる法廷ではA級被告の神経はすでに興味を感ぜぬのである。
本日村田氏（省蔵、前比島大使）証人として出廷すべくバスに巣鴨より同車す。又法廷控所にても同席、自由に交談することを得た。これによって久し振りにA'組（第二次A級戦犯組）とも連絡をとることが出来た。A'組は三十九名で天羽君は二週間の懲罰から意気揚々として帰って来たとの事である。谷君がこの三十九名から離されているのも事実の様である。恐らく遠からず釈放されることと思う。
村田君は大東亜会議に対する比島の態度につい

て証言するものと思われる。村田氏の証言の続行する限り、毎日出会えることを非常に嬉しく思う。

三月六日　木曜日　晴

昨夜深更《しんこう》突然獄吏（ゼーラー）に揺り起され、頭を入口に向け頸《くび》より上を露わして寝る様に命ぜられた。何時から左様なことになりしやと問いたるに、扉の裏に貼り付けられたる書き物（刷り物）を指す。昨日規則として各房の扉に貼り付けしものの如し。

廊下よりのドラフト（隙間風）を避けるため一同は洗面器に衣類をかけたりしてその下に頭を突っ込んで（即ち廊下とは反対の方を頭にして）ドラフトを避けて寝るのである。これは又電燈の光りを成るべく避けんとする意味もある。

これは一切禁止せられ、頭を入口の方に向け廊下に突き出す様にして頸から上を露出して電燈の下に寝なければならぬのである。これは老人共にとっては容易ならぬ芸当である。その他検閲、点呼の時は廊下に向って起立すべしとか、種々細かな規則が書かれてある。それはB・C級の若い者に対する規則かと思ったら、A級老人にも適用するものである、との事である。微に入り細を穿ち、朝令暮改、応接に暇《いとま》なき有様である。

市ヶ谷にしても、巣鴨にしても総てが玉石混交で、一律のレッドテープ（形式的規則）は余りに実際的でなく、又実利を逸する。巣鴨の眼から見て、米国は日本の友情は将来も望まない様にも見える。これは実に遺憾なことである。

法廷では、我対外政策の基調を証言せしめんとした田村幸策（法学）博士も、八紘一宇の意義を説明せんとした井上（孚麿）博士も、何れも証言の具体化を許されずして退廷した。畢竟《ひっきょう》（結局）準備の不足に起因する。

次で大東亜会議及大東亜民族精神について証言するため、前（駐泰）大使山本熊一氏証人台に立ち、大東亜会議開催前、東條大将の随員として支那、比島、シャム、マレー等を視察旅行し、これら蕃地の指導者及主要人物に会見し、如何に彼等が民族精神に燃え自発的に大東亜会議の開催を主唱したかを証言し、東亜民族精神の旺盛なるを明かにして注目を惹く。

この日妻及華子来訪、華子が上村さんから洋服を頂戴した、とて喜々としてこれを着用していたのは嬉しかった。

今朝ファネスに会う。ケネディー前駐英大使の口供書中、白鳥の事に言及しあることを白鳥伝聞して、興奮して種々私に申入れ来りたるを告げたるに、ファネスも心得たる様なり。柳井弁護人にも会う。

吉井勇《いさむ》の百日草を読んだが立派な随筆なり。

三月七日　金曜日　晴

法廷、山本大使の反対尋問に入る。カー英検事の皮肉と深刻例の如し。然し、山本大使は信念に基き善戦、東亜民族の自主的協力が共栄圏建設の基底なりしことを主張す。カー検事は南方経済要綱等開戦後間もなく決定せし日本政府の方針を引用して攻め立つ。山本氏は漸次搾取を排し自発的協力に導かんと試みたること、を陳述した。

三月八日　土曜日　晴　病気

発熱三十八度を超ゆ。臥床《がしょう》風邪気味なり。

三月九日　日曜日　雨　病気

ファネス、柳井、宇佐美三弁護人打合せに来り、愉快に談す。ファネス、シガレット缶数個を差入れ、これは貴下が大使時代に愛用されたトルコ煙草であるとてMrs. Zair（旧日本大使館事務所勤務事務員）から差上げてくれとロンドンで頼まれた品だと云う。私はこれをありがたく受けた。然し容易にこれを吸うことは出来なかった。この煙草は長く自分の秘蔵の珍宝として獄中で特別の機会に一本宛《ずつ》のんだ。

東條がスウェター、軍隊ズボンにカラカラ下駄を突っかけて、いたずらっ児見た様な恰好で病室から退院して帰って来た。

三月十日　月曜日　晴　法廷欠席

終日休息、就床、多くは睡眠。

間接に聞く所によれば山本大使に対するカー検事峻烈なる反対尋問に次で弁護側の再質問数個あり。

次で村田大使の証言は簡単に且つ無意味に済み、法廷は一時間早く切り上げられ弁護側の感情宜しからずとの事である。

三月十二日　水曜日　晴　浴

推して法廷に出席す。

吉野〔信次〕前商相、大和田〔悌二〕前逓信次官等の証人出廷せるも、弁護側の準備不完全にして用をなさず。

次で陸軍少将岡田某〔菊三郎・陸軍省整備局戦備課長〕出廷して陸軍の五年計画なるものを説明す。

南大将私の松葉杖姿と破れ着とを見て

「それで街に立てばお貰いは相当あるぜ！」

畑大将これに付して

「それにあの欠け茶碗（独房の水呑用）があつらえ向きだ」

三月十三日　木曜日　晴　浴

法廷、岡田少将の証言中、五年計画終了後の第一年を開戦第一年と記してあり、その年が丁度一九四一年即ち実際開戦せし年に当り居る点は検事の好い餌じきであった。検事クィリアムは直にこれを指摘した。

元逓信次官小野猛氏日本の船舶政策について証

岡田菊三郎陸軍少将

言し戦争準備なかりしことを述ぶ。検事反対尋問せず。

次で企画院の仕事振りについて証人出廷す。

三月十四日　金曜日　晴

朝十分以上も下の廊下でがやがやす。横浜裁判行きの人々がM・Pから時間より早く駆り出され丸裸にて廊下に整列し待機させられているのである。寒い寒い、と日本語で怒鳴る声が聞える。若いM・Pも勝手にハバハバと米語で怒鳴るのみで双方共要領を得ぬのである。新らしいM・Pの様である。

法廷では企画院関係の証人に次で、陸軍の軍事教育関係の某大佐〔陸軍省兵務局吉田章雄〕が出廷した。

法廷で平治等の訪問を受けた。元気で色艶も好くなって見えた。おたきさん（老女中）を連れて来た。去年四月二十九日家を出た時以来であったので懐かしく思った。健康そうに見えたのは何よりであった。云いたい事も沢山あるが云い得ないと云う様子であった。好く家の世話を頼んで置いた。すでに老いんとする彼女は真に家族の一員である。

三月十七日　月曜日　曇　浴　彼岸入り

法廷、被告側証人数氏成績不良、弁護側準備粗漏。

三月十八日　火曜日　晴

法廷、文部省関係（軍事教育）〔文部省官吏岩松五良〕及映画関係（二名）〔松竹キネマ取締役城戸四郎大阪毎日新聞社映画部長水野新幸〕証人出廷、何れも裁判長に威圧せられ成績不良。

弁護人側提出文書多くは却下。

弁護人側の結論を了《おわ》り満洲事変（ワレン）に入る。

松井大将病気（結核）法廷より直接入院す。篤面会に来る。京大入試を終りて帰る。全力を尽したりと明朗に種々語り合うを得たり。華子の病気は大分高熱なりし由なり。

父
「人間は常に最善を尽すべきだ。而して最善を尽した上は安心してその結果は天に委《まか》すべきだ。天は必ず好く指導してくれる。自分も今日唯最善を尽すのみ。何等不安はない。あなた方は苦労をするかも知れぬが、苦労のない時よりも今日の方がいくら有意義か知れぬ。今日の境涯《きょうがい》は生きた教育だ。好く華子を導いて毎日を有益に過し、母を助けてやり抜いて行かねばならぬ」

篤
「僕等は実に仕合せです。本当に有り難いと思って一生懸命にやります。唯パパは体だけは大切にして下さい」

三月十九日　水曜日　晴　浴

法廷、満洲事変の冒頭陳述は岡本弁護人〔敏男・南担当〕がやって、それを受けてワレン立って証拠文書提出を行う。検事側提出のリットン報告書朗読せんとして妨害あり。ワレン弁護人善処し遂に目的を達す。支那における共産党の活動より、満洲における朝鮮人問題の全般に亘りて長時間書類の朗読に成功す。弁護人の腕なり。下関条約、三国干渉の文書提出に対し、カー英検事の度重なる妨害ありしもワレン能く戦って勝つ。

三月二十日　木曜日　曇寒し　浴

法廷、満洲問題中協和会を中心とした証人出ず。日本側弁護人の準備不足、幸に終日証言は続行するを得たるも裁判長は証人は前以て口供書を提出し、出廷を受付くるや否やを判定すべきことを宣言す。

夜電燈の下に頭から上を廊下から見える様に露出し、頭を風の来る廊下の入口に突き出して寝ることは老人には堪え難い事である。廊下は絶えず獄兵が騒々しく監視のために立ち騒ぐ。曩《さ》きには永野元帥の急変あり、今又松井老重態を告ぐ。呼吸器の弱く又神経痛を病むものは忽《たちま》ちにして重病人となりかねぬ状態なり。戦休んで戦止まず。世界の形勢に案ずるに、日米の関係が少しでも融和の途から離れることは誠に遺憾とする所である。

三月二十一日　金曜日　御彼岸　雨

法廷、片倉〔衷《ただし》〕証人（少将）満洲事変発端について当時の関東軍参謀として証言を行う。岡本弁護人の質問による。法廷は全部を聴取す。証人は中央政府が事変を防止し局地化することに努め、又軍政及北満進出にも反対した事を立証（南被告のため、証人は南大将の女婿なり）し、事変は関東軍の自衛手段なりしことを述べ、満洲独立運動は吉林の凞洽《きこう》将軍等の提唱したものであることを証明し、関東軍は内政に干渉せず、単に治安維持政情安定に関心を有したと述べた。

片倉衷陸軍少将

妻、弟壽郎同伴面会に来る。

司令部員なるもの東條、武藤、嶋田、岡の陸海被告の処に来り「世界の情勢急迫に鑑み必要なり」と前提し、日米開戦の際日本より見て真珠湾の防備不完全なりし点、マッカーサー軍に関し日本の得居りたる諜報、濠洲を攻撃する意思の有無等について説明や意見を徴した。裁判に関係なしとの前提なり。

三月二十二日　土曜日　休　遊歩

今日は煙草十本増配あり。獄吏の親切なる手加減なるべし。

風あれども天気好く、枯芝生の上に日向ぼっこす。

大島大使は父君（健一大将）九十一歳高齢にて病気危篤とて、カニンガム弁護人の斡旋にて一時見舞帰宅を許さる。近来になき事なり。

三月二十四日　月曜日　浴

法廷、片倉証人、岡本弁護人の直接尋問続行丸二日に亘り、満洲事変の全般に亘る。

法廷は弁護側の要請により片倉証言後一週間の休廷を宣す。証言は全部前以て口供書提出を要すること命ぜらる。

篤来訪、京大入試の不首尾を報ず。再起を約して帰る。

父のなき子よ迷はずに一筋の
道を学びて来ん時を待て
杜甫も又ビスマルクも亦試験には
落第したり唯励め子よ

三月二十五日　火曜日　雨寒し

法廷、裁判長は、弁護側の要請によりて、六日まで再び休廷を申出でぬこと及び証人は口供書によることの二条件の下に、一週間の休廷を宣言した。

弁護側は、検事側の証人がこれまで口供書によるとの制約を受けざりしを理由に、裁判所の裁定は不公平なりとて、口供書による証言に反対した。裁判長は不必要なる時間の空費を防ぐために裁定を維持した。

片倉証人の反対尋問はタヴェナー検事により続行せられ、タヴェナーは南被告の縁者なることを明にした。

昼、華子が面会に来た。

華子は最近流行性感冒に罹って高熱が出て臥《ふせ》ったため数週間も出会えなかった。

学校の試験が済んで、楽しみにしていた学芸会の芝居に出演が出来なかったのを残念に思った模様である。何でも主役が当てがわれていたとの事であった。

今日は全快後の元気な顔を父に見せんと一人でやって来たのだ。最早やすっかりよくなって顔色も前と変りはない。彼女は満十五歳の誕生日を迎えたばかりだが、背丈は最近も伸びた様で最早五尺三寸ばかりにもなった。上村夫人から戴いた洋服がよく似合っている。

子供は父が居なくとも大きくなる。それでも「パパが居ないと淋しい」と云って面会日を待ち構えてやって来る。こうして網戸越しに談をする子供には格別親し味を感ずる。

よく云ってきかせた。

「お兄さんが今度失敗したのは残念だけれども、お兄さんは兵隊から帰って来て一生懸命やったのだから止むを得ない。ベストを尽した事で皆満足しなければならぬ。この次ぎは必ず成功する様皆で激励して行くのだ。お兄様の気持を悪くする様の事があってはならぬ。皆んなの責任でやらねばならぬ」

華子は首肯した。兄と妹は仲好しだからきっと励まし合ってやるであろう、総て禍は転じて福となさねばならぬ。

配給の煙草ひかりをポケットから一握り出して、母への土産としてM・P監視兵を通じて彼女に渡した。

華子は最近皆んなと一緒に浜に出て藻草を沢山採って来るとの事である。これを乾かして置いて、御百姓さんの肥料として野菜と交換するのだと云って鎌倉の近況を語った。

若きもの共よ、国のために身のために真先きに進め。

三月二十六日　水曜日　曇　法廷休　遊

昨夜は巡邏兵から頭にタオルを被っている（ドラフトを防ぐため）と云って手荒く起された。

大島大使は二十二日厳父を茅ヶ崎の自宅に見舞われて一時間ばかりも談しをされ、久し振りの事

大島浩元駐独大使（後）と畑俊六陸軍元帥

で（大使は日本到着と共に巣鴨に収容された）皆非常に喜ばれたとの事であったが、その翌日厳父は遂に死去された。九十一歳との事で歳に不足はないが、年寄程惜しい気がするのは何れの子にとっても同じである。父君を喪《うしな》われて、又翌日これも肺炎で寝ておられた母堂《ぼどう》がその後を追って逝かれた。八十幾歳とかになられたのだそうだ。一度に両親を喪われた大島君の心情は察するに余りがある。それでも同君は生前に面会する事が出来たことを非常に喜んでおられた。今日も大島君はK・Pの当番で、何時もの如く廊下で働いているのを見受けた。

三月二十七日　木曜日　晴　法廷休　浴　遊

昨夜用便に立つ。監視兵入口に立ち闇《くら》がりを終始監視す。鉄兜を戴ける巨大なる体軀の七尺男、手に棍棒を持ちて室を覗き込みて去らず。態度粗暴なり。

武藤章陸軍中将

三月二十八日　金曜日　法廷休　雨

弁護側と打合せのため法廷に行く。三浦、宇佐美、柳井、ファネス諸氏に会う。

昼、家妻面会に来る、家状を報ず、異状なし。

一昨日とか終身刑判決を受けたるもの階段の上より飛びおりて自殺を計る。ために獄内の取締一層厳重となり、階段側に鋼条を以て網を張る。

この日武藤中将が法廷の網戸越しで女学生風の娘と嬉しそうに談をしていたのが目に付いた。同中将の

寒々と制服つけし吾子かなし

を思い出す。

三月三十一日　月曜日　法廷休　春暖

今日は家族面会日で、法廷控室で篤と華子との来訪を受け、数十分間網戸越しで語った。篤の勉強のプログラムも出来ていた。独習がよく行けば好いがと思っている。篤も非常な決意の様である。

海藻が引続いて採れる。最近百貫位獲れた、これを干して乾かすと立派な肥料となるので、野菜と交換が出来ると華子が熱心に説明した。今日は愈々春らしい暖かさである。

横浜裁判より帰った一団の声と覚しく下の廊下を走って通る人々は「寒い、寒い！」と叫んでいる。例によって丸裸にされている様である。

四月二日　水曜日　嵐風雨午後晴　浴

法廷、一週間休暇明け、松井、東郷、大川欠。

岡本弁護人（南）の文書提出は比較的に順調に進む。

満洲自治運動に付金井章次氏〔蒙古聯合自治政府最高顧問〕証言、簡単にすむ。

本庄大将（繁）〔関東軍司令官〕息〔一雄〕、証人台に立ち大将自殺の際の遺言書提出せらる。満洲事変は本国政府には何等関係なく、満洲の当時の状況より止むに止まれなかった関東軍の単独の責任による自衛行為であって、自分が司令官として全責任を帯びて陛下に御詫びすると云う趣旨であり、南大将には極めて有利であった。

和知中将〔鷹二・蘭工作機関長〕証人として出廷のため巣鴨より同行。

四月三日　木曜日　晴　富士好し　浴

法廷、平田〔幸弘〕少将（柳条溝北大営攻撃の際の連隊長）の証言は先ず無難であった。

関東軍の作戦参謀武田〔壽〕中将（時の大尉）は片倉と同様満洲事変の全体について証言したが、その口供書には破綻多くカー英検事の攻撃に会って関東軍特に板垣、土肥原に不利となる。

軍部の人々が単に多くの証人と文書とを以て説明をなせば有利となるべしと考えているのは裁判

に対する知識の欠如に基く。

本日和知中将、遠藤〔三郎〕中将（軍需相）法廷に同行す。その消息によれば谷前外相も最近A'組に合流せしめられたと、この方少しは待遇宜しき由。遠藤氏は巣鴨の仕着せを着用していた。

四月四日　金曜日　晴

法廷、武田中将に続いて同じく満洲事変の全般について三回目の証人として河邊〔虎四郎〕前参謀次長が出廷した。

彼は満洲事変発生当時、参謀本部第一部長（建川）の下に第二課長（作戦課長）をなし居たりとて、時の国際情勢より、我作戦計画の一般から満洲事変の発生及経過について詳細なる口供書を提出して証言したが、コミンズ・カー英検事の鋭き反対尋問に会い、彼が在ソ時代なした報告意見書でソ連の写真版となり居るものが提出され、次で参謀本部の訓令（パリ駐在土橋《つちはし》〔勇逸〕武官を中心としてソ、支、米等各国に対する戦争の謀略構想に関するもの）が提出されたが、何れも河邊の確認する処となり、参謀本部が一国敵対主義より数国同時敵対主義に移りたることを認めざるを得ざる事となった。彼の企図した証言は効果なく、全く検事側の証人となりたる観があった。

河邊虎四郎中将

四月五日　土曜日　晴　遊午前午後

今日は珍らしく午前午後の遊歩を許され陽春の空気に晒らされることを得た。

過般マッカーサーが、日本とは速《すみやか》に平和条約を締結して軍隊も引き上げなければならぬとの、新聞記者会談をしてから米国側一般の態度も変った様だ。

米国人は昨今対ソ関係に気を奪われている。昨日の味方は今日の敵たることが明瞭に判ったのだ。米国人の日本管理方法は急角度に改善されなければならぬ。米国は必ず日本を必要とする。日本は米国を離れては生存出来ない。米国の日本占領政策は末端に至る程改良すべき点が多い。

これと共に日本は自力を以て独自性を発揮して将来の国運を開くことを心懸けねばならぬ。独自性なきものを援助するものはない。米英よりの援助を受けんとすればする程日本は独立独歩で行く決意を要する。然《しか》らば援助は自ら来る。

四月六日　日曜日　イースター　晴

午前午後二回の遊歩あり。

広場の芝生の上で荒木大将等と談論す。

荒木大将曰く。

「米国人は自らデモクラシーと云うが、彼等は独善主義で、他を抱擁する雅量はない。又クリスチァニティーと云って自ら人道主義を以て任じているが、それは仮面に過ぎない。ローマ旧教と新教との軋轢又はキリスト各宗派の争闘は仇敵の如きものがある。これに反して日本固有の思想は決して排他的ではない」

私曰く

「然り、日本固有の特性は排他的ではなく、元来、如何なる文化、又は思想でもこれを吸収し、消化して我物とする特殊の創造性を有《も》っている。然るに過去においてこの特殊性の発揮を阻止し、狭量なる独善主義を以て復古と称し、世界の動向に盲目となって、遂に今日の破綻を見るに至ったのは、争うべからざる事である。

キリスト教の如きは内部的に争闘はあり、狭量の点もあるが、兎に角宗教が人種、国境を問わず、常に人生と世界の大勢に順応して、指導性を維持して来たことは偉大である。今日、日本がキリスト教を抱擁しても、仏教輸入後の僧道鏡の如き危険もあるまじく、又天草の乱の如きも繰返されまい。日本は宜しく他国の文化を輸入消化して、日本固有の立場及精神を陶治《とうや》〔育成〕し、新日本の文化及デモクラシーを練成すべきである」

荒木

「自分はその意味で、デモクラシーでも共産主義でも取り入れて差支えないと思う。国家社会主義はソ連の主体である」

軍人の考え方は常に単純である。米にあらざればソ、デモクラシーか共産主義かである。米国に対する反感は直に親ソ気分である。

私

「今日社会主義的傾向は世界の大勢であるが、共産主義を容れると云うことは少数の独裁を認め、他国の支配に甘んずる覚悟をせねば出来ることではない。今日は尚民族国家の時代である。日本としては飽くまで自主性を失ってはならぬ。これが総ての出発点と思われる。

米国としても、もし将来日本を利用せんとするならば、日本の自主性を損傷しない様に政策を運用せねばならぬ。戦勝の余威を駆ってもし日本を打ち壊わしてしまえば、日本は利用価値のないものとなる。

米軍の日本占領当初は、マッカーサー司令部には多分に左傾的勢力が入っていた。ために占領政策は当初は日本の破壊の方向に向っていた。それはソ連若《も》しくは共産党の思う壺であった。司令部は漸次《ぜんじ》その非を悟って来て、ソ連に対抗するためには、自主的の日本を保存することに重点が置かれなければならなくなって来た。マッカーサーが、九月三日の第一回の会見において、私の要請を容れて軍政を施《し》く事を撤回して、日本政府を維持する方針政策を取ったことは、米国のためにも極めて利益なことであった」

四月八日　火曜日　曇　仏生日

桜漸く好し。週末に広河原《ひろがわら》山荘を訪《と》うたファネス、柳井、宇佐美諸氏、山荘の桜花及紅梅を齎《もたら》して見せてくれた。

法廷、満洲問題より第一次上海戦争に移る。

四月九日　水曜日　法廷　浴　午後晴

桜の半開、処々に景を添う。市ヶ谷台上は見頃なり。

法廷は上海戦争より、満洲事変に帰り、大山法務官〔文雄・関東軍法務部長〕の柳条溝事件調査状況証言はカー英検事の反対尋問により相当苦境に陥る。和知中将の桜会に関する証言はよく行きたり。

本日大川周明氏の追訴を中止する旨宣言せられた。回復の見込なしとの理由による。

四月十日　木曜日　桜満開

法廷は満洲事変に関する多数の文書提出あり。（岡本弁護人）次で南大将証人台に立つ。

被告証言の手続きについて、検事側に異議あり、又被告弁護人側にも意見の相違あり（ブルックスに対しワレン反対す）。被告の証言は一回限りとの裁定あり。尚協議のため法廷は一時間早休。

巣鴨では房内掻き回され、畳も上げて検査せる様子、ハンカチ、櫛等持ち去らる。

四月十一日　金曜日　晴

法廷、ブルックス押し切り南被告の証言に入る。口供書は満洲事変の発端より、大政翼賛政治会の解散に至る、南大将の関係事項全般に亘るものなり。反対尋問は、コミンズ・カー英検事、本日大体満洲事変関係を終る。

南大将の答弁頗《すこぶ》る要領良く成績良好なり。

妻華子と共に来訪。

四月十二日　土曜日　晴　法廷休

獄内東側の桜一樹白色の花に葉すでに青く出でたり。

本日の遊歩は構内西端の空地でなす。元招魂社の跡らしきものあり。隣は壁一重にて絞首台なり。

四月十三日　日曜日　午前午後遊歩　浴

春陽晴暉《せいき》の一日、午後二時間の遊歩日光浴あり。獄裡〔獄中〕最初の歓待なり。桜数樹あり。藤も咲きつつあり。青空に鳶《とび》高く飛び、春の気分を満喫す。芝生クラブに平沼男、南大将集まり、二・二六事件当時のこと等交談す。

四月十四日　月曜日　晴　桜満開　浴

法廷、南大将反対尋問終日続行。大体順調なるもカー英検事、南大将伝中より満洲事変当時の同大将武勇伝を引用して、質問追及甚だ急にして南大将の不利なることが少からず。

四月十五日　火曜日　晴　浴

法廷、南証言続行。関東軍司令官当時について、満洲国創立問題より、北支侵入問題について、カー英検事の追及頗る急なるものあり。

本日、晶、法廷来訪会談す。

田中豊太郎（義兄）夫妻の訃報を齎す。三月二十六、七日姉田中菊子肺炎にて死亡、一二週間後夫豊太郎死亡との事、姉は不幸なる一生を終えたり。弟蔵が国許にありしは好都合なりき。

獄吏屡々干渉す。荒木大将時に怒鳴る、無理からぬ事なり。

四月十六日　水曜日　晴　浴

法廷、南反対尋問漸く終り、岡本弁護人再尋問を行う。南大将の饒舌禍《わざわい》する所多し。米軍の日本人徴発ありとの噂あり、国際形勢は悪化す。

平沼男病院に移さる。

四月十七日　木曜日　晴　浴

法廷、南証人再尋問も不必要なること多く、不成績と評せらる。次で、証人植田大将〔謙吉・関東軍司令官兼満洲国駐箚特命全権大使〕満洲問題の全体について広範なる口供書を提出し、カー英検事の反対尋問あり。植田司令官大使の報告意見書なるものを提示され窮境に立った。

松木とか云う満鉄出身の人〔松木侠・満州国審計局長官〕の満洲国統治組織機構の説明証言の後に、薄儀手跡鑑定人（日本側）〔高村巌・警視庁刑事部鑑識課員〕の出廷あり、ブレークニー口供書を朗読す。

本日華子が学校の余暇を利用して特に来訪、学校二年の成績は良好で第三学期は特に良かった。キャプテンに選任されたとの事。

東條も近くで娘の子二人とにこにこ談していた。

桜はすでに終りで本年は特に短かかった。

四月十八日　金曜日　晴

法廷、溥儀手跡鑑定人高村氏の口供書（溥儀の手跡を真実のものと説明す）には反対尋問はなかった。内容は非常に学問的な科学的のものであった。次で溥儀の宮廷関係について、鹿児島〔虎雄〕前満洲国宮内次官や石丸〔志都磨〕前溥儀武官長等の証言の後、阿片問題に入って、多くの条約関係文書や満洲国の阿片制度の文書が提出されて、阿片制度の主任官難波〔経一〕氏（大蔵省出身）が証人台に立った。

妻来訪す。

天羽さんは五月までは家族面会は許されないとのこと。妙な懲罰なり。

四月二十一日　月曜日

モスクワ会議は一月以上に亘って開かれているが、主たる議題たるドイツ問題は、最も重要な賠償問題も国境問題も統治形態から政府樹立の問題についても意見は纏《まと》まらぬ。

マーシャル、スターリン会見においても、ソ連の最後の瞬間における譲歩は望み得られそうもない。英国の退却の後を引受けんとしてトルコ、ギリシャ援助法案を議会に提出した米国が、果して積極的世界政策を続行するの熱意と実力（主として経済的）とを有するかをソ連は注視しているのである。欧洲問題の岐路であるドイツ問題は、赤化の機の熟さぬ限りソ連としては急ぐ必要はない。

モスクワ会議の失敗後、次回外相会議は七月ロンドンで開かれると云われているが、米国の輿論は国務長官が国内を離れるを不可とする意見が強くなりつつあるから、今後の会議開催は余程成功の見込が付かねば如何《どう》なるか解らぬ。要は米国が東西各方面に負担した世界的義務を、完全に積極的に果す変らぬ決意と実力とを持っているか如何かと云う点に帰着するのである。

ソ連周辺の欧亜の諸国（日本もその内にあり）は結局ソ米戦争に捲き込まれるか、又は赤化されるか何れかを覚悟せねばならぬ時機に直面することとなった。日本も余程慎重に且つ将来の問題を考慮するの要がある。

米国としてもその世界政策を逐行する決意を有するならば、日本に対する政策でも単に戦敗国に対する戦勝国の既定の政策を、ソ連をも含む他国と共に遂行するだけで事足りるのであろうか。もし米国が真にその責任に覚醒するならば、その東亜政策特に対日政策の如きは急速に且つ飛躍的に変更して行かねばならぬと思われる。今日の占領政策の如き、ただ微に入り細を穿って、日本を各方面に亘って指導すると云う干渉政策に耽《ふけ》っていて、果して事足りるのであるか。一体米国人には大局が見えないのであるか。

世界は戦争直後の左翼的動揺時代から、各国各自の立場に立つ真剣さを取り返しつつある。フランスにおいては赤に対しては宣戦し、フランコ・スペインは決して倒れそうにはない。米国におけるソ連に対する気持は益々深刻となり、反ソ気勢は高まっている。

印度に開かれた亜細亜諸民族大会には、ソ連治下の諸国よりも代表者が集まって反米宣伝をやった。亜細亜にとっては重大なる出来事である。印度は日本代表の出席なかりしを遺憾とした。

支那においては宋子文《そうしぶん》が退却して張群《ちょうぐん》が行政院長となり、立法院長孫科《そんか》を副主席に推したが、これはソ連関係を顧慮した掛け引きである。蔣介石は飽くまで共産軍の打倒を決意していることは疑《うたがい》を容れぬ。又内戦も国民軍に有利になっているが終局の処は何とも云えぬ。

両断された朝鮮はドイツと共に絶望的である。

総司令部は戦後民主主義の名の下に、日本の左翼を扇動し共産党の活躍を奨励した。司令部には当初多くの共産党員もしくはこれに準ずるものが地位を得ていたことは明である。その結果日本は恰《あたか》も赤化したかの如き外観を呈し、遂に共産党は直接行動による総罷業《ひぎょう》〔ストライキ〕断行によって一挙に勝敗を決せんとするに至って、司令部は眼が覚めた。司令部は態度を変更して共産主義を奨励するものに非ざることを日本国民に声明した。

日本国民は民主主義も共産主義も共に無理解である。唯強者たる占領軍の指揮棒の振り方を見ているのである。旧時の軍部に左右せられたと同様に新なる武器を有った強者に追随する。自主独立の意気地のないものは結局右か左かに蹂躙せられる。米国は日本弱体化政策を何時まで続けて自主性のない日本を要求するのであろうか。

日本は何とかして、速に自主性を取り返し立派な独立国として世界の平和に貢献し得る様にならねばならぬ。米国は必ずこれを欲する様になる。

法廷、阿片問題の証人難波以下三名相次で出廷、ブレークニー、ウィリアムの組み合せで文書提出さる。コミンテルンの活動、ソ連要人の演説等提出せられた。文書は裁判長の裁決で全然骨抜きにせらる。裁判長はソ連側の意を迎うるに汲々《きゅうきゅう》たるものがある。ソ連側との妥協がその態度である。ここに米人弁護人との間に一悶着が起った。

四月二十二日　火曜日　冷　晴　富士見事なり

法廷、漸く満洲事変を終り、支那事変に入る。

裁判長より弁護側の予定を問う。ブレークニーは今後三ヶ月乃至《ないし》三ヶ月半にて一般段階を終了し、個人段階に入り得べしと述ぶ。

支那問題冒頭総括陳述ラザレス弁護人これに当る。ソ連攻撃にトルーマン演説を援用した部分あり。

裁判長はこれに刺激されたか、突如「米国人で

この日ウェッブ裁判長を描いた
重光のスケッチ

ありながら敵の宣伝（Enemy Propaganda）を法廷で行うはけしからぬ」と息巻いた。

ラザレス弁護人は泰然として

「自分は米国政府の命によって被告を弁護するため凡ゆる材料を提供するを義務と考え居れり。裁判長の言動は米人弁護人を殊更に誹謗するものなり」と抗弁した。

日本外務省の発表文書は敵の宣伝なりとて全部却下され、日本政府の公表物は一切証拠として採用されぬ事となった。公正なる裁判を口にする裁判長の態度は、公然勝者が敗者を敵として裁判するものなることを明瞭にしたものである。米国が斯る裁判をやり、ソ連の術中に陥りたるの観あるは遺憾である。

和知鷹二中将

四月二十三日　水曜日　晴　浴

法廷、引続いて、弁護側文書提出あり。証人として和知中将は北支方面共産党の陰謀について証言した後、北支軍参謀長橋本〔群《ぐん》〕中将は支那軍に対し何等積極的計画なかりし事を証言し、参謀本部第一部長田中新一中将は支那事変の全般に亘りて証言をなした。何れも重複的で支那事変関係軍人のオンパレードの観あり余り効果的ではなかった。

四月二十四日　木曜日　晴　浴

法廷、田中新一中将の証言続行。弁護側の再尋問にて、作戦計画は陸軍大臣の同意を要することを繰返し証言した。彼は検事側証人としてかつて出廷して同様の証言をなしたことあり、弁護側の不用意その極《きょく》に達す。

柴山中将〔兼四郎・陸軍省軍務局軍務課長〕、石川順（毎日記者）の証言は梅津大将のための証言なりしも、柴山は梅津・何応欽《かおうきん》協定締結の際は久留米に居たりと云い、石川の証言は梅津に対する個人的頌徳《しょうとく》表〔ほめたたえる文書〕にて現一般段階においては価値少し。

レヴィン〔賀屋、鈴木担当〕提出の書類は概ね却下、河邊虎四郎中将証言第二の分は却下、日本政府の声明書も同様。

四月二十五日　金曜日　曇　浴

法廷、平沼、東郷引き続き欠席。

レヴィン弁護人提出の日本外務省関係の文書は何れも日本政府即《すなわち》敵の宣伝であるとて全部却下。

通洲事件について連隊長〔萱嶋高中将〕中隊長〔桂鎮雄少佐〕及小隊長〔桜井文雄少佐〕の証言ありしも矛盾多く価値少し。

支那事変段階第一部終了、第二部共産党活動の方面に入り、カニンガムが、支那の対日ボイコット、排日運動、共産主義宣伝の順序によって検証すると云って、先ずリットン報告書のボイコットの部分の朗読に入った。

妻来訪自宅に異状なし。

萱嶋高陸軍中将

四月二十六日　土曜日　晴　午前浴　遊歩　午後理髪

珍らしく土曜日に入浴あり。最近は米軍隊も訓練厳格となり、将校に対して敬礼する様になった。ソ連との関係は彼等の間にも話題に上る模様である。日本の飛行隊員の調査や、旧軍人の名簿も整理されつつあるとのことで、又戦争があると云って、東京から疎開するために田舎の家を借りたる人もあるとの事である。

モスクワ会議は遂に何も齎さなかった。ドイツ問題は無論の事、墺国平和条約も出来なかった。墺国もドイツと同様、東西に分割されたまま朝鮮と共に永らく苦境に放任される運命にある様である。

次の外相会議は十一月ロンドンで開かれると発表されたが、米英とソ連との歩み寄りは果して可能であろうか。

ソ連は墺国問題決裂の代りに、朝鮮問題について京城会議を再開することを承諾した。東と西とに振り子の如く、而して何かの問題について米英との間の繋ぎを取って戦争に突入することを避けている。ソ連に取っては平和も戦争も一つの戦術であり、手段である。

四月二十七日　日曜日　晴（春暉《しゅんき》）　午前入浴　午後遊歩

本日午後、青空の下、新芽の芝生の上で一時間以上も日光浴旁々《かたがた》集り来る同人と芝生クラブを開いた。藤の株が二つもあって、見事な花が柴に萠えて、その小刻みな花房《はなぶさ》が如何にも綺麗だ。日光の藤を思い出す。M・Pも一緒にこれを取り囲んで談を交わすと云う場面すらあった。

銀光りの飛行機が、数千米の上空をかすめる。M・Pの一人は新型の様だと云う。白鳥君はB36の新型の様だと云う。コンクリートの歩道の上を東條と大島とが元気よく下駄を突っかけて歩いている。松井はこの程和服を脱衣場で永野の所にかけて行ったため、入院した永野のものと誤認されて持って行かれたので支那服を差入れて貰って着ている。その方が却って似合う。小磯も神経痛で芝生クラブに参加して腰を下して撫でている。広田氏も珍らしく参会した。真剣に歩いていた荒木天任〔雅号〕先生も腰をおろして何か一歌を口ずさんだ。平沼男の居ないのが淋しい。木戸、星野、佐藤のA級青年将校は絶えず元気好く歩いている。

四月二十八日　月曜日　曇　浴

法廷、カニンガム提出文書却下多く、尚裁判長は反駁のために検事は何時にても文書を提出し得と裁決する。

三浦、柳井、ファネス三氏に会う。

衆議院選挙に社会党第一党となる。自由、民主これに続き、共産党不振、志賀〔義雄〕等落選す。

マッカーサー、選挙に関し、自祝の声明を出し日本民主主義の進展を高調す。

谷壽夫《ひさお》中将（南京攻撃当時第六師団長）南京にて死刑執行、雨花台《うかだい》にて大衆見物中銃殺さる。

最近横浜にても死刑二名判決あり。

四月二十九日　天長節　火曜日　晴

法廷控所にて一同整列、宮城遥拝す。号令は南大将（平沼欠）。

市ヶ谷沿道国旗極めて少し。

支那共産党の権威、波多野乾一《けんいち》氏〔外務省支那事務局員〕証人として出廷、口述書の署名を拒み、口頭を以て証言せんとして退廷を命ぜらる（国分弁護人〔畑担当補佐〕）。共産党に関する弁護側提出の文書は二、三通を除き、全部却下せらる。裁判所は恰も共産勢力下にあるの観あり。日支事変を解説するに共産党活躍の真相を究明せずしては不可能なるは今日の常識なり。カニンガム敢闘し検事側との間に法廷の取扱の異《ちが》う点を指摘し、裁判長答うる能わず。共産党関係文書の取扱に関し約三十分休廷して協議す。

波多野乾一

その結果日本人及日本財産が直接攻撃を受けたることを証明するものの外は全部受理せず、但し被告は個人弁護において共産党に対する恐怖を引証し得ることと決定した。カー英検事の主張は共産党関係は一国の国内問題で侵略行為を弁護する材料とはならぬと云うにある。凡そこの程度の頭なり。この裁決によって日支事変の勃発に最も関係多き共産党（ソ連を背景とする）の策謀が裁判資料より除外されることとなった。

　天長節記念日とて華子忙中《ぼうちゅう》単独にて見舞に来る。一年前鎌倉寓宅《ぐうたく》より引き行かれし時も彼女一人在宅見送りたり。

四月三十日　水曜日　晴　浴

　法廷、裁判所の共産党に関する文書提出に対する決定は被告側には不利益であった。

　カニンガムの提出した数十通の支那共産党活動に関する主として外務省の文書は全部却下された。尚コミンズ・カー検事は検事側証人出廷の際に弁護側において反対尋問をなさざりし事項について、弁護側は一切文書の提出証人の出廷を許さるべきでないと主張したがこれは認められなかった。

　ロバーツ弁護人〔平沼、岡担当〕は第二次上海事変の拠証に入り、岡本季正《すえまさ》（当時の総領事）公使の出廷を見た。広田外相の訓令（事件を収拾すべしとの）は文書により提出すべしと裁決された。又カー検事の故障〔異議〕申出では多く採用せられ、峻烈なる裁判長の裁決の中を兎に角第二次上海事変について事件を起さぬ方針の下に凡ゆる努力をなしたが、支那側の一九三二年協定（第一次上海戦争休戦協定）違反行為によって、遂に事変が大山大尉〔勇夫・上海海軍特別陸戦隊第一中隊長〕殺害を機として発生したことを証言した。

　尚どうも広田の弁護充分ならず。

五月一日　木曜日　晴　浴

　今日はメーデーである。占領軍司令部の左翼反対の指令によって昨年の赤色メーデーとは異り平静その物である。

法廷は第二次上海事件について、岡本公使（当時の総領事）と武田とか云う上海陸戦隊高級参謀〔勇大佐・参謀長〕とが相次で出廷した。岡本公使は如何にして事件を防止し、且つ局地化しようとしたかについて、当時の上海各国総領事会議の記録等を引用した。武田証人は大山大尉殺害状況等を証言した。

本日巣鴨に帰って見れば、独房は荒されタオルを取り去られた。

五月二日　金曜日　曇　風多し

法廷、上海戦争に関し、武田証人証言を続行し、大山大尉殺害問題等、カー英検事は支那検事の注文を聞きながら得意の深刻振りを発揮したが成功しなかった。検事側は一九三二年の休戦協定の無効を主張することに力を注いだ。

パネー号、ヒューゲッセン〔駐華英国〕大使、レディバード号等襲撃事件の文書提出は宗宮弁護人〔岡担当〕の手によってなされ、海軍側証人二名出廷。

昨日平沼男病院より帰来、病院の待遇悪化の事を語る。又東郷は容態宜しきも、心臓発熱は歯より来るとて全部の歯を抜きたりと。

東條が炊事当番で

「大根はいらんか？」

と煮大根のおかわりを売りに来た。

獄兵の一人がミズリー号上調印の写真にサインを希望して来た。兵隊が新に日本に到着すると、日本の降伏の情況の映画を見せる模様だ。

五月三日　土曜日　雨　新憲法実施さる

本日は新憲法実施の日なり。憲法実施準備委員会の主催で国民的記念会が宮城前で開催せられ、天皇陛下の行幸を仰いだ。委員長芦田均、吉田首相等の演説があり、それから御祭騒ぎの示威運動行列も行われるとの事だ。他方新聞は、総司令部の指令による追放範囲の拡張が行われ、地方的にも又新聞界にも追放は徹底的に実現せらるると報じている。
憲法実施に際してマッカーサーは祝詞的メッセージを日本政府に送り、民主憲法実施記念に当り日本国旗を日本に返還することを宣言し、国旗を国会、裁判所、総理官邸及皇居に掲揚することを適当と認むる旨発表した。成る程日本国旗はこれまで完全に奪われていた次第である。日本人はこの屈辱の意義を胆に銘じて忘れるべきではない。戦敗によって見出した自己の正当な進路を今後力強く履《ふ》み出して行かねばならぬ。マッカーサーは右手に剣、左手に秤《はかり》を以て日本民族に臨んでいるのである。日本は速に平和条約を得て、降伏によって見出した自己の進路を誤りなく進んで行かねばならぬ。

国防なき国家は二つの世界の闘争時代において果して独立国であり得るか、如何にして自己を衛り得るか、武力なき民族の防御力は結局民族的精神力によるの外はない。

新憲法は主権在民の主義を正式に認めた。国民は自己の責任において総て行動することとなった。これがために国民の責任感を喚起することが、最も必要なる前提条件である。

民主憲法は日本国民に前例なき重大なる任務を課したものである。

去年のメーデーは赤色で政治的であった。今にも赤化革命が勃発するかと思われた。主役者は徳田〔球一〕や野坂であった。マック司令部は側から見て極力これを扇動するが如くであった。本年のメーデーは労働祭であった。マック司令部は極力共産党を抑圧した。

選挙も知事選挙から参議院衆議院及地方議会選挙総て米国式で、四月から五月にかけて次ぎ次ぎに行われた。社会党は進出して衆議院で第一党となった。自由、民主党は接近して相続いている。政局は新憲法の運用により恐らく社会党中心に動くものと推測される。

日本の選挙も政治も総司令部の指揮棒の動くがままに動く。国民に自主性のない情ない事であると共に、大局から見て常識でもある点は頼もしい点とも称し得る。これから落着いて真剣な政治実現に志《こころざ》さねばならぬ。新憲法に関連して戦時不遇であった幣原、吉田、芦田、金森〔徳次郎〕の諸氏が新日本の建設に当っているのは愉快である。

　モスクワ会議は成功せずして十一月のロンドン会議に持ち越された。五月二十日から京城で朝鮮問題が米ソの間に取り上げられる。米ソは互に武力を蓄積しつつ、表面を弥縫《びほう》しながら進まんとするものである。

　印度統一にはモスレムの反抗が強く、パキスタンの独立は止むを得ない様である。蘭印においてもジャワ西部は、独立統一反対の運動が初まらんとしている。亜細亜が解放の時機に臨んで亜細亜にその用意の整っていないのは残念である。亜細亜民族に対しては世界の平和を西洋諸国と共に分担し得る実力を身に著《つ》ける様に、その反省と努力とを促さなければならぬ。支那も同様である。日本は宜しく思想的に、文化的に、科学的に又経済的に政治的に、亜細亜の燈台となる心掛けで進まねばならぬ。

　巣鴨は益々冷たい。

五月四日　日曜日　後晴　浴　遊歩あり

　天寒く、長野県松本市には積雪あり。四、五十年振りと報ぜらる。

　巣鴨の遊歩場で別々の鉄条網の中で、グループ、グループの戦犯者が鶏か豚の群の様に沢山動いている。ピストルと棍棒とを持っているM・Pが厳重に監視し、互に遠くから手を振って挨拶を交換することも許されない。

　世界はすでに回っているのであるがここは旧態依然たるものである。

五月五日　月曜日　晴　遊

　五・五記念日、即第一次上海戦争停戦協定調印の日。法廷では第二次上海戦争に関連してこの協定が論争されているのは偶然でない。

日高信六郎大使

法廷では支那事変の第四段階、作戦、空襲、等の弁護挙証があって、証人が七名も出たが反対尋問もなく一瀉千里《いっしゃせんり》書証は殆ど全部却下された。日高大使〔信六郎・南京大使館参事官〕出廷、南京事件に関して松井大将のために有利な証言を行った。

新聞には憲法実施記念日の状況が出ている。雨と寒風の中で沢山の人出があった。陛下の御出席に対して、群衆の熱狂的万歳は大内山に轟いた。これが真の日本である。君民一体、挙国一致で敗戦後の将来を興さねばならぬ。国亡ぶる時は民主憲法も亡びる。国民は責任を自覚して自ら事に当らねばならぬ。外国の支配の下に生活することを意に介せぬ様な国民は亡国民である。

アーサー・S・コミンズ・カー次席検察官（英）

五月六日　火曜日　晴　浴　東郷病院より帰来

法廷、支那中支方面作戦、南京攻略、空爆、漢口残虐否認等に対する証人約十名出廷、書証は多く却下さる。

五月七日　水曜日　雨　浴

法廷、漢口攻略を中心として、数名の陸軍証人出廷し、畑元帥のため有利なる証言を行う。法務関係に付大山法務官再度出廷す。コミンズ・カー検事反対尋問にて検事側の証拠文書をもじって証人に示し、ローガン弁護人の逆襲を喰い醜態を暴露す。本日は書証殆どなし。

本日の米通信によればキーナン主席検事は五月末に帰任し、A級裁判は引続き財閥関係や第二A級戦犯を起訴することとならんと報ず。

五月八日　木曜日　曇

法廷、南支における軍事行動（漢口、長沙、桂林）について陸軍の証人八名出廷。ローガンよく検事を圧して、書証（司令官の軍規命令）を提出することに成功した。畑元帥のために極めて有利なる材料である。

支那問題は汪政権関係を残して全部終了するも、書類間に合わず、月曜より金曜日まで休廷となる。

本日開廷に当り裁判長は弁護側に対し、証拠提出を簡潔にし、弁護を縮少すべきことを厳達した。本日は裁判長は常例となっている「公平なる裁判」を敢《あえ》て口にせなかった。

五月十日　土曜日　晴　遊

本日のK・Pは木戸（前内府）だった。彼が食事を運んで来てくれた。妙な生活である。彼は食事を机の上に置いて
「オイ、また、三階が二人殖《ふ》えたよ！　昨日横浜で判決があったらしい」

と溜息をついた。

吾々のK・Pが一階上に居る死刑囚に食事を送る役目を命ぜられているので、死刑囚の数が十八名から二十名に今日から殖えたことが直ぐ判ったのだ。新に死刑の宣告を受けたのは、マニラから門司に至る俘虜運送船鴨緑丸船上の残虐行為のためであると云われた。

五月は杜鵑《ほととぎす》の鳴く時である。奥湯河原を思い出す。

南京の黄鸝《うぐいす》の声は忘れ難く、又英国の緑野《りょくや》千里は屢々念頭を往来する。

五月十一日　日曜日　午前遊　午後浴

東郷、平沼両氏が病院から帰って来ての談によれば、病院の取り扱いも前と違った厳格振りで、両氏は他の九名の人々と一緒の室に入れられ厳重なM・Pの監視の下に起居した。室の外にある便所に行くために一々許可を得る必要があり、監視兵によっては仲々許さないので閉口したとの事であった。一躍老人に見える東郷氏も今日は皆んなと元気に散歩していた。

五月十二日　月曜日　雨　浴

法廷、盧溝橋事件の検事側の証人米国駐支陸軍武官補佐官バーレット大佐（当時少佐）の証言に対する弁護側の反対尋問が神崎弁護人〔畑担当〕によって行われた。証人の態度は曖昧であった。次で南京事件について、松井大将参謀中山氏〔寧人少佐・中支方面軍参謀〕の証言に対してサットン検事の尋問があった。

本日裁判所で一つの事件が起った。裁判長が弁護側はソ連段階の文書を判事側に提出することを拒絶していると非難した事より生じたのである。裁判所に提出する文書は前以て判事は勿論、検事側、弁護側に写《うつし》を提出することが要求されている。支那段階を終って、ソ連段階に入る冒頭陳述の内容をソ連側はやきもきしているので、成るべく早目にこれを見たい訳であるので、裁判長にこれを訴えたものと見え、裁判長は直にこれを取り上げて弁護側を非難したのである。遅く入廷したブレークニー弁護人は直に立って右裁判長の非難は如何なることを意味するや、聞き捨てならぬと云う態度を示した。裁判長は、少く共一人の裁判官（明にソ連の裁判官）は冒頭陳述において弁護側

中山寧人少佐

が敵国の日本の宣伝をなし、同盟国の一員たるソ連に対して誹謗的言辞を弄することなきやを懸念していると述べた。ブレークニーは憤然色をなし、自分も冒頭陳述の一部作製を担当しているが、何が適当の陳述であるかは弁護側は責任を以てその作成に当っている。もし裁判所がこれを不当と認めるならば自分等を裁判所の侮辱罪に問えば可なり、然るに事前に斯る総括的の非難を加うるは何を根拠として行うものなりや、斯る事は自分等の最も憤慨する所である。検事側の冒頭陳述に対しては、陳述直前若くは同時にこれを配布することを許し、時として陳述に問に合わなかったこともあると逆襲した。裁判長は一言もなくただ有耶無耶の態度を取るの外はなかった。ソ連に対する世界的空気の悪化から、東京裁判において弁護側がソ連検事の態度を真似て反ソ宣伝をすることを恐れたのである。

裁判は頻りに急ぐ様である。米国の対ソ態度が尖鋭化すればする程、戦犯問題も早く片を付けたいという風に認められる。然し、斯る問題には拙速は最も危険な事である。ドイツにおいては新に軍人と実業家（化学工業等）の多数が、戦犯として裁判に回された。日本に対しても同様第二次A級裁判が用意されて、キーナン検事も不日帰任すると報ぜられている。支那では磯谷《いそがい》中将〔廉介・第十師団長〕等に対する戦犯裁判が進行中だとの事である。

法廷では家兄蔟《あつむ》の慰問を受けた。兄の様子は変ることなく元気な温容であった。子供の時より一緒に育った兄弟が誰よりも話し易い。兄に出会うことは最大の慰安であった。

巣鴨に帰って見ると、独房内の畳まで引っくり返されて検査され、埃だらけである。日用品まで持ち去られた。漸く雑巾でふいて食事の出来る様にした。

五月十三日　火曜日　晴　浴

法廷

今日の星条旗紙には、昨日の法廷の記事として「ソ連を侮辱の恐れを抱く」とか「裁判長は弁護側が非協力的であると云う」とか、裁判長とブレークニーの応答を報導し、ブレークニーの勝利と記し、署名入りで第一面のトップに載せた。別に不都合な記事ではなく、注意深き記事であった。然し裁判長は、今日の法廷開廷の劈頭これをとりあげて、裁判所の記録を引用して、この記事は誤謬《びゅう》であると云い、結論として、もし占領軍の公式の機関が斯くの如き態度に出ずるならば、自分の国の政府は、自分をこの地位に任命せざりしならんとの、相当長文の声明を朗読して、日本語にも同時通訳せしめた。ウェッブは非常に疲労している。

法廷は南京事件について、中山（参謀）証人に対するサットン検事の反対尋問あり。南京占領当時の国際安全保障委員会よりの連日の抗議文に対する処分を問い詰められた。

次で出た河邊（元参謀次長当時課長）証人は支那事変全般に対する膨大な口供書を提出し、当時参謀本部の抱懐した国際情勢とその見透し及各国に対する参謀本部の考え方から支那に対する作戦計画に至るまで詳細に陳述し、事件の局地化方針を強調した。コミンズ・カー英検事は例によって皮肉な言辞を弄して、陥穽《かんせい》〔落とし穴〕的論法を以て、各方面から深刻な質問を浴せ幾多文書を提示して証人に確認せしめ、単純な証人の頭を利用するに余す所がなかった。

法廷には篤が久し振りに華子と共に来て、最近の状況を報告した。ソ連より帰った高橋が初めて顔を見せて種々と事情を報告した。モスクワにおいてG《ゲー》・P《ペー》・U《ウー》の無法の尋問に遭った顚末を述べた。

五月十四日　水曜日　晴　浴

法廷、河邊（中将）証人の反対尋問（カー検事）を終って、阿片の輸送問題について海軍側の証人一、二出廷。それからファネス弁護人の受持として、南京汪精衛政府の段階に移ったが、準備整わず休廷後、石原《いしわら》〔莞爾・関東軍参謀副長〕（中将）証人の出張尋問報告を聞くこととなり、担当ニュージーランド判事の報告（裁判所書記朗読）に次で、石原の口供書をマタイス弁護人〔板垣、松井担当〕朗読す。

五月十五日　木曜日　晴　浴

ノースクロフト判事の石原尋問報告の後、マタイス弁護人の石原口供書朗読あり、次でダニガン Dunigun 検事の反対尋問の問答朗読あり、午後に入った。判事の態度は公平であった。

次で支那段階の最終、汪政権に関する挙証に入り、ファネス弁護人が立った。汪政権が日本の傀儡でなかった事を証明するものである。

先ず証人として清水董三《とうぞう》氏（大使館参事官）出廷、清水氏は汪主席が政府組織前、東京を訪問して日本側主要人物と会談した際に、通訳に当ったのでその状況を証言せんとするものであった。サットン検事の異議に拘らず、口述書は受理された。汪主席と平沼首相、近衛国務相、米内海相、石渡蔵相、有田外相との主要会談所載の外務省文書は何れも証拠として受理された。汪精衛は孫文の三民主義と大亜細亜主義とを基調とし、共産党の破壊運動を阻止し、独立自主の新支那を建設せ

フロイド・J・マタイス弁護人

清水董三大使館参事官

んとする目的を以て行動した事を披露し、日本側はこれに賛意を表しその成功を祈って激励したものであった。尚清水証人は「同生共死」と題する南京政府の執務資料（訳文）を確認した。これは汪政権の施政方針、綱領及汪氏及その他の施政演説を集録したものである。清水証人の反対尋問は行われなかった。

次でファネスの提出した影佐《かげさ》中将〔禎昭・梅機関長〕の口供書は同人の病状が反対尋問に堪《た》ゆるに至る時期を俟ってこれを受理することになった。

ファネスは「同生共死」からの抜粋を証拠として提出したが、検事側の異論あり、裁判長は休廷を宣して裁決を明日に留保した。清水証言によりファネスはすでに半ば成功したと云って差支えはない。

五月十六日　金曜日　晴

法廷、裁判長は昨日の懸案たる「同生共死」の抜粋は更に良き証明方法を見出す場合には、これを挙証することを条件として受理することを許したため、ファネスはこれに基いて汪精衛の思想、南京政権の独自性を次ぎ次ぎに立証した。ファネスはここにおいて完全に本段階に成功した。汪氏の思想は「反共」によって支那の破壊を救い、日本との妥協によって東亜を救い、斯くの如くして支那の独立と領土保全とを全うし、亜細亜の共栄に進み世界の平和を齎《もたら》さんとする慷慨淋漓《こうがいりんり》たるものであって、思想家、文化人たる彼の堂々たる文章及演説が法廷に展開された。彼の思想に共鳴する日本側の態度も明瞭となるに至った。

本日は恰も汪兆銘の霊が法廷に蘇った様な気がして、大東亜会議において東亜の志士が正義と解放とを共に祈った時の情景が目前に出現した。

ファネスの挙証が終ってから、直にソ連段階に入って、法廷はザワめいた。冒頭陳述をなすべくラザレスが立って、満廷は緊張した。これと同時に冒頭陳述は法廷に配布された。ソ連側は勿論、検事席も判事席もまた満員の傍聴席も皆耳を聳《そばだ》てた。

ラザレスはソ連側の提出した証拠の不完全にして、その証人は反対尋問に晒されざる不完全なものであるとし、日本側においては何等ソ連侵略の事実なきに拘らず、却ってソ連側において侵略の事実あり、条約違反の行われたることを指摘した。先ず防共協定は東亜及欧洲を共産党の破壊運動より救済せんとした当然にして合理的なる手段であったことは今日の世界情勢より見、米国の政策に鑑み何人も疑うものなかるべく、又付帯秘密取極なるものも一種の防御的政治手段にして何等非難すべきものではないことを論述し、張鼓峯事件の如きは一つの国境紛争で、日本側に何等侵略の意思も事実もなく而《しか》もその結末は外交交渉によって妥結したものである。ノモンハン事件の如きは元来満洲国と蒙古国との問題であるが、満洲国は敗戦国として譲歩し交渉によって問題は解決している。ソ連の不侵略条約の申込に対して、日本政府が幾多懸案の解決を先決問題としたのは、ソ連がフィンランド、リトアニア、ラトヴィア、エストニア、ポーランド等と締結した不侵略条約の如何なる効果を齎らしたかを知る日本としては当然の態度であり、加之《しかのみならず》、ソ連が最後まで遵守を誓約した日ソ中立条約は単に米英の勧説と云う理由の下に多大の領土的予約に魅せられて破られ、ソ連は中立条約の存在に拘らず日本を攻撃し、満洲国を侵略ししかも宣戦の通告は開戦後多大の遅延を以て行われた、と論じ来り論じ去った。

ソ連の隣接国に対する不可侵条約侵犯を叙述する箇所において、米検事タヴェナーの異議申立があったが、裁判長は陳述を最後まで続けることを許可した。然し中途でソ連判事の要請によって一時休廷が宣せられた。十五分ばかり休廷の後再開冒頭陳述は続行された。

ラザレスの朗読した冒頭陳述は六十七頁に亘るもので、ブレークニーの傲語《ごうご》せし如く理路整然簡潔穏当なものであった。

ラザレスの冒頭陳述に次で、大原弁護人

〔大川担当〕は第一の証人として共産党の活動に関する研究家を出廷せしめんとして、コミンズ・カー検事の横槍に逢い、法廷は遂に早く閉廷して月曜日にその態度を明にすることとなった。

本日は巣鴨に帰って更衣室に入れられた時に椅子の上に置いてあった靴下等が取り去られてあった。平沼男は

「この頃は癇癪に障ることが多い」。

と老人らしく気短かに吐き出した。

五月十七日　土曜日　半晴　理髪

モスクワ会議は終了した。決裂しなかったと云う点が成功であった。朝鮮統治委員会も京城で開かれることになっている。米ソの関係は繋ぎだけは尚とられている。次ぎの外相会議は十一月ロンドンで開かれることになっている。

米ソの妥協は可能であるかどうか。米デモクラシーとソ共産主義とは水と油の如く妥協の余地が有り様がない。問題は米国の国内情勢から見て、再び孤立的勢力が強くなって米国の政策が消極的となりはせぬか、又は国内共産勢力に動かされて対ソ妥協派が擡頭《たいとう》せぬか、更に又米国の経済力が果してその世界政策を支持するに足る力を有っているや否や、弗《ドル》を以て外交を計算する傾きのある米国議会は果して不変の二政党外交を維持するかの諸点である。

最近一週間の現象より見て、米国は明瞭にトルーマン政策を確立して政治的に思想的に且つ又経済的に共産勢力と徹底的に争うことになったと判断し得るに至った。

その最も有力なる材料は、国務次官アチソンのソ連に対する全体主義外交の声明である。彼はトルーマン・マーシャルの対ソ政策を説明してモスクワ会議の失敗に鑑み、米国は今後は他国の態度を顧慮せず、欧洲及東亜の復興安定に欠くべからざる日本及ドイツの経済回復に全力を注ぎ、且つ米国の戦時経済組織を維持して政府の活動を活発ならしむる方針を明にした。米国が愈々全経済力

を使用してソ連勢力に対抗するの決意をした訳である。即ち米国は世界に亘って共産主義に対抗し、国内においてこれが撲滅を期する。それのみならず共産主義の温床を絶滅するために世界各方面の脆弱《ぜいじゃく》なる経済状態を改善する目的を以て凡ゆる経済的助力を供給する。今後は経済的援助が最も重要な政策であるとなし、その政策の宣伝を強化することが力説された。

世界を赤化の禍より救出するために世界的経済復興を目指す米国の新政策は実に偉大な仕事である。これは米国が国力を賭《と》してやるものであって、もしこれに失敗すればソ連の世界赤化の政策は成功するのである。

今度確立せられた米国の世界経済政策は、世界赤化の基礎的原因を排除せんとするもので、ソ連との対抗政策の第一段階とも称せられるべきものである。斯る政策の確立はソ連との妥協政策を一切排除し、ソ連とは飽くまで実力を以て抗争するの外に途のないことを決意した結果に外ならぬ。

トルーマン政策の新方面はソ連に対する全体的外交戦であって、妥協の望みを絶ったものである。換言すれば米ソの角逐《かくちく》が明に初まったのである。

日本の選挙では社会党が第一党となったので、片山内閣が出来そうである。共産主義と見られた社会党の左派も急に共産党との断絶を宣言した。総ては占領軍の指揮棒の方向によって動く。斯様にしている間に日本の民主主義も前進するのであろう。日本を一時攪乱し左翼化した占領軍の当初の方針は米本国の政策の転換と共に中庸を得て来た。日本が戦敗によって時代錯誤の軍部右傾勢力を破壊したと同様に、米国は戦勝によって危険なる左傾勢力を清算し得たことは、第二次世界戦争の大なる賜《たまもの》である。大きく見て戦は敗れて而して戦は勝ったのである。

五月十八日　日曜日　雨

今日からはK・Pが交替、自分の処には広田前総理に代って、畑元帥が食事を運んでくれる様になった。

五月雨《さみだれ》がショボショボ降っている。窓を開くと鉄の網を通してコンクリートの建物で囲まれた庭の唐松（ヒマラヤ杉）の枝が少しばかり見える。雨に洗われたその緑が壁に対して如何にも青い。廊下の掃除のために独房の入口の鉄の扉は閉められた。全部で三畳の室はそれで閑静その物となって、久し振りに自分の天地に帰った様に落ち着いた気分となった。もっとも鉄の扉には、中央に、のぞいて見るだけの監視の穴窓が開けてあるのは云うまでもない。

この幽なる一と時を積み重ねられた寝具――と云っても数枚の毛布と敷蒲団一枚――の上で寝そべって思うままに静かな雨の音を聞きつつ、孤独の小天地に自由の空気を吸いながら感想に耽《ふけ》る。去年の五月雨時は巣鴨に来てから間もなくで雑房に入れられ、他の四名の若い元軍人と一緒に無限の感慨を以て暮した。その当時は殉教者の死を覚悟していた。それで透徹した人生観も自然に湧いて来たのであった。

家族のものが元気な顔を見せ飽くまで「正しきもの」の信念を物語って行った後は冷たいコンクリートの中でも温かさを感ずるのが常であった。

五月雨と云えば、戦争の末期に自分が職を去って、日光山内の諸戸《もろと》別荘に疎開した時は妻の父林市蔵老も一緒に暮すことが出来た。静かに戦争の状況から世界の動きを見て、一日も速に戦争を止めねばならぬとやきもきした時であった。

日光の五月雨は陰鬱であった。老父はある日の散策から見事な卯の花を手折って帰って来て自分が当時寝ていた室に挿してくれた。卯の花と杜鵑《ほととぎす》とは昔から付き物である。

その時の老人の句はおしくも忘れてしまった。日光の杉は見事であった。実に日光山内は杉に圧倒されている。

孤独と閑静とは感傷を生む時である。鉄窓《てっそう》の中に居ながら、子供の時に父母の膝下にあった頃の事にまで想《おもい》はとりとめもなく及んで行く。子供心になる回顧は何となく楽しいものである。

五月十九日　月曜日　晴　窓より日光入る

読経聞ゆ。毎朝の事なるも、裁判の進行と共に異様に聞ゆ。震える声は松井大将の室より、激しき声は鈴木中将の室より聞ゆ。

最近は米兵で日本の国旗を持って来て、署名を請うものが多くなった。終りが近づくと彼等も思っている様である。一般に獄兵の最近の態度は宜しい。彼等の中には、何故に我々が斯くの如く取扱われなければならぬかに、疑惑を表するものもある。

法廷、金曜日に大原弁護人の要請した証人及文書は却下された。その後に立ったカニンガムは防共協定の背景をなす幾多文書を提出したが、その大部分はこれまた却下された。彼は文書提出の理由を説明すると共に、裁判長と渡り合って大活躍をなした。彼は裁判長が弁護人に対し、検事側に対すると異《ことな》りたる取り扱いをなすことに対し詰問し、弁護側の提出する最善の証拠を却下する理由を明示せよと要求した。裁判長は東京法廷は国内法廷にあらずして、戦に勝った連合軍の国際裁判であるとなし、ソ連段階となって法廷の態度は一層露骨となった。ソ連検事ワシリエフ将軍はカー英検事と共に交々《こもごも》立って、カニンガムの提出する文書に対して異議を申立てた。

本日より急に暖気を催す。目かくしバスの窓も一寸《ちょっと》ばかり開けられた。雨後の気持の好い風が二十五名の顔を撫でて車内は片山総理評や芦田総理評がはずんだ。

五月二十日　火曜日　晴　浴

米軍は早くも夏服となった。

法廷、カニンガムは防共協定は対ソ関係を考慮したにも拘らず、ドイツの対ソ不可侵条約の締結によってその考え方は中断せられたもので、防共協定と松岡の三国同盟とは無関係のものであることを指摘した。

本日は午前中より、張鼓峯、ノモンハンの国境紛争問題に移って、第一の証人として橋本中将（元参謀本部第一部長）が出廷して、当時の支那事変における漢口作戦、徐州作戦等の軍事状況を解説し、我軍備の不完全なることを説明し、到底ソ連と事を構うるの不可能なる状態にあった事を説き、ソ連は当時五年計画を実行し、極東に二十万の大軍と共に、二千の飛行機を準備し、その実力は遥に我関東軍の上にあり、常に国境に対して積極的態度を持していたことを証言し、張鼓峯及ノモンハンの両事件はソ連軍の国境侵犯により発生した衝突であって、何れも外交交渉によって解決したものであることを述べた。反対尋問はスミルノフ大佐〔ワシリエフ検察官代行〕によって行われた。

庭のつつじの色を見て日光を思い出した。

五月二十一日　水曜日　曇

法廷、張鼓峯問題に対するファネスの挙証順調に進行、証人に田中隆吉当時の砲兵連隊長が現われた。

田中証人を出すことは被告及弁護側に多くの異議があったが、我が柳井弁護人は断然これを押し切った。

佐藤、武藤、橋本の三被告は田中証人を忌避しその証言に不参加の態度を明瞭にしたがこれは無理からぬ事である。

五月二十二日　木曜日　雷雨後晴

法廷、田中証言続行。張鼓峯衝突当時の情景を述べ、国境線について日本側の主張を証言した。次で外務省文書について文書課長磯野〔勇三〕及林〔馨〕の両氏が出廷した。

ファネスは進んで文書の提出に入り、張鼓峯に関する重光、リトヴィノフ交渉筆記としてソ連検事の提出した所謂リトヴィノフ日記の中から、ソ連検事の朗読を省略した箇所を英訳（三浦公使の手に成る）せるものを朗読しつつ、重光大使（記者）の主張した処を明にし、第一回と第二回の交渉の内容を読み上げ、その間当時モスクワ駐在米国大使カークの報告電報を書証として提出し、ソ連検事の激烈なる反抗に会った。その書類はカーク代理大使がリトヴィノフ自身がカークに対して日本は積極的に侵略の意思はないと述べた事を本国政府に報告したものであった。ソ連検事ワシリエフ将軍は躍起となってその受理を妨害した。

ファネスは、被告を侵略行為のため殺人の罪に問わんとする国の直接交渉に当った中心責任者が、訴追国の他の一国の代表者に対してなしたる言明を証拠として受理することなき時は、法廷の重大なる過失となるべしと詰め寄ったのは激しい場面であった。

張鼓峯は記者にとっては宿命の山である。

本日は天候異変、雷雨頻りに至り、雨中をバスから下りて獄舎に帰った。

本日法廷閉廷後に直にファネスは面会室の網戸の処に明るい顔を見せて、私の賛辞を微笑を見せて受けた。

張鼓峯事件はこれで三度論駁せられて、三度世界を騒がす。宿命の山なり。法廷ではリトヴィノフとの激しい交渉が巻を追うて展開せられつつある。外交交渉によってこの事件を解決した私は有罪となるか又無罪となるか。

五月二十三日　金曜日　碧晴　富士よく見ゆ

法廷、本日もファネスはリトヴィノフ日記を朗読しつつ拠証書類を提出した。リトヴィノフ日記は激しい交渉から、遂に停戦及国境確定委員会設置の終幕に至る度々の交渉経過を示しており、これに関連してファネスは公平なる第三者の見方としてモスクワ駐劄《ちゅうさつ》のカーク米代理大使及東京駐在のグルー米大使等の報告を提出したが、何れも第三者の見解なりとしてファネスの強き抗議に拘らず却下された。証人として松平〔康東〕書記官（在ソ大使館）はモスクワ大使館の手に文書は存在せざることを証言し、張鼓峯の現場情況については三浦公使(記者の弁護人)出席して証言した。ファネスは更に日本外務省の張鼓峯事件調査書を提出して、ワシリエフ将軍の反対に拘らず辛うじて受理せられ、これによって日本側の見解を朗読した。その中にある地図の記号判読のために再び田中少将（隆吉）を出廷せしめた。

ファネス—柳井—三浦—の張鼓峯挙証は大成功を収めた。但し田中証人を利用したことは被告内就中《なかんずく》板垣、鈴木、武藤、橋本等の軍人仲間に反感を呼び起し、板垣、鈴木両将軍は大声を発して非難の言葉を記者に聞こえよがしに叱呼《しっこ》していた。

五月二十四日　土曜日　晴　午前午後二回遊歩

蒲団干しがあった。同室の佐藤賢了中将が例によって世話してくれた。

更衣室に置いてあった靴下等が何時の間にか失くなった。困ると訴えれば主任大尉は何時でも別に配布しようと答える。用紙、鉛筆、状袋《じょうぶくろ》、石鹸等の日用品を要求すれば「明日配布する」と獄兵は云う。翌日も同じ返事である。要求が直ぐ充たされた事はない。それかと思うと思い出した様に先方から歯ブラッシを持って来たりすることもある。

五月二十五日　日曜日　細雨　午前遊　浴

今日の遊歩は建物の間の中庭で行われた。建物の下部のコンクリートに腰をおろし得る場所がある。ここで休息したり、紙製碁盤を持ち出して烏《う》鷺《ろ》〔碁の異名〕を闘わすことも出来る。

平沼老も「最近は煙草を節して腹痛みが大分減った。然し運動すれば又痛くなる」と云って、私と共にコンクリートの上に腰をおろした。他の人々はヒマラヤ杉の庭を動物園の熊の様に歩き回っている。監視兵は庭の入口やその他の要所に配置せられ、二階の窓側から見ているものもある。彼等は多く米国よりの新来者で、学生上りか学校在学中のものもある。禁を犯して、我々に親しく話しかけるものもある。気持の好い純真な青年が少くない。八十二の平沼老は健康のせいか大分気が焦っている様子が見えるので、自分は云った。

「我々の境遇は斯様見えても悪い事ばかりではありませぬ。あなたも長く国政に当られ、世間ではかなり誤解しているものがある。今度法廷で赤裸々に洗われて、如何にあなたが平和のために苦心せられたかと云うことが明かになれば、その誤解はなくなります。それはここに来た御蔭です」

昼食をとる平沼騏一郎元首相(左から二人目)

平沼老はこれに同感を表された。私は更に、

「それに自宅に居て我儘をされれば健康も寧ろ悪くなる。今頃は如何になっていたか分りませぬ。ここに居ればこそ神経の刺激もあり、緊張もあり、頑張りも出来、煙草も節し、運動も適度にと云うことにもなる訳です。巣鴨に来られてから大分肉付きが好くなり、頭髪も黒くなられた。物は思い様考え方、悪いことばかりとは考えられますまい」

談《はな》しをしていると庭の入口に居る監視兵が急に棍棒を振り上げて走った。子鼠が下水管から這い出して来たのを追いかけたのである。不運な子鼠は一撃を受けて倒れた。

この頃は規則厳重で、獄内は静粛である。それでも、食後には詩吟や端歌《はうた》が聞える。今日は細雨、廊下掃除に他の棟から回されて来たB級の一団から好調子の端歌が聞えて来た。それが終ると又口笛が調子高く響く。戦時には勇壮に聞えた流行歌もここでは悲哀その物である。何故か日本の歌声は悲しい。

五月二十六日　月曜日　雨

法廷、張鼓峯は宇垣（大将）証人を残して、本日田中証人とワシリエフ少将との渡り合いで終りを告げて、ノモンハンに進んだ。ノモンハンはブレークニーの担任である。

ブレークニーは一九二四年の露支条約によってソ連が蒙古に対する支那の完全なる主権を承認しながら、蒙古を支配している点を暴露するために北京条約を提出し、ソ連検事の反対に会いたるも文書は受理せられ朗読せられた。

蒙古と満洲国との国境関係及ノモンハン衝突の軍事関係について、次ぎ次ぎに証人を出したが、検事側は口供書を二十四時間前に受取ることを要求し、カー（英）タヴェナー（米）検事これを支持し、ブレークニーは弁護側は検事側より不利益なる立場を甘受出来ずと抗弁したるも、裁判長は遂に検事側の要求を受け入れた。

よって国境問題の証人は後回しとなりノモンハンの責任軍団長荻洲《おぎす》中将〔立兵・第六軍司令官〕出廷、当時の情況を証言す。

太田三郎横須賀市長

五月二十七日　火曜日　半晴　不快

法廷、スミルノフ大佐の荻洲証人反対尋問は半日以上を費して終り、ブレークニーは数種の文書を提出した後、当時の大使館書記官太田三郎氏（現横須賀市長）証人として出廷、東郷モロトフ交渉を中心としてノモンハン外交関係全般に亘って証言した。証人は、スミルノフ大佐が反対尋問において提出した地図が、モロトフ東郷協定原本の地図と符合せざることを指摘して裁判長の注意を喚起し、ソ連側の遣《や》り口の不信を法廷に暴露したのは奇観であった。

五月二十八日　水曜日　晴　浴

法廷、ブレークニーのソ連側攻撃続行。ソ連検事提出の証人の出廷せざるもの殆んど十数名に及び、武部六蔵氏（総務庁長）を除き、喜多、後宮、柳田等の陸軍大中将にしてソ連側は戦犯容疑の理由にて引き止め居るもの多数なり。ブレークニーは強くソ連検事に証人を出廷せしむべきことを要求し、反対尋問を経ざる証言の価値なきを論ず。

笠原（幸雄《ゆきお》中将）証人出廷、陸軍においてソ連攻撃の意なかりしことと梅津司令官の選任はこの趣旨に因《よ》ったものであり、同司令官の統率は能くその目的を達したと証言す。イワノフ検事は、笠原の在ソ武官時代の、ソ連軍の弱勢なるこの際ソ連を撃つべしとの意見書の写真を提出して、本人にこれを承認せしめるが如き苦肉策を弄す。

本日証人準備のため岸信介（元商工大臣）及稲田〔正純〕中将（元師団長）巣鴨より市ヶ谷に同車して来る。稲田中将の談。

稲田中将は終戦当時九州防衛軍の参謀長を勤め、軍の幹部は終戦と共に捕えられ、「真珠湾を覚えているか」と罵られ上殴打せられ石ころの上に長く座らせられ又は電気ストーブにて脚を火あぶりにされたり、非常な眼に会わされ、最初の十日間は丸裸にされ昼夜一物をも着せられず、監視兵が寧ろ気の毒に思いたる位で、彼等は自分等を正視し得ざりし程なりしと。巣鴨においてもA級に対するよりは悪しき待遇を受け居り、今日法廷に来るために急に斬髪《ざんぱつ》を行わしめ、何人《だれ》かの洋服を着せられたとの事である。戦争は飽くまで戦争であるのみならず、戦争そのものは罪悪である。勝者は果して敗者を裁判するの資格ありや。

本日天皇陛下のU・P記者会見談報道せらる。中に米軍隊の長期駐日の御希望目立ちて報道さる。民主々義は日本にも固有のものあり、決して新輸入のものではないとの趣旨を述べておられる。

五月二十九日　木曜日　曇　浴

法廷、笠原中将の反対尋問が続けられた。イワノフ検事は笠原中将が在露陸軍武官在任中対ソ開戦論を具申した文書の写真を持ち出して詰問する。笠原証人はこの文書を承認したが、当時参謀本部はこれを単なる書生論として一笑に付した、と云い、自分自身も日本に帰ってから意見を変えたと述べたが、イワノフ大佐はその説明は証人の信憑性に関係があると云って喰い下った。

ブレークニーは、ソ連の提出した出席なき証人の口供書の中から、弁護側の有利な部分を朗読し、更に参謀本部及関東軍がソ領侵略の企図のなかったことを証明すべく証人（陸軍関係）を出廷せしめた。その一人は長く参謀本部第一部長の職に在った田中新一中将であって長文の口供書を提出した。

金曜日は法廷がないので今日妻が来てくれて、家に別状なく、篤も華子も元気よくやっている事を告げた。

巣鴨はK・P当番が替って広田、荒木組から東條組となった。東條が食事を持って来てくれた。同じA級でもK・P当番で、コーヒーのお替りを御用聞きに回るのが、東條や広田がやるのは何と云っても目立つ。斯様な風変りな事も却って風流である。東條や大島が大騒ぎで熱い風呂水をかき混ぜている光景は、見ていて却って気持の好い事である。腕白小僧の様な格好をして、赤裸々の人間に帰って生死を超越している有様は、誠にすっきりした仙境である。

五月三十日　金曜日　晴　午前理髪

理髪の際鋏《はさみ》をかりて爪切りもやった。伸びる爪を処分することは在獄者の最も苦心する処である。一切切れ物は所持することを禁ぜられているからだ。爪を壁にこすって、摺り減らすことが残された唯一の爪切り方法であった。この日は獄兵の好意で理髪屋の鋏をかりることが出来た。

数通の写真手紙が本日配布された。外からの郵便物は皆写真にして渡される。毒物が手紙に着けられていないかと疑うものと見える。この手紙の中には弟蔵からのものもあり又姪中須建子からのもある。

五月三十一日　土曜日　小晴　午前午後遊歩

入梅（六月十一日から）が近付いた故でもあるか、昨今の天候は出来不出来が多くなった。今日は幸い晴間が多く、気温も丁度宜しい。午前も午後も長時間の遊歩が行われ、煙草の給与も昨日から倍加せられて日に十本の配給が今日もあった。

無論一時的の現象であるが、法廷でも裁判長はソ連検事が、被告を呼ぶのに重大犯人の語を以てしたのを誡《いまし》めて、裁判の決定のあるまでは彼等は罪人ではないと述べた。これは新聞にも報道されたため、外部にも好影響を与えた。巣鴨の吾々の棟には小さい図書棚が設けられて、若干の内外書籍が備えられた。

米国の某国際法学者は、米国は常に日本を挑発して戦争を起す様に仕向けて来た。例の十一月二十六日の米国の提案なるものは、ハル自身も日本の承諾し得ざるものであることを知っていた。日本を侵略国と断定し、個人を戦犯として処理することは、理論上不可能であるから、自分は検事側の顧問として就任せんことを要請せられたがこれを断ったと、某米人弁護人に申し送って来た。

今次の戦争犯罪裁判は、米国がソ連式全体主義的遣り方を採用した結果であって、普通の法理論から見て成り立たぬものである。

日本の総選挙の結果第一党たる社会党が民主党と妥協して内閣を組織し、自由党は社会党左派を排除する態度を持して野党たる地位を選ぶ如くである。総司令部は片山新総理はクリスチァンであると賞《ほ》め、台湾の蒋介石も比島のロハスもクリスチァンであると云った。

六月一日　日曜日　曇　浴

本日は午前午後に亘って遊歩があった。中庭の側のコンクリートの上に腰をおろして、平沼老と共に他の人々が元気に歩き回るのを見ていた。

橋本欣五郎元大政翼賛会常任総務（右）と東條英機元首相

東條や東郷は太平洋段階を前にして、弁護人との協議のため面会室に呼び出されていた。
中庭を動物園の動物の様にぐるぐる歩き回りつつも、その元気な様子は喜ばしいことである。木《き》遣《や》り音頭を踊る様な格好で、尻からげをした南大将は絶えず腕を上下に動かしながら歩いている。星野、佐藤の元気組は、上半身を裸にして肉体美を太陽に思い切って晒している。木戸侯は新しく差入れられたスバラシク立派な下駄を穿いて、颯爽《さっそう》として闊歩している。顔と下駄とが歩いているると冷やかされた。松井は相変らず支那服がよく似合う。荒木は頻りに詩を口吟《こうぎん》したり、剣道の手つきをしたりして、テニス靴で歩いている。平沼老は「広田と東郷とは髪も白くなり、大分老人になりましたなあ」と二人の歩くのを見ながら評されたが、その平沼老はこの頃は肉付きもよく、髪も段々黒くなって来た。南大将も同様である。嶋田海相はどう見てもバランスの取れぬ格好で前進している。落馬のために腰の骨を挫いた結果であるとのことだ。小磯大将も神経痛で歩行困難で、老人組の仲間入りをするため我々の側に腰を下した。武藤、岡陸海両軍務局長は歩きながら佐藤軍務局長を加えて囲碁で自慢の競争をしている。
大島、橋本の両氏は、堂々と詩論の花を咲かせている。主題はこうである。戦時ある朝鮮人が東京に来て、帝国ホテルに泊った時に、給仕女に惚れ込んで、夫婦約束をして朝鮮に旅立ったが、終戦となって、日本人は皆朝鮮を追払われる事となった、その夫人も帰ることとなったが、途中玄海灘で水に投じて死んでしまった。今度その朝鮮人が日本に来て、その婦人の墓を郷里に建てるから、墓に刻むため一詩を賦《ふ》して貰いたいと、橋本欣五郎氏に申込んで来たのであるとの事である。

六月二日　月曜日　曇　浴

　法廷、田中新一証人はイワノフ大佐の尋問に対し、参謀本部の対ソ作戦計画が全体として防御的のもので、受動攻勢の計画なりしことを証言した。次で数名の軍人証人出廷して、同様の趣旨を述べ、梅津司令官の国境静謐《せいひつ》方針堅持の態度を陳述した。然るにここに珍現象が起った。ブレークニーは突然マッカーサー総司令部内の軍事情報部主任中佐ブレークを証人として出廷せしめたからである。証人は満洲及朝鮮における一九四三—四五年に亘る日本の兵力量を四半期毎に挙げて、弁護側の主張を裏書した。この証人の出廷にはタヴェナー米検事より口供書の提出なき故を以て反対があったが、ブレークニーは英語証人の口供書提出の必要なき先例ありと主張し、裁判長は証言の短きことを条件として証言を許したのである。ワシリエフ少将は証人の根拠とする文書の提出を要求し、証人は右は米軍の機密書類に属しこれを公開することは許されぬとて拒絶した。

ホーマー・C・ブレーク米陸軍中佐

　この不意の米人証人が総司令部から弁護側のために出廷したのは法廷に異様の感を与えた。「丸で米ソ戦争だ」と云う声もした。珍現象は極東裁判なるものの複雑性を示すものである。

　巣鴨に帰って更衣検査所でブルーム大尉の訓示(白鳥通訳)があった。水の節約の必要あるこの際、今日の如きは、四名も水栓を開け放しにして出た人がある。又この食糧不足の際にパンを便所に捨てて行った人もある。怪《け》しからんことで、此《かく》の如く協力の心に欠けているにおいては次回発見の場合は厳重な処置をとる。今回限り名前は秘すると云うのである。

こちらから云えば、種々と云い分はある訳であるが、日本人の非社会性は巣鴨では遺憾なく陳列されている。この点では日本人として考えさせられることが多い。水やパンの事だけではない。何をしても人を押しのけて我れ勝ちで、風呂に入るのもそうだ。共同に使う清い上り湯に自分の手拭を突っ込む位は平気で、共同風呂の中で鬚をそったり、石鹸のついた頭を洗ったりして監視兵に叱られる。不作法に我勝ちに他を排《お》しのけて行く遣り方は軍人程ひどい。軍隊生活では斯様に教えてあるのかも知れぬ。廊下でも何処でも煙草の吸がらを捨てる。斯様な悪いことは直ぐ米兵の真似をする。ツバキは到る処に吐く。遊歩の時に半裸体になって妙な服装をするのはまだしも、庭の一隅に代り代り行って直ぐ小便をやる。監視兵の顔は軽蔑の表情に満たされる。こちらでは平気である。別に心から不作法と云う訳ではない。結局、日常生活、習慣の上に社会性がないと云う訳である。七、八十になって最早や如何《どう》することも出来ぬ。然し更に若いものも大同小異である。日本人の不作法と不潔、共に非社会性から来る重大なる欠陥である。これが改良されなければ、日本人は世界の日向に出ることは困難である。

六月三日　火曜日　曇後雨　浴

法廷、裁判長は米人証人の証言を許し、証人たる米総司令部情報主任は我大陸にありし兵力量を説明し、ソ連の手にある日本俘虜の数字よりしてその確度を証明した。ソ連が我が関東軍を過大に計算するのは、日本の侵略意思を指摘するに急なためであり、又ソ連が強大なる日本軍を北方即満洲に釘付けしたることを米国側に誇示せんとしたものである。

ブレークニーはソ連軍の満洲国境侵犯の度数を日本側機密文書によって証明し、又カー検事の異議を押し切って、陸軍側の証人を登場せしめ、梅津の対ソ平静の方針を説明し、更に海軍側の証人を以て戦時ソ連との間に海上における日本の中立違反なく、従って日本側において日ソ中立条約違反の事実の絶無なりしことを証明した。

ブレークニーはファネスの援助により堂々と法廷を圧する慨《がい》を以て挙証を進めている。

六月四日　水曜日　晴　浴

法廷、海軍側証人に次で、文書が提出せられ、日本側が戦時中立違反の事実のなかったことを証明した。次で日ソ中立条約とソ連との関係に入り、ソ連が中立条約遵守の保障を数度に亘って日本側に与えたことを中心として、佐藤〔尚武〕駐ソ大使の口供書が提出せられて、ソ連関係の根本問題に触れて来た。ソ連検事ワシリエフ少将は、ソ連が参戦したのはテヘラン会議やヤルタ会議の結果であって、日本が侵略国であることは同盟国間にすでに定まっていた事である。然るに今日ソ連と侵略国たる日本との中立問題を討議してソ連が中立違反をしたと云う証拠を法廷に受理することは大なる矛盾であって、ソ連を裁判する様なもので、斯る権限は極東国際裁判所にはない。従って佐藤口供書は却下さるべきものであると云うのである。

ブレークニーの反駁は実に堂々たるものであった。被告を侵略の共同謀議者として殺人の罪にも問わんとする訴追国の一方が、寧ろ侵略国である場合に、その訴追を覆す根本的の材料を受理せずして如何にして公平なる裁判は愚か裁判が出来るかと云うのである。

裁判所は長時間休廷して、遂に直接ソ連の参戦に関することは訴追に関係がないと云うことに裁決した。もしブレークニーの理屈を承認すれば、ソ連は中立条約に違反して参戦し、しかも予告なしに満洲に侵入して戦闘行為を行うこととなり、真珠湾の予告なしの攻撃と何等差異のない事となり、直に太平洋戦争の責任問題に影響する。極東法廷はソ連の参戦問題は裁判管轄外とせざるを得ぬ。然しこれがために侵略なりや否やの根本問題について、将来に向って国際正義を確立せんとの抱負を以て設けられた国際裁判所において、戦勝者が一方的に材料を取捨した事は、極東軍事法廷が勝者の一方的軍事裁判たることを遺憾なく示したと云うべきである。

戦時中の駐ソ武官であったディーン将軍は、ソ連がテヘラン会談以前においても戦争参加を提議し又戦争中絶えず米軍飛行士のソ連領内不時着を援助し保護して、中立違反を行ったことを証明せる口供書をブレークニーを通じて提出して来た。

佐藤大使の口供書は一部を除いて受理朗読せられ、如何にモロトフが度々中立条約の遵守について、その廃案通告後と雖《いえど》も条約期限内は必ず条約を守ると保証したことが明にせられた。又これによって米国飛行士の援助については日本側の抗議に対してソ連側は常にその事実を否認していたことが明瞭となった。

今日のブレークニーの法廷における言論は実に極東法廷の圧巻であって、偉大なる法律家 great man from Oklahoma の観があった。

彼の姿の前には検事も裁判長も小さく見えた。

法廷から気を好くして巣鴨に帰った。独房では少き財産中の主要品であるタオルは又持ち去られている。いやがらせのためか、室の中を混ぜかえすものがある。

六月五日　木曜日　半晴

法廷、本日はブレークニーの大立回りの日であった。タヴェナー検事に対する駁論は実に堂々たるものであった。ブレークニーは先ずソ連検事ゴルンスキー公使（外務省条約局長）の冒頭陳述を引用し、又その提出せる証拠書類を再読し、検事側が被告を罪するために暴論の限りを尽し、却って都合の悪くなる時はその所論を変えるが如き無責任なる態度を難じ、もし検察側の所論に聴くが如きあらば、裁判は無意義となるべしと結論して満堂をして襟を正さしめた。裁判長はタヴェナー検事に答弁を促したるもソ連検事遮り出でてその立場を陳弁せんとしたが、裁判長は言論は一人に限るとこれを押え、タヴェナーは休廷を要求して協議の上回答を約す。

　数十分の後法廷再開、タヴェナーはテヘラン会議以後の事は検事側は訴追しておらず、従って裁判に関係なしとてソ連が中立条約を侵した事は裁判には関係がないと主張した。ブレークニーは昂《こう》然《ぜん》として反駁を加え、検事側の首尾一貫せざる、不明瞭にして、不公正なる態度を難詰《なんきつ》し、衡平《こうへい》なる裁判のためにはディーン少将の口供書を受付くべきものであることを論じて余す処がない。裁判所は再び休廷して協議した。

橋本群中将

　開廷後裁判長はテヘラン会議以後参戦に関する事項は裁判外と宣言して、ソ連側の主張を維持した。ディーン少将の口供書は一部を除いて受付けられた。それによっても中立条約の存在に拘らずソ連が如何に参戦を希望し準備していたかが、米国の一当局者から証言せられたのは注目に値する。

　次ぎの幕はソ連検事が前に提出したノモンハンの地図についてであった。ソ連検事の主張する処はこの地図は日本軍中の山縣支隊より鹵獲《ろかく》したもので、これによってもソ連側の主張の通りに国境はなっているとして、その検証のために検事はこの地図の写真を提出したのであったが、この地図その物に記されてある日本語の説明によれば、これはモトモト日本軍がソ連軍より分捕ったものを日本軍が複写して使っていたものであることが判明した。これは地図の様式からでもソ連のもので日本式でないことが明瞭である。ブレークニーは橋本（群《ぐん》）証人〔中将・参謀本部第一部長〕を出廷せしめてこの事実を証明してソ連検事の欺瞞を粉砕した。スミルノフ検事は周章狼狽、この証言を阻止せんとして、地図は単に山縣支隊より分捕ったものであると云うだけのために提出したものであると弁疏《べんそ》したが、ブレークニーの一撃に遭った。

最後にソ連検事はモロトフ東郷交渉の時にモロトフが提出した、日本関東局製作地図を提出して、これがソ連の主張通りとなっていると主張したために（この地図は一九三四年に変更された）又一波瀾を招いた。

ブレークニーの弁論を聞くのは恰も歌舞伎の羽《う》左衛門《ざえもん》を舞台に見るが如し。

六月六日　金曜日　陰雨

法廷、本日は黒星であった。証人矢野大佐〔光二・駐蒙軍調査班長〕は失敗であった。スミルノフ検事は上野の図書館から満蒙の地図を全部集めて来て、関東局発行、冨山房発行、東亜同文会発行の地図を提出して、何れもソ連主張の通り満蒙の国境はハルハ河の東方にあることを指摘して証人を沈黙せしめた。昨日の仇討《あだうち》であった。

午後、ブレークニーに続いて立ったカニンガムが、防共協定関係の補充挙証として提出した文書は約二十通に亘ったが、全部却下された。その内にはリッベントロップや松岡の口供書、日本年鑑やグルー大使、デーヴィス大使の著書、第七回コミンテルンの決議、米国政府の決定、チャチルの演説、ゾルゲ事件書類等があった。

検事室に出入している田中隆吉少将が検事部の消息として伝え来る所によれば、A級戦犯起訴前、ソ連検事は着京と共に天皇を戦犯として起訴することを主張し、米国側の拒否に会い、次でA級二十八名（座席に限りあり）中より阿部、真崎《まさき》〔甚三郎・軍事参議官〕両大将を除き、代りに重光、梅津を入れんことを強硬に主張し、キーナン検事も遂にこれに妥協したるなりと。

六月七日　土曜日　曇　遊歩

本日不図《ふと》目に触れた火野葦平の小説中に、二豊《にほう》地域の事が少からず書かれてあり、昔母の膝下で聞いた大野三重観音の炭焼小五郎の噺《はなし》が出て来て興味を引いた。

独房に対する水の供給が絶えて困った。

六月八日　日曜日　晴　蒲団干し　遊歩二回　浴あり

東條等相変らず裁判準備のために多忙の様で、最近は法廷控室の網戸越しに清瀬弁護人に演説口調で口述している姿を屢々見受けた。板垣の方は喧嘩口調である。

新聞紙上ではハンガリーの赤化が八釜敷《やかまし》くなり、米国は国際連合の問題にすると論じている。ソ連は予定の如く一歩一歩進めているのである。

六月九日　月曜日　半晴　浴

法廷、カニンガムは共産党の問題を蒸し返し、リッベントロップの口供書を却下するは理屈にも、法廷の慣習にも合わずとしてこれを再提出して受理を迫ったが、裁判長は一旦却下せられた文書の再審査を拒絶した。カニンガムはその不当を中立て、その決定は如何なる票決によって決せられたかを反問した。

六月二十四日　火曜日　半晴

六週間の最後的休暇が弁護側の要請によって与えられてから、初めて、弁護側と連絡のために市ヶ谷に行った。途中の警護は例の通り。

裁判所では、裁判長は日米弁護人全部を招集して、裁判進捗方について協議をしたとの事で、その後に、我々被告等と弁護人側との協議会が法廷で行われた。我々は法廷の被告席に着席した。何んでも、弁護人の間において意見の合わぬ事を、被告の意見を聞いて、それによって成るべく一致の行動を取ろうと云う、日本弁護人一部の人の考え方に出た会合の様である。弁護人と被告の全員が会合するのは、裁判開始以来最初のことであった。

鵜澤氏が挨拶して、清瀬氏が立って、毎火金両日に午前十時より十二時まで、斯かる共同協議会を開くことにしたいと発言し、平沼老から謝辞があった。会合の趣旨はよく明かにはなっていないが、記者は万一の誤解を恐れたので、発言して、被告として弁護人に凡ゆる協力をなすは当然の事であるが、被告は日常の境遇から云っても一種の病人であるから、その判断に信頼することは不可能である。協議は、有能なる米人弁護人と日本弁護人との間に行って、その最善と思う所によって決定して貰いたいと述べて置いた。共鳴する人が被告中にも多かった。それで、この会合は自然立ち消えの姿となった。

昼食後に家妻きゑ子来訪。家計の困難な事を綿々と訴うる所があった。然し、子供が伸びるまで何としても頑張らねばならぬ。裁判費用（弁護士事務所費その他）は家財を処分して処弁《しょべん》するより外に仕方がない。もし売却するものがなければ、弁護を放棄するより外に途はない。

裁判長は今朝弁護側に、太平洋段階は三週間、個人段階では各個人二日宛《ずつ》を当て、それから検事の反駁論告十日の割合で、是非共、裁判は本年一杯に済ませたいと云ったそうだ。

今日巣鴨に帰った時は大変であった。何事かあると予感がなかった訳でもない。スワンソン少佐の怖ろしい顔が廊下に出たり入ったりしている。

更衣室から破れたガウン一枚と下駄を穿かされて、長い廊下を階段を下りて、引張って行かれた処は階下の医療室であった。一人一人の身体検査である。先ず頭髪、腕下、股間と毛のある処を仔細に検査する。次に鼻、陰茎、肛門等苟《いやし》くも穴のある処を、或は指先で或は機械で入念に検査し、それから口腔から歯を全部一々手荒く検査し、永い時間を費した上で二階に返され、第V棟に入ったが、今度は室変えで、廊下の反対側に移されて、房内は一、二の書籍初め私有物は全部取り上げられ、P印のズボンとジャケットの上下と蒲団二枚及びバイブル一冊と洗濯物が投げ込まれてあった。

日記等の書き物は引きちぎってある。本日記中欠けた部分は回復出来ぬ部分である。誰れかが口走った――この次ぎはギロチン（断頭台）だと。何と云っても精神的打撃である。

埃《ほこり》の中から引き出して来た蒲団を片付け、古ぼけた二畳の畳をぼろぎれで掃いて清潔にした。漸く顔を洗い体の汗も落した。人生の苦行は天の恵みである。苦行の中でも侮辱に対する忍苦が最大のものであって、時としては死に勝る。この巣鴨生活が、日本のために、人類のために、何物かを生み出さない事があれば、それは不思議である。

韻本も取り上げられた。詩作、和韻も困難となった。

死刑囚が隣の鉄条網の中を遊歩しているのを目撃した。立派な若者共が二人宛手首を鎖で繋がれて、跣足《はだし》で歩いている。その一人は一つの腕がない。袖がブラブラしている。皆P印の囚服を着ている。彼等の若い顔に笑みをたたえて、我々老人組の方をかえりみて会釈したのが印象深く頭に刻み付けられた。

よく見れば手錠はめられ二人宛《ずつ》
跣足で歩くは死刑囚かも

若者の手錠をはめて二人宛
繋がれ行くは死刑囚とぞ

二人宛繋がれ歩く若者の
笑顔の一人は片腕もなし

絞首台に上る日を待つ若者は
人の子なり国の民なり

絞首台を背にして歩く若者は
意気昂然《こうぜん》と繋がれて行く

繋がれて跣足で歩く若者は
戦破れし国の民草

国興さむと戦い抜きし若者の
笑ひで上る絞首台見ゆ

意気高く引かれて行きし若者の
笑顔貴し神の子のごと

笑顔もて引かれて行ける若者を
神の姿と拝みけるかも

六月二十五日　水曜日　曇　遊歩二回

今日ブルーム大尉がやって来て種々となだめ、所持品は全部返す、又衣服も洗濯した上返すと説明して、幾分皆の気持が直った。唯約束が実行せられれば好いがと心配している。

今日遊歩の時に某大将は庭の真中の植木に向って立小便をやった。監視兵は余所《よそ》を見た。

六月二十六日　木曜日　小晴　遊浴

本日午前午後に遊歩あり。中庭のヒマラヤ杉の木蔭に四脚のベンチが置かれた。涼しき風を満喫し得て一同何れも喜びたり。歩くものあり。ベンチで読書に過すものあり、政談を闘わすものあり。何れも好き遊歩なりし。

死刑囚

あまかける**月日**ののぼる**青空**の
巣鴨の**庭**に**絞首台**を
背にして**歩**く**若者**の一と**組**二た**組**
手錠にて**繋**がれて**行**ける**跣足**にて
大和男の**子**の**意気高**く
胸をも**張**りて**此方**にも**笑顔見**せたる
その**姿打**ち**見**る**人**は**目**に**涙**
神の**姿**と**映**りけるかも

笑を**含**み**絞首台**へと**上**り**行**く
若者達はすべて**皆**
人の**子**らなり**国**の**民**なり

六月二十七日　金曜日　曇

市ヶ谷に行く、弁護人に協議のためである。午前十時から十二時まで協議会があった。相変らず不得要領《ふとくようりょう》なもので、斯様なことに関する日本人の無能力振りを遺憾なく示した。

きゑ子来訪、家状に異状なし。

ファネスの差入れてくれた六月二十三日発行のニューズウィークに、初めて現われたマッカーサー司令部に対する批判が載っている。その要旨マッカーサー司令部の日本管理政策の成功は表面的のことで、真相ではない。日本は今日経済的崩壊に瀕しており、これを支うるためには速かに平和条約を締結し、貿易を復活し、五億乃至十億のクレジットを設定する必要がある。司令部は共産的理想主義の実現を信条とし、何処にも見られざる理想的民主主義を実現せんと企て、過去の有能なる人間を全部追放して、新たなる国を建てんとしつつあるが、新たな分子は国を建つるの実力なく、しかも過去の親米主義者を敵とする結果となり、日本を漸次敵側に押しやりつつある。ホイットニー少将以下何れも多年のマッカーサー配下であって、杓子定規に捉われて何等得る処のない独善政治に耽《ふけ》っている云々。

巣鴨はその非政の縮図とも云える。然し米国は斯る批評を公刊せしむる所に力を有っている。兎に角、その云う処は正しい、米国が日本占領政策に根本の変更を加えねば、日本の経済は崩壊し、国民は無力化し、識あるものは赤化し、雷同性に富む一般国民はこれに追随しソ連勢力の温床となるべし。

六月二十八日　土曜日　曇り　遊歩なし浴あり

新聞報道によれば、華府極東諮問委員会は戦犯有罪者の財産没収を行い得ることを指令したりと。新しき事にてはなきも家族制度の日本にありては罪三族に及ぶ遣り方である。

米ソ関係の峠

一、ソ連は国連機構内において最大限度にこれを利用してその権益を拡張した。最早これ以上は米英勢力と衝突せずしてはその目的を達することが出来ぬ。ソ連はその縄張りを拡げるだけ拡げたのである。これ以上拡げることが出来ぬと知って、今度は縄張りの内がわを堅めることに着手した。東欧の共産化がこれである。

ポーランドに次でルーマニア、ブルガリア、及ユーゴスラビア何れも赤化された。バルカンの大半が赤色となってトルコ及海峡問題が危くなり、これに対抗するために、米国は英国に肩換りして希土《きと》〔ギリシャ・トルコ〕援助のトルーマン政策に乗り出した。これによって赤化勢力との均衡をバルカン方面に取ることを得た。

ソ連のためにルーマニアには、パウケル、ブルガリアにはディミトロフ、ユーゴスラビアにはチトーが居る。ソ連はハンガリーにおける小地主党ナギ（Nagy）政府を転覆して共産党政府を樹てた。米英の抗議は固より一蹴した。ベルリンでは全独共産党政府樹立の計画は進められ、オーストリアにおいては、ナチ財産没収の名目を以て占領地内の工場撤去が行われると共に、共産訓練が実行されている。赤化のスローガンは常に特権階級の打倒と民族運動の支持とである。汎《はん》スラブ運動、アラブ運動、ドイツ民族運動何れも然り。

ソ連は米英と妥協の外観を保持し正常な外交関係を維持しつつこれを最大限度に利用する。その限度に到達したと見てこの上はクレムリンを中心として実力の建設に邁進する外はないと決心する様になった。

二、米英側はソ連を国際連合の機構内にとり止《とど》め、国際協調に抱擁しつつ共産主義を緩和せしめんと努力した。それがためには出来得るだけの譲歩と忍耐とを吝《おし》まなかった。これ以上は根本主義を放棄してソ連の力に屈するの外ない処まで来た。最大限度の譲歩と忍耐とを以てして、遂にソ連と妥協するの望を捨てるに至った。ソ連との取引きは力以外に道はない。「力には力を以て」と云う方針を打ち立て、アチソン国務長官は「総力外交」（トータルディプロマシー）を叫ぶ様になった。ソ連がその縄張内でクレムリンを中心とする共産勢力を結集する方針を樹てた以上、西欧側も民主総力を結集せねば遂には東欧に力を以て圧倒されることとなる。これがためには戦争に依て疲弊せる西欧諸国の建ち直りに対して、米国は長期に亘り大なる経済援助を与えねばならぬ。

米国の経済援助は無限には出来ない。西欧諸国が反共民主のために自立する努力に応じてのみ与えらるべきものである。即ち西欧諸国の有効なる建ち直りを所期せねばならぬ。ドイツを握るものは欧洲を握る。ソ連が共産ドイツの再建を計画するに対して西欧は如何《どう》してもドイツを西欧民主組織に取り込まなければならぬ。西欧を民主的に復興するために経済援助を与えると云うのがマーシャル・プランである。

三、マーシャル・プランは元来ソ連との妥協を見離したために出来た考え方であるが、もしソ連が尚協力して欧洲復興に参加するならば、これを拒絶する理由はない。ソ連が国際協調に復帰するならばソ連を援助の対象に加えても宜しいと云うのである。

英外相ベヴィンはマーシャル元帥のハーバード大学における演説に響応して、直にパリに飛び仏国政府と協議して、パリに欧洲復興会議を起すことを提議した。この会議に米国も参加して経済援助の方法を講究すると云うのである。会議は六月末パリにおいて開かれることとなった。ソ連及その衛星国たる東欧諸国もこれに参加することとなった。米国国務省経済次官クレートンがパリに来て準備をするとのことである。

ソ連の参加はソ連が米国の経済援助を得る目的のために国際協調に復帰することを意味するものであると米国では喜ばれたが、果してこれはソ連が経済的窮状を脱するためにその政策的方針を変更したものであろうか。或は又パリ会議は米ソの妥協の不可能なることを明にする最後の機会となるのではないか。パリ会議は東西両世界の分岐標識ともなり兼ねない一般情勢である。

四、東方の形勢も当《まさ》に分岐点に達している。満洲争奪戦では国民軍は不利で、四平街《しへいがい》の攻防戦はすでに長期に亘っており、これには共産朝鮮軍も参加しているとの事である。北支一帯は動揺し、蒙古軍は新疆に出撃している。支那の赤化はすでに已定《いてい》の情勢にある。これが朝鮮及日本に直接重大の影響を及すのは必至である。

米国の占領政策は日本を共産化の方角へ追いやりつつある。この占領政策は果して改むるの要なきや。それにも増して、日本自身は自分の方向を判然と自覚して、自ら向う所を定むべきではないか。日本自身の方途も米国の占領政策も今日は分岐点に到着している。

六月二十九日　日曜日　小雨　遊

韻本も約束通りに返されず、詩作に困難す。読み物は牢屋備え付けのものに限定さる。種々考えさせられる。よし裁判が噂の通り無罪になっても、裁判費用も支払いは困難である。一定の生活方法も見当は付かぬ。よく小説に書かれてある悲惨な場面が自分の身の上となっている訳である。売り食いにも限りがある。他の人々とは違って晩婚の自分は子供は幼なく未だ二人共学校に通っている。教育は是非必要である。もし裁判で引っかかれば総ての苦痛は家族のもので背負わねばならぬ。それは正に不可能に近い。然し、人世は切り抜けねばならぬ。生き甲斐ある生活に邁進せねばならぬ。日本の国家民族も同様将来を切り開かねばならぬ。未だ片脚は残っている。

漸く満六十となる自分は健康も宜しい。どれだけやれるかやって見る。若者達よついて来い。

六月三十日　月曜日　小雨　浴　遊

今日衣類を返して来た。ブルーム大尉の斡旋である。書類の一部と白毛布は遂に返って来ない。自由なき身分は云われるままに行動しなければならぬ。要求は固《もと》より希望をも表示してはならぬ。総てそれは無価値で顧慮《こりょ》されない。東洋にある日本では総て物事を中途半端に考えて科学的にやらない。法律観念においても然り。自由や責任観念も中途半端で、物事を有耶無耶にする温情主義が行われる。従って自由の何たるかを理解し、これを尊重し、これを要求することは少い。西洋で「自由」が何故に彼の様に尊ばれ、且つ要求せられるか、これを理解する最も早道は巣鴨の様な西洋人の管理下において自由を奪われた生活を経験するのに限る。自由を奪うことは人格を奪うことである。一方的の意思によって他動的に生活することである。進んで意思を発表することは許されぬ。食事をするも、入浴をするのも、運動するのも、寝るのも皆命令される通りにやらなければならぬ。決して日本的に考える様な中途半端のものではない。維新の政治犯人は禁錮を仰せ付けられたが、相当自由がきいた。希望は決して叶えられない。唯時に一方的に先方の意思によって恩恵が与えられることがある。法廷に行く前夜に独房から引き出されて頭髪をからされるが如きである。

七月一日　火曜日　小雨

今日は弁護士側との打ち合せのために市ヶ谷へ行く日である。

一

巣鴨を離れる一日は仮令《たとえ》極刑を叫ばれる市ヶ谷でも楽しみの一日である。況《いわ》んや最近は法廷はなく、単に弁護側と打ち合せに法廷控所に行き、併せて家族と面会し得るにおいてをや。巣鴨における厳重なる細かい規則の下における機械的の生活にはだれも打ちのめされた形である。

自由を剝奪せられている生活程悲惨なものはない。畳二畳と机兼用の洗面台と腰掛兼用の便器のある独房の中に与えられた衣料寝具を着用し、許された書籍と配給の紙と鉛筆一本とを使用する自由だけが残されている。寝る時は開け放たれた入り口を枕にして頭から上は外から見える様にして臥《ふ》せることが命ぜられている。蒲団が頭を蔽う時は巡羅兵に引っぱがれるのである。監視兵の靴音と話し声は終夜絶えることがない。我々の独房の廊下にゴム製の敷き物を敷いたのは、さもなければコンクリートの上を歩く靴音が余りに高いからである。

獄兵は一切戦犯者と口をきく事は許されない。唯用件のみが話される。我々に親しく談話するものが見付かれば直に適当な処罪を受ける。彼等は便所用紙が欲しいとか、石鹼が欲しいとか云っても「自分は知らぬ」と応えるのが普通である。監視兵と物品の配給係りとは異るからである。彼等の親切なものは「獄吏長に伝えよう」とか「あればあげましょう」とか答えるが、制規によって彼等が配給する以上のものは便宜は計らぬ。斯様に訓練されている様である。自由なきものに対する管理者の態度は命令以外には有り得ないのである。戦争が済んで世界の情勢が激変した今日、何故に巣鴨で日本人を斯様に取扱わねばならぬのであるかを疑う、新来の米国兵M・Pも少くない様である。彼等はそれを時々我々に洩らすことがある。結局は勝敗の差が斯くさせるのである。復讐と云うことならば無意味である。

日本は戦時の空襲で全国に亘り都市が破壊され、何も戦争に関係のない女子供が幾十万人も殺戮されている。広島長崎における原子爆弾は一挙に数十万人を最も残酷に死傷せしめている。この残虐の後に何の復讐があるのか。

俘虜待遇の不満に対しては、マニラでもシンガポールでも、ジャワでも香港、上海、グァム及南京、北京でも容赦なく処断が行われ、極刑を課せられている。死刑の執行せられた数だけでも今日まで発表されたものがすでに数百に上っている。未だ執行せられていないものも多数ある。現に巣鴨で我々の第V棟（独房棟）の三階に監禁されているものが二十数名ある。彼等は室外に出る時は一歩でも手錠を嵌められ、又運動に引き出される時は二人宛鎖付手錠を以て繋がれる。C級戦犯が横浜裁判に通う往復には手錠を嵌められ囚人バスで護送せられる。彼等は未だ判決を受けぬ単なる容疑者である。

我々A級戦犯は室内の動作には干渉は受けぬが、室外は皆監視兵の棍棒による指図に従わなければならぬ。運動に出る時でも入浴の時も、面会所に行く時でも勿論その例外ではない。ただ獄兵が好い態度を以て接して来る時は多くは吾々のサインを希望する時である。巣鴨勤務の最も好き土産はA級戦犯者東條以下のサインであるらしい。日本の紙幣や国旗を出すのが多い。時としては弗《ドル》札を出すものもある。獄兵の交替は相当激しい。彼等をして吾々に狎《な》れる時間を与えぬ趣旨の様である。

新しい獄兵は又新しい気持ちで命令された規則を解釈してこれを厳格に実行せんとする。

独房の手入れは一週一度位は必ず行われる。獄長の意地の悪いのが先頭に立ってやるらしい。乱暴狼藉で法廷から帰って自分の居室が掻き回されているのを見せ付けられて神経は一層刺激される。その都度書き物やタオルやハンカチが持ち去られる。特にハンカチは囚人に贅沢品として禁ぜられている。室は屢々移転せしめられる。一つの房に長く置かぬ方針と見える。

巣鴨大学は冷静な殉教者的の神経を養成する目的のためには最上の学校である。

それでも吾々は法廷に通い、米人弁護人にも連絡が出来るので、余程容赦のある待遇を受けている様である。同じＡ級でも裁判にかかっておらぬ所謂Ａ'級の人々は葛生《くずう》〔能世・黒龍会二代目主幹〕の如き七十以上の老人でも、大臣、大将でも囚服を着せられて号令で検閲を受け、火事の演習もさせられ又時としては使役にも使われているとの事で気の毒に堪えぬ。吾々のためにはブルーム大尉の斡旋で最近遊歩場に当てられている中庭に巣鴨製のベンチや古机が置かれ、棟内には書棚も設けられ、米軍隊で使用した図書も読むことが出来る。

食事は日本政府の支給にかかるものの如く、カロリーは充分であるが、程度の低いものであることは云うを俟たぬ。

二

火曜日と金曜日は市谷に打ち合せのために行く日である。それで昨夜は入浴もあり、鬚《ひげ》そりもあった。それから夏冬の服装の入れ換えと云うので昨日は更衣室に連れ出されて洋服入れ換作業をやった。

今朝例の通りに寝巻姿で整列して点呼を受けて、レツゴで鉄柵の錠は開かれ大廊下に出てＮｏ39の鉄扉を通過して更衣室に入り、それから獄衣を脱いで、所定の釘にかけ、素裸、素足になって一々検査を受けて第二の更衣室に出でここで準備された外出用の服装（吾々は未《いま》だ自分の洋服が外出用としてだけ許されていた）を着用するのである。外出用の服装は各自名前の釘にかけられてある。吾々には靴の紐は未だ取り去られておらぬけれども、靴は勿論一度も磨かれたことはない。洋服も更衣室の壁の所定の釘に掛けっ放しであるが、半歳振りに検査の意味か洗濯されて奇麗になった。下着は毎週洗濯してくれるので確に清潔である。

出発の用意が出来服装が整うてから時間通りに廊下に二列にならばされて、直に本玄関に向って大理石の階段を下る。私には特にM・P一人が付き添う。すべって倒れぬ用心である。

玄関先きにはやがて法廷通いのバスがケンワージー隊長の指揮によって本門から入って来る。ここで巣鴨隊から法廷隊のM・Pに我々は引き渡されるのである。引き渡しの文書がその都度署名される。大切なお客さんの管理に責任の分界を明にするためである。

三

ケ中佐の指揮する法廷憲兵隊と巣鴨隊との対照はおおよそ極端である。

巣鴨の遣り方が極端に悪意に満ちたものでないとしても、不遠慮にして不必要な虐遇の連続であると感ぜしめるに反して、ケ中佐の遣り方は飽くまで親切で、出来得る以上の好遇をも辞せない有様である。日本人は人の仁義には特に感銘が深い。

バスに乗ってから相互の談話も許される。ケ隊長は自ら星条旗紙を多数持参して配布する。自分も我々の談話に加わる。日本語もすでに上達している。彼れは吾々の一人一人に注意していて、常に健康如何を尋ねる。法廷では煙草やチョコレートの分配をやって喜ばせたり、家族や弁護人との定規外の面会を特に斡旋したり、吾々の一挙手、一投足をも見遁《のが》さずして、便宜を計ろうとする。東條に対しては特に気を遣う。ケ隊長に対する一同の感謝と友情とは格別のものであると云って差支はない。彼の仕事の価値は今後日米両国のために計り知るべからざるものがある。彼の如き正義の士を米軍が有することは米国の宝である。彼れは「貴下等《あなたがた》は犯人ではない。自分の関する限り何人も貴下等を犯人として待遇することを許さない」と公言して憚《はばか》らない。彼れは部下にこれを身を以て教えている。戦時日本軍に一人のケ隊長のありしことを聞かぬのを遺憾とする。

ケ中佐はその職務には極めて忠実で、部下の訓練は厳格そのものである。部下兵士に対する態度は父の如く厳しく、母の如く慈愛である。従ってその軍隊は実に立派なものである。その兵はM・Pとして選択された何れも六尺豊かな美貌の青年で、塵一つ着いていない折目正しい制服をつけ、白い手袋を挟み、その動作は型の通り一歩も間違いない様に訓練してある。舞台に出るレビューの兵隊さんの様である。

バスは型の如く前後警衛の無線付ジープを伴って、池袋駅の前を通過して新宿の手前で左折して元陸軍省前に出てそれから地獄坂を上って行くのである。

元陸軍省の建物の本玄関で人員点呼の上十三段の階段（表階段も側《わき》階段も何れも十三段）を上って法廷控所に導き入れられるのである。

今日高橋海軍大将〔三吉・連合艦隊司令長官〕や豊田《とよだ》〔副武〕元連合艦隊司令長官が証人の打合せのために囚服を着せられて我々と一緒に法廷控所に来た。

四

弁護人側からは先ず三浦公使が新聞書籍の差入の雑務から、法廷書類の準備振りについて談してくれ、ファネスは私の支那公使時代の同僚米国ジョンソン大使の口供書について、種々打合せをした。ジョンソンの口供書は私にとって誇るに足るものであった。柳井公使は検事側の所持していた、私の在英時代の往復電報書類を入手したとてその利用方について苦心していることを語った。

昼食後篤が顔を出した。勉強の事も談した。家庭の最大困難に際会して一同全力を挙げてやっていることを話してくれた。華子も同伴したが、気持ちが悪くなり途中から引き返したとの事で、篤は華子が立派に成長したと口を極めて賞《ほ》めていた。

食後の家族面会は今日は休廷中とて特に賑わった。A級戦犯家族は全部来た様だ。

七月二日　水曜日　小雨　浴　遊

中庭の遊歩は寒い位の異情であった。西洋将棋も提供されて、早速白鳥、岡両君が賑やかに試みた。ブルーム大尉は規則の範囲内で出来るだけ理解ある取扱いをすると云っていた。休暇中は成るべく長く中庭で暮すことの出来る様にするとの事であった。

七月三日　木曜日　小晴　遊二回　理髪

午前と午後長時間の遊歩あり。

花園の用意も出来た。涼風樹陰に渡り気持好く過した。平沼老も将棋を試み、鈴木、板垣、星野氏等は花園の仕事に興味を示した。

中庭の手入れと図書棚の設備は大なる慰安である。

七月四日　金曜日　小晴　遊歩二回

今日は米国の独立祭日である。米軍は宮城前で大観兵式を挙行し、マッカーサー元帥の謁見がある。

米国の独立祭は尊い。日本は戦敗の屈辱から、この日の尊い独立精神を学ばねばならぬ。

中庭の遊歩は午前も午後も長時間許された。西洋将棋もやり、花壇作りも行われた。ある人はこの中庭における若干の自由を与えられた生活をエデンの園と呼んだ。

七月七日　月曜日　遊歩午前午後　浴　暑気強し

最近一週間は第二次世界戦争後における、世界平和の決定的週間であった。恐らく、後世史家はその重要性を大《おお》いに強調するであろう。云うまでもなくパリにおける欧洲復興経済組織会議の決裂である。

米国国務長官のハーバード大学における演説に基く米国の欧洲経済救済を実現するための、欧洲経済組織を構成することが会議の目的である。マーシャル演説に対して響《ひびき》の声に応ずるが如く、ベヴィンはパリに飛んでビドウ外相とその考案を練り、先ずソ連を促して英仏ソの三国会議をパリに開いて基礎案を得んとした。ソ連の参加は米英の大に喜ぶ所であって三国会議は六月二十七日からパリで開催されたが、一週間を経ないで完全に英仏とソ連との間は決裂してしまった。モロトフは決然パリを引き揚げた。ソ連は欧洲経済組織を構成する前に、如何なる組織も又経済援助も一国の内政に干与すること能《あた》わず、米国が如何なる条件の下に幾何《いくばく》の経済援助を行うの用意ありやを先ず知ることを要すと主張した。英仏はこれに対して先ず欧洲経済組織を作って、受入れ態勢を整え、以てその必要なる援助要求を具体化することが出来ると主張した。無論これは米国と相談の上のことである。

パリ会議の決裂の重要性は、米ソを中心とする二つの世界が到底調和することの出来ぬことを確認した点にある。二つの世界の調和はこれまで度々試みられたが何時も失敗し、その結果両者の対立は愈々深刻となるばかりであった。米国は反共反全体主義の態度を明瞭にし、政治、経済、思想に亘って反ソの政策をとり、武力の強化に全力を注いでいる。

トルーマン大統領は七月五日ゼファソン旧宅における独立祭日の演説において、最も明瞭に反ソ的演説をなし四ヶ項目を挙げた。

パリ会議にソ連の参加を希望したのはその対ソ政策の緩和でなくして進行途上の手続きであったのである。欧洲問題の決定が二つの世界、二つの主義の勝敗の分岐点である。欧洲を将来民主主義的に復興するや否やの根本問題について東西は決裂したのである。今後は実力を以て争うの外は残された方法は先ず見当らない。二つの世界は明に経済的の実戦に入った訳である。更に進んで何れか一つが倒れなければ事は収まらぬ所まで進みつつある。

七月八日　火曜日　法廷打合せ会あり

例の如く点呼、行列、レッツゴーで更衣室に入り、素裸の検査を受けた。今日は煙草五本の特別配給が裸のまま行われた。法廷行きに煙草の配給とは変だ、何事か起ると思われたが、果して法廷控所に到着するや、ケ隊長は法廷控室で差入れられる米国製煙草は巣鴨には持って帰らぬ様にと幾度か警告を発したるにも拘らず、これに反する人があって、それが巣鴨で発見され事が面倒になり一切法廷控所における差入物は禁止されることとなったと宣告し、米弁護士は煙草もチョコレートも一切今後差入れは不可能となった。白鳥が貰った煙草をいくら注意してもポケットに入れて顧みなかったのである。米国品は一切日本人に支給せぬ規則を励行《れいこう》する訳である。他人の迷惑には頓着せぬのが日本人である。

本日篤も華子も汗をふきふきやって来た。華子は久し振りで学校の夏休みとなってやって来た。調子は好さそうで誠に喜ばしい。篤も元気に見えた。

七月九日　水曜日　嵐模様

昨日より風強く、夜に入り風雨、夜遅く独房外側の窓を閉じて、風を防ぐ。夜警獄兵土足にて無断入り来りて窓を開く。何故に開くやと詰問すれば、廊下を歩くのに暑いからと答う。房を風の吹き通しにして寝るは神経痛に悪く耐え難しと云えば、他の人は苦情なしと答えて納得せず。

ベンウールの小説を読んだ。その内に、ローマの総督がウール一家を捕えて如何にして一日も速かに彼等を自然の死に至らしむるを得んかと考えた末、男は船漕の奴隷に売り、女二人は牢獄に閉じ込めたと云う談を思い起す。然しウール一家の信仰心は遂に彼等の復活を齎《もた》らした。

七月十一日　金曜日　晴　蒸暑し

法廷控所にて、三浦公使と会談。

華子高等学校三年一学期を終えて来訪。成績平均前学期と同様にて不平の様子なり。種々と激励して置いた。学校の報告はバスケットボールに敗けた話、英語の勉強の事等で、篤は本日湯河原に行きたりと。

午後ファネス、柳井両氏と打合す。ファネスは私の降伏文書調印、マッカーサーとの会見（九月三日）外相辞職の前後の様子を興味深く聴取した。巣鴨の居室は又荒らされた。検査したのであろう。

七月十二日　土曜日　小雨　温度著しく下る

二つの世界（六月二十八日米ソ関係の峠の続き）

欧洲復興を議題とする仏英ソの三国パリ会議の決裂は欧洲問題の決裂であり、二つの世界の決裂であり、米ソの決裂であった。ソ連の態度が明瞭となってから、次に来るべき全体的復興会議の正体もすでに明であった。

英仏が七月十二日に召集した欧洲全体復興会議には二十二ヶ国が招請せられた。ソ連も復帰してこれに参加するとか、ソ連勢力圏内の諸国もこれに参加するものがあると頻りに宣伝せられたがその結果は予想通りであった。

一旦参加に決したチェッコ（米国育ちのマサリク外相）もモスクワの注意（首相ゴットワルトGottwald はモスクワ会議に参加し、スターリン会見後電話にて本国政府に指令した）で最後的に参加を拒絶した。参加を拒絶した欧洲諸国は北よりフィンランド、ポーランド、チェッコ、ハンガリー、ルーマニア、ブルガリア、ユーゴスラビア、アルバニアの諸国で何れも直接事実上ソ連の支配下にある国である。参加国中やや特殊の地位を主張するものにソ連と境を接するスカンディナヴィア諸国がある。七月十二日から開かれるパリ会議は英仏を加えて十六ヶ国で、何れも西欧諸国であるから、ここに欧洲は明白に東西両欧に分れてしまった訳である。

　ソ連は西欧の復興は望まぬ。経済的混乱は政治的に赤化の温床として利用せんとするのである。米国は欧洲を資本組織のままに復興して、現時の混乱状態を救い、赤化を防止せんとするのである。思想的にも、政治的にも、而して経済的にも、全く相反せる二つの欧洲が出来上らんとしつつある。歴史上、これ程不幸なことはあり得ない。然しこれはボルシェヴィキ革命以来の当然の帰結である。

　パリ会議の結果出来上る米国の経済援助の具体案については、トルーマンは何時にても議会を再召集する決意であると発表された。

　最近華府で特に注意されているのは外交時報（Foreign Affairs）にXの名前で発表された一文で、これにはソ連はすでに仲間（Partner）ではなくして対立者（Rival）であるとなし、もし米国及他の国々がソ連に対して強硬なる政策を十年乃至十五年継続するにおいては、ソ連の力は解け去る（Mellow）か又は崩壊するであろうと書いてある。これは国務省政策計画主任のジョージ・ケナン（George Kennan）の筆になるものと噂せられていて、米国の政策がこれでも察知し得るのである。

七月十八日　金曜日　晴　遊歩　浴

　パリ会議はすでに常設機構の組織を終り、九月一日までに米国に要求する援助具体案を作製するとの事である。他方ソ連は東欧ブロックの形成に急進している。ギリシャの形勢悪化し、同国は国際連合理事会に移牒《いちょう》した。

　米国ではソ連との冷戦案 Cold War が公然論ぜられる様になった。

　朝鮮委員会の事業進捗せず。

　木戸元内府曰く。

「トルストイの小説を読んだが、ナポレオン戦争の叙述がある。ロシアのモスクワ守備に当っている将軍は凡ゆる非難を無視して、モスクワを焼き払いて、黙々として退却した。非難と怨嗟《えんさ》の末だ収まらざるにナポレオン退却の兆候が見え、この報告を受けた将軍が神に謝《しゃ》するために祈りを捧げる場面がある。日本には大事に当って世間の非難に耐え得る将軍は一人もなかった」と。

又曰く。

「その小説の中に、ナポレオンが退却の際モスクワ焼き払いの責任者として一人の伯爵を捉えて連れ去った。その貴族俘虜の道中姿の叙述があるが、破衣跣足《はいはだし》、その困難は到底一通りではない。それにも拘らず、その貴族は今までの貴族生活から解放され、何物か束縛のなき天地において、自由の空気を呼吸する気持ちを無上に喜んだことが記述されている。自分が、何か知らん息詰まるが如き日々の生活から、巣鴨のどん底生活に落ちて過去の責任から解放せられ、何もかも失って裸となり、何だか自由の空気に生活することを得て大に愉快であるので、このトルストイの小説の場面は特に面白かった」

木戸は今日巣鴨において確かに毎日を愉快に、裁判が如何《どう》なろうと何の未練もなしに過ごしている人である。従って他の多くの人々の様な不平は同君の口からは聞く事を得ぬ。彼れは自由を奪われた自由の人である。

私は丁度ツルゲネーフの猟人《りょうじん》日記を読んでいる。これもソ連革命の源の一つである。

本日は華子が来訪、種々話して行った。学校のことや友達のことが多かった。篤もその他も異状はないとの事であった。

巣鴨では橋本欣五郎氏が一週間ばかりの病院生活から帰って来た。

七月十九日　土曜日　晴　暑気　午後遊歩　入浴あり

米国は日本平和条約予備会議を八月十九日に召集し度しと関係十一国に通牒し、ソ連は四大国の会議を開くことがポツダム会議の決議なりとてこれに反対し、英国はカムベラ会議（八月二十六日より）の都合上延期を申出でた。米国は一と月位延期して押し切る積りの様でここにも米ソの対立が深刻である。朝鮮委員会は全然行き詰まっている。

日本平和条約が成立して、万一米ソ戦争が起って国際連合が多数決で米国に味方した場合には、日本はこれに加わることになろう。国際連合は果して日本を保護し得るや戦場となる日本に自衛権はなしとするや。かつて吉田首相が議会で言明した通り、自衛戦争でも日本は戦争を放棄したとすれば、日本は国際連合の植民地的地位に没落することとなるのであるか。自衛権のない国家は勿論独立国ではない。

天皇陛下はマッカーサー往訪の時にこの問題に触れ、日本は何人が防衛してくれるのであるかを質問した処、マ元帥は国際連合がこれに当ると答えたそうである。この事を米国新聞記者に発表した奥村〔勝蔵〕情報部長は、司令部の要求で免職されたとの事である。司令部は何でも介入し得る。

七月二十二日　火曜日　蒸暑　法廷打合せ会

三浦、ファネス、柳井三氏に順次に会う。

ファネスは支那行きを決意した様だ。

柳井君は検事の差し押えた日本側特に外務省の文書を点検しているとの事である。小磯の弁護士三文字《さんもじ》氏は繆斌《みょうひん》問題を法廷に持ち出さんとしているとの事である。小磯は繆斌問題を何か自己に有利なものと考えていることは不思議と云うの外はない。

華子来訪、時間の限り話をした。学校の事が最も熱心であった。

本日法廷控室でホール中尉 Lt. Hall が氷水を斡旋してくれ、一同非常に喜んだ。

七月二十三日　水曜日　盛暑　遊歩二回

中庭の腰掛も改善され、獄兵の態度も最近は好くなった。新聞にも占領軍は上に行く程敵意は漸《ぜん》次《じ》薄らいで来たと報じている。

七月二十四日　木曜日　極暑　遊　浴

七月号リテラリー・ダイジェストを読む。

中に支那中共軍の事（by Mary Kright）及カナダスパイ事件の記事あり。興味多し。戦時中は支那共産軍は共産党にあらずとする記事は米国に多かったが、今は全然反対となる。乾坤《けんこん》〔天地〕一瞬転なり。

　カナダスパイ事件はソ連大使館より脱出したる電信係より手掛りを得た。パリで脱出した代理大使の事件に彷彿たるものがある。

七月二十五日　金曜日　極暑

　朝蒸し暑く、暑も絶頂と思われる。寝苦しき一夜であった。夜明け頃になっても空気は冷えぬ。

鈴木貞一元企画院総裁

獄吏の喧騒なる談し声靴音に従って聞ゆ。

　朝は鈴木貞一さんの気合掛声ウォーイウォーイ、それからバタバタと各室掃除、それから鈴木さんの読経。声も通り、町の御寺の読経よりも真剣味がある。

　松井大将の観音経は老僧の如き渋い声で読まれる。有難い御経である。

　大島晶山〔雅号〕先生の夕食後の詩吟は抑揚のある美声で、聞き惚れるものがある。

　小磯大将は本日病院より帰って来た。

　法廷では三浦、ファネス、柳井諸氏に会った。

　三浦君は最近、酒匂《さかわ》前大使〔秀一・駐ポーランド大使〕の宅で、来日中のブリット氏（米前駐ソ大使）と会談する機会があった。ブリット氏の著書は米国に重きをなしており、ソ連を徹底的に解説した反ソ的のものである。ブリット氏は戦犯裁判には根本的に反対であり、又、重光氏は心配することはないと思うと述べたとの事である。彼はこれより支那方面を視察して帰米する予定の様である。

八月四日　月曜日　暑気　晴　浴

法廷、冷房装置具合よし。弁護士も検事も総出と云うに、裁判官は漸く定員数を充たすに過ぎぬ。ソ連も支那もカナダもニュージーランドも不在欠席。

太平洋段階に入る。劈頭《へきとう》裁判長はニュルンベルクは検事側が三ヶ月、弁護側が五ヶ月を要した。その割合で行けば東京裁判はドイツよりも十一年も前のことから取扱っているのであるから、検事側は七ヶ月を要したので裁判の終るのは来年の四、五月頃になる訳である。とて裁判の遅延の弁明をやった。

太平洋段階の一般陳述においては、太平洋戦争は日本にとって全然自衛戦争であって、被告は何人もこれを欲しなかったのみならず、これを阻止せんと努力したものもあると述べて、我軍需工業や財政計画が戦争計画ではなかったことを順次に述べた。高橋弁護人〔嶋田担当〕の陳述は余り演説口調で、英語の訳文朗読よりも非常に遅れて調子が合わなかった。

第一部門は経済部門で、ローガンは日本に対する経済圧迫が戦争に至らしめたもので、戦争は経済戦争によって始められたと云う趣旨の長文の冒頭陳述を行って、文書の提出に入った。曩《さき》に検事側の提出した太平洋協会の調書や米国政府発表の調書を次ぎ次ぎに提出して、日本の経済問題、人口問題、産業、財政等の状況を挙証して、戦争の背景を説明せんとしたが何れも却下された。裁判長は法廷の決定は出席裁判官の多数決によるため、裁判官の出席率によって検事の論告の際の決定とは実質において異るものがあり得ると述べた。ローガンは斯くては裁判の公正は保持出来ぬから、裁判官の全員出席を待って証拠提出を行い度《た》しと申し出たが、許されなかった。

浩瀚《こうかん》〔大量〕な書類が全部却下された後、元陸軍省の動員係りをしていた証人が二度目に証人台に立ち、戦争をするためには石油その他主要物資が甚だしく欠乏していた事を述べた。

本日篤がやって来て、売却する不動産及家具の順序方法を協議した。

八月六日　水曜日　暑気

法廷、太平洋段階経済部門ローガンの挙証続く。石油関係証言は岡田菊三郎（陸軍）証人によりてなされ、造船管理の問題に及び長文の口供書を提出した。ローガンの目的とする処は、これら資源の貧弱なるに鑑み、日本は到底戦争をなし得ざる状況にありしことを明かにし、戦争は全く挑発による自衛行為たりしことを証明せんとするものである。日本の工業等凡ゆる部門が戦争目的のために組織せられたりとの検事の論告に対抗せんがために、ローガンは一九三〇年頃よりの、政府当局各大臣の議会に対する製鋼管理、造船管理類似の法案提出の際の説明演説を提出して、辛うじて受理された。鉄を中心とした証言は足立証人〔泰雄・製鉄事業委員会幹事長〕、海軍用石油については岡崎証人〔文勲・海軍艦政本部第三課長〕の出廷を見た。ローガンの挙証は漸く本筋に入った観がある。

八月七日　木曜日　曇　昨夜涼気遠山雨

東北洪水去らず。論語を了《おわ》る。高木八尺《やさか》氏の現代米国の研究を読む。好く出来てあり。

法廷、ローガン弁護人の奮闘に拘らずその挙証は無惨にも全面的に退けられた。米国の輸出禁止等日本に対する経済圧迫の処理によって、日本は切羽つまって戦争手段に訴えた。即ち太平洋戦争は米国の挑発による自衛戦争であったことを立証せんとして、多数の米政府の禁輸命令を次ぎから次ぎへと提出し、これに対する日本政府の抗議、米国政府の回答及グルー大使及米国政府首脳部、陸海軍首脳部が斯る米国の経済圧迫が日本をして戦争手段に訴えしむるに至るべしとの見透しを有したことに関する公文書を提出した。検事側はクィリアム（ニュージーランド）及コミンズ・カー（英本国）等交々立って異議を申立て、裁判長は検事の申分を採用し、自衛戦争であったか如何は裁判所の判断によるものであって、米国側において経済圧迫の結果日本が戦争手段に訴うべしとの見透しを有ったことは、或は減刑の理由となるやも知れぬが、これはこの場合に取り扱わず後回わしとするとて文書は全部却下された。

午後に至りて裁判官は少しく態度を緩和し、米国政府の発令した禁輸令に対しては公的認知を行うと云う立場より一歩進めて、仮りにこれを受理することとし全裁判官が出揃った上にて正式に受理するや否やを決定すると云い渡した。

ローガンは現状におけるグルー大使や米国の陸海軍を含む首脳部の判断が裁判の資料とならざる理由なしとて、これら文書の受理を力説したが、自衛戦争の証拠としても又減刑の資料としても受け付けられなかった。即法廷は自衛戦争を証明せんとする資料はこれを拒否する態度を明瞭に表示したのである。日本の侵略戦争を既定の事実として、これに対する各被告の責任分担を割り振ろうとするものの如くである。

証人として上村氏（公使）出廷。企画院の職責等を説明した。日本の国際経済上の立場を説明すべく出廷した水野〔伊太郎〕公使（前大東亜省南洋局長、前外務省通商局長）は却下された。

大風の余波は午後から驟雨《しゅうう》となり気温は下った。

多数の内外新聞が休暇明けの法廷記事を大きく取り扱い、高橋及ローガンの冒頭陳述の如きは、全文を載せたものが少くない。以前の様に弁護側の主張を罵言《ばげん》する様な態度はなくなった。これも米国弁護人の真面目な態度に対して遠慮した追随思想かも知れぬ。被告等が平気な顔をしているのはストイック哲学の修得のためであろうと書いたものもある。被告は何れも極刑に処せらるる運命に直面していると見て、好奇心を以て被告の態度に注意しているのである。

ソ連裁判官は休暇から未だ帰らない。ソ連政府は対日平和条約に関する米国の提案に反対している。世間では極東諮問委員会からも脱退するのではないかと噂している。

八月八日　金曜日　暑気　朝富士見ゆ

法廷、米国側の経済圧迫法令は引き続き仮りに受理せられ、その他グルー大使の著書及米国議会査問会調書等より日米交渉に対する観察、日本の当時の情況、経済圧迫の結果予想等に関する若干の文書受理せられ、裁判長の態度は幾分緩和の模様である。

天羽君法廷に同行。家族等に面会、用事を達せられた。同君と会談の機ありしを喜んだ。

壽郎鎌倉を代表して来訪。

八月九日　土曜日　暑気猛し

朝タオルを洗面器に入れ居た処、獄兵通りかかり「洗濯物は室にては禁ぜられている」と云う。この兵は蛇《へび》と仇名された男なり。

朝の読経聞ゆ。南無妙法蓮華経、獄吏のK・Pを呼ぶ大声も聞ゆ。

八月十日　日曜日　炎暑　遊　浴

気持好き男らしい暑気なり。市ヶ谷路傍《ろぼう》に向日葵の点々頭を擡《もた》げ、日に対して鮮やかに輝きたるは、花の中の男なり、珍らしく垢抜けしたる気持よき光景なり。

八月十一日　月曜日　炎暑　浴　昨日は九十六度〔華氏〕

法廷、昨日帰京したキーナン主席検事出席す。裁判は、ローガンの自衛戦争挙証続行す。コミンズ・カーは星条旗紙の記事（蘭印における検挙は一九三七年までは検事側において放棄すと）について例の皮肉な語調で抗議す。

ローガン提出の文書は、経済圧迫に対する日本側の抗議一二の文書の外は、次ぎ次ぎに却下せられた後、吉田内閣の大蔵大臣石橋湛山氏証人として出廷したが、経済一般に関する長文の口供書は却下され、財政に関する第二の口供書のみが受理された。反対尋問はなかった。

次でローガンは軍事部門に進んで、自衛戦争を挙証せんとして、米国及その与国《よこく》〔同盟国〕が開戦前幾多軍備を急ぎ、演習及作戦計画をなし与国と協議して対日戦備を充実していたことを、米国政府の発表した外交文書（Peace and War）や議会査問委員会の記録によって証明せんとしたが、単に米国が実行した軍事施設に関するもの数通の外は何れも却下された。ローガンは検事側は日本が戦争に備うるために行った準備又は計画は、何れも皆侵略戦争の準備として受理しながら、連合国側の準備は悉《ことごと》く却下するは公正ならずと抗議したが、裁判長は連合国側は侵略を受ける万一の場合に備えたものであると云って受付けなかった。

　昨日法廷で吾々の係りであったM・P大尉が突然死亡した。その大尉の夫人は二児を同伴して東京に到着したばかりだとの事である。吾々は同大尉の知人としてこの出来事に心を痛めて、隊長のケンワージー中佐に対して一同衷心《ちゅうしん》よりの弔詞《ちょうし》を述べた。

八月十二日　火曜日　連日九十五、六度

今日は暑気最高と感ず。獄中は殆んど裸で過す。冬は左様には行かぬ。

法廷、ローガン挙証続行。米国及連合国側の軍備状況について報道せる朝日新聞の海外通信は全部却下された。米国議会の真珠湾委員会の文書中で開戦に直接関係ある米国その他の軍事準備に関する文書が数個受理された。その内にシンガポールにおいて米英蘭の軍事会議があって（一九四〇年四月）その報告書には、英国はすでに支那においては日本に反抗するためにゲリラ部隊を組織しており、日本に対するサボタージは出来ているとの記述がある。これは戦争開始前にすでに戦争行為を行っていたことを示すもので裁判所がこれを如何に取扱うかは注目せられる。

　ローガン挙証の大部分は却下されたが、氏は能《よ》く奮闘して被告の利益を擁護すると共に自己のプレステージ（威信）を充分に維持した。

八月十三日　水曜日　炎暑

法廷はローガンよりブレークニーに代った。外交部門に入ったのである。

　外交部門の冒頭陳述は、政府より独立した軍統帥部の圧迫によって外交関係は困難を極め、時として政府の知らざる事態が軍部によって作られたことを力説し、日米交渉の終始を一括陳述し、我外交の真摯《しんし》なる態度を叙《じょ》して何等欺瞞（トレチャラス）のものではなかったことを述べたものであった。

　この部門は主として東郷元外相の弁護であって責任が軍部にあることを説明したものであった。

　文書の提出は統帥部の独立に始まってこれを立証する東條口供書の一部を提出した。検事から、これが受理されれば被告の他のものの不利益に利用されて差支ないかとの質問あり、被告中にはこれを証拠として提出することに反対するものが出来、ブレークニーはこれを撤回してその場を収めた。

　ブレークニー提出の文書は外交経過を語るものとして悉く受理された。交渉の最初は米国側が、メリノール派カトリックのウォルシュ、ドラフト両師が陸軍省岩畔《いわくろ》大佐〔豪雄・軍事課長〕や井川〔忠雄〕財務官等と作り上げた所謂民間有志の提案なるものを取り上げたことから交渉は始まる。日米交渉のこの最初の段階程奇怪なものはない。これが松岡外相と近衛首相との背反の直接の原因となるのである。日米交渉は初めより定まった運命を有っていたのである。

　本日きゑ子法廷に来る。汗が顔一杯に出ていた。

八月十四日　木曜日　浴　暑九十五度を超えたるべし

　法廷はブレークニーの外交部門が続行された。日米交渉は近衛日記を中心として米国政府の文書及野村大使、豊田〔貞次郎〕外相の往復電報、グルー大使電報等によりて次ぎ次ぎに展開されて一つも却下されたものはなかった。日本政府の恋々《れんれん》たる交渉振り、米国政府の強硬なる態度を立証する目的である。証人としては当時の外務省東亜局長兼欧米局長山本熊一《くまいち》（前大使）氏が出廷した。

山本証人の証言は東郷擁護なるは勿論で、海軍側（嶋田、岡）ブレナンは異議を申立て、裁判長は被告側に異議があれば個人段階に回わすべきものであると云い、ブレークニーは他の被告が反論を挙ぐる権利を留保して受付くべきものである、これが前例であると主張したが、鈴木、賀屋等も留保をなした。山本証言は全く東郷弁護で相当軍部の気に障る箇所があるらしく、東郷の余りに利己的弁論が他の悪感《あっかん》を刺激している。

今日も男らしい暑さである。京都大阪は百度を越したとの事。

木戸前内府は松岡洋右《ようすけ》氏の日米交渉に対する態度を非難して左の通り語った。

「松岡は渡欧前はソ連と中立条約を結び、又米国との関係をも改善し、支那問題も解決すると云っていた。独ソ戦争が始まるやソ連をやらなければ、ドイツのハーケンクロイツが浦塩に樹《た》つことは赤旗の樹っているより恐しい。北を解決し支那を処分し南を解決する様にしなければならぬ、と云っていた。これらの思想が軍部の思想と共通することとなって七月二日及九月六日の御前会議の決定の中に織り込まれている云々。要するに松岡は支那を合む広大なる日本の勢力圏を東亜に樹立せんことを空想したのである」

八月十五日　金曜日　盛夏

法廷、ブレークニーは裁判長の裁決に依て他の被告において異議ある部分を削除して山本証言を提出することに成功した。

山本口供書は交渉の経過を詳述し関係ある文書を引用している。ブレークニーの目的とする処はこれらの関係文書即ち東京と在華府日本大使との往復電報及米国側の文書等を朗読して、日本政府の平和的努力、譲歩、連絡（最高）会議の経過等を繰り展《ひろ》げ、遂に十一月二十六日付米国の最後的提案に及んでいることを立証せんとするものである。米国は初めから纏《まと》まる交渉でないと考えて方策を進め、日本側の手出しするのを待った訳である。凍結令の発令は即ち経済戦で米国は日本はこれでまいると考えたのである。

本日は、谷元外相巣鴨より同行のことを弁護人で手続することに打ち合せた。在支大使以来、久し振りの面会で、非常に懐しく話をした。大分瘠せた様に見受けられたのは心懸りであった。同君は家族の人々ともゆっくり面会が出来た様だ。又遠からず、斯様にして支那問題等の打合せをやることにする。

笹川〔良一〕氏も同車。そのため私も法廷控所で安岡先生〔正篤・大東亜省顧問〕矢次氏に面会することを得た。

獄兵の態度は大分好くなったが、夜半彼等の喧騒には閉口する。彼等は静かにしろと云う命令を受けている将校の巡視の時は静かにする。静かにしろと云う命令程、若い米国人に実行出来ぬものはない。

八月十八日　月曜日　昨夜雷鳴山雨本日涼し　浴

法廷、山本証人続行。米国の十一月二十六日の提案後、日本側の最後通告に至る交渉最後段階に至る証言を終り、他の弁護人の逆尋問ありたるのち、検事タヴェナーは海軍側嶋田、岡の削除した部分の口供書について質問し、海軍が最後通牒手交時を十二時半より一時に遅らせた点を衝いた。

ルーズヴェルト大統領の天皇陛下に対する親電遅延問題について外務省側より加瀬俊一《としかず》氏〔アメリカ局第一課長〕、宮内省側より松平康昌《やすまさ》〔内大臣秘書官長〕両氏出廷した。外務省及宮内省は共に遅延に関係ないことを証言したのである。

本日ケ中佐はアチソン大使のハワイ行き飛行機が行衛《ゆくえ》不明となったことを知らせてくれた。

本日加瀬君に会談す。

八月十九日　火曜日　気温下る昨夜涼風

法廷、日米交渉に関するブレークニーの証拠続行。証人として、亀山〔一二・外務省電信課長〕は、御親電に関連して外務省の電信取扱振りを証言し、来栖《くるす》

〔三郎〕大使随行の書記官は、華府の日本大使館における外務大臣訓電解読遅延の実状を説明した。

ブレークニーは更に、米国側は日本大使館往復電報の傍受によって日本側開戦の意向を完全に予知していたことを証明すべく、当時の米陸軍省諜報部極東係ブラトン大佐（現マッカーサー総司令部勤務）を証人として出廷せしめ、法廷を驚かしめた。これはファネスとの合作である。

ルーファス・S・ブラトン米陸軍大佐

検事側はこの証人出廷に異議を唱え、裁判長はハーグ条約第三条の要求する開戦の予告について、弁護側の立証が成功しても条約違反にあらざる証明は充分でないとの趣旨を発言し、ブレークニーは長時間に亘りて、先ず検事の所論を反駁し、更に裁判長の言説を捉えて、ハーグ条約解釈上の論陣を張り、法廷希有の大議論を吐いた。裁判長は検事の異議を却下しブラトン証言は許された。ブラトン大佐は、日本が開戦の意図ありしことは大統領初め米国の首脳部は七日午前早々これを知り、陸海軍は太平洋方面駐屯部隊にこれに関して警告を発し居たること、又傍受したる日本の通牒文を開戦の意思表示と解釈したることを証言した。

米国人が斯くの如く真実に忠実であって、正義のためには敵味方の関係も顧慮しない態度は、米国民主々義の強味であって、日本人の大《おおい》に学ばなければならぬ処である。米国人のこの精神力はその大なる物質力よりも更に偉大なる力である。日本の知名の弁護士が、自分は東條の弁護人とはならぬと云って得々《とくとく》たりし記事が新聞に出たが、米人が自己の信ずる処を何人にも追従する処なく表示する態度に鑑みて大なる差異を認めざるを得ぬ。ブレークニーは米国側が日本の開戦の意向を予知していたことを完膚なきまでに証明した。ブラトン大佐は七日朝日本の傍受電報を見たるルーズヴェルトは This means war !と叫んだことを述べた。

ブレークニーとファネスの協力による挙証段階は見事であった。

本日華子来訪種々報告した。

八月二十日　水曜日　盛暑　気温やや下る　浴

法廷、ブレークニー挙証続行。山本証言再開。検事タヴェナー新しく入手した外務省書類を以て躍起となって証人に反対尋問を試む。要するに奇襲を行うべしとする海軍側の意向に外務省が同意したるや否やの点を突くものである。

ブレークニーの再尋問、裁判長の尋問あり。これに対し再度検事の反対尋問あり、半日以上を費す。ブレークニーは尚数箇の米議会審査会の文書を提出して、ハル証言を引用朗読し、日米交渉に関する米国政府の意向を明にし、最後にケロッグ・パクトの自衛権に関する部分を提出し、裁判所はこれに法的認知を与えた。斯くて外交部門はブレークニーの大成功裡に終った。提出されたる百数十通の文書中却下されたもの僅《わずか》に数通、ファネスの協力が与《あずか》って力があった。

山本証言について海軍側被告に苦情が多いのは止むを得ぬ。

八月二十一日　木曜日　気温又上る

昨夜、獄兵余りに喧騒にして無作法、就寝消燈後も遠方より互に高声談笑し口笛を鳴らして騒ぎ寝られず。

法廷、本日から海軍関係に入りブレナン弁護人が冒頭陳述を行った。ロバーツ、ブレナン両弁護人が挙証に入って殆んど全部証人証拠であった。海軍省と軍令部との関係、艦隊司令長官の地位、職務、系統等の海軍部の組織、教育、南洋地域の要塞化問題等について本日だけにて証人十三名出廷内一名却下、反対尋問は殆んどなくして第一日

ジョン・G・ブレナン弁護人（右）とキーナン主席検事

を終った。

　ファネスは来週火曜日出発渡支（上海）との事。

八月二十二日　金曜日

　法廷、谷前外相巣鴨より同行。ファネス渡支に関連し、柳井、三浦両君を交えて終日打合す（法廷欠席）。谷君はファネスに対し、満洲事変前の対支問題より日本の態度及吾々の仕事について説明す。法廷は海軍問題、前在独海軍武官野村〔直邦〕大将等の証言あり、又南洋地域要塞化の問題について検事側に証言を与えたる日本人更に出廷して、検事側の提出した同人の証言は全然事実を歪曲せるものなることを証言したとの事なり。

　篤、友人松室《まつむろ》君同伴面会に来る。妻遅れて来る。妻は明日沼津の老父を訪《と》うとの事であった。

八月二十三日　土曜日　遊歩

　パリ会議終了後。マーシャル案による西欧救済案の出来上らぬ前に、英国政府は経済上の窮境《きゅうきょう》から議会に対して戦時と同様な非常大権を要求し、労働党は鉄工業の社会化を延期して、経済上の難関を切り抜けんとしている。チャチルは政府の要求する所は、独裁政治であると云って反対したが、法案は通過した。英国の専門家は米国に行って新たなクレジットに就《つい》て交渉している様子である。

　印度はヒンズーのコングレスとイスラムのパキスタンの二国に分れることになった様である。エジプトはスーダン問題で国際連合に英国を提訴しており、英国も多難である。

　米国は世界を経済的に支持して共産党勢力の擡《たい》頭《とう》を防がねばならぬ。世界的に共産党の勢力を抑圧することがソ連に対する対抗策である。米国に果してこの経済力があるかが当面の問題である。ソ連は米国の世界的経済政策は失敗すると見て、それがソ連のねらう好機であるとしている。然し資本の蓄積によって経済的援助を他国に与うることが、米国の生産を維持し不況を回避する手段となる。米国の健全なる資本主義経済を保持するためにも米国の世界的経済援助組織の構成が必要である。国際連合の経済部門はこれを担当する様になりつつある。この米国の世界経済政策は次第に活発となる傾向にあって、その成否によってソ連との冷戦の勝敗は定まるのである。

支那の共産軍の勢力は益々強大となり情勢は拾収することは不可能となりつつあり。

ギリシャにおいては米英の態度確乎たるものがあって、隣国共産党の出撃は不可能の有様である。

朝鮮委員会は停頓《ていとん》のままである。

八月二十五日　月曜日　残暑

法廷は海軍関係にて、次ぎ次ぎに証人出廷し、海軍に攻撃の意見のなかった事を証言す。近藤〔信竹〕大将（元軍令部次長）証言の反対尋問に際し、カー英検事、原田〔熊雄・西園寺公望私設秘書〕日記を引用して、重光は、海軍は初めより条約を廃棄する積りでこれでは英国関係等心配に堪えず、うまく風呂敷に包むの必要あり（カーはこの条約廃棄問題を成るべく奇麗に包んで外交的に外国を刺激せぬ様せなければならぬとの趣旨に解して、私が海軍とグルになっていることをほのめかさんとした）と云うのを引用し、又、重光は一九三六年に海軍は英国を攻撃せんとしていると云い、高橋〔是清〕蔵相も同様の事を云っている、これでも証人は海軍に条約廃棄の意向がなかったと云うかと詰問したが、証人はこれを否定した。カー検事の見本的やり方である。

原田日記のこの部分は、検事側の日本訳の誤解から来たものである。風呂敷に包むと云うのは、海軍側の極端な意見を前以て抑えて、日本の政策が破綻とならぬ様政治力を発揮して事を処理して行かねばならぬと云う意味で、海軍の条約廃棄の考え方について元老に警告を発したものである。訳文の訂正をファネスは後で申出でて、これは検事側の認める所となった。

八月二十六日　火曜日　暑気

法廷、海軍問題続行す。ファネスの支那行は延期す。

本日華子来訪、母と共に沼津を訪問したとて状況を報告す。

八月二十七日　水曜日　残暑強し

法廷、今日より陸軍関係に入りブリューエット（東條弁護人）担任す。挙証貧弱なり。

柳井弁護人より、弁護費用枯渇のため充分活動出来ぬ事情を聴取し、何とか工面せねばならぬ。売るものはすでに売り尽くした。ファネス、昨日支那旅行出発に付き準備協議す。

八月二十八日　木曜日　慈雨

法廷は陸軍部門終り、残虐行為部門（フリーマン〔畑、佐藤〕担当）に入る。ブルックス（南被告）の華府において探した浩瀚《こうかん》〔大部の書物〕なる陸軍省日記（重要記録）なるもの証拠として提出せらる。

横浜裁判にて死刑二名。内山中将〔英太郎・中部軍管区司令官〕有罪三十年。

八月二十九日　金曜日

法廷、陸軍側の証人は平気で被告に不利な証言をやる。多分検事から取調べを受けた時言質《げんち》を摑まれているためならん。

妻来る、訴訟費用の事を相談す。妙案なし。ファネス明日出発。

九月二日　火曜日

降伏記念日、本日はまた篤の誕生日なり。立派に成人せんことを祈った。

法廷は海軍俘虜残虐問題の反証で数名の証人と

文書、多くは中央の俘虜取扱規則及命令が提出された。証人は多く軍令部及海軍省関係者であった。比島マニラ海軍司令官の大河内〔傳七〕中将も証人台に立った。海軍の反証は陸軍側の様に不成績ではなかった。

本日、篤、晶と共に来訪、両名に対し訴訟費用捻出のために売る家財を漁《あさ》って相談した。

晶は最近女子を得た喜びを語った。

不起訴と定まって巣鴨収容中のもの十五名、外部にあったもの八名解放されたとあかるい報道があった。外務省関係は一名もなかった。陸軍では真崎大将が目についた。

氏名は

鮎川義介、井田磐楠《いだいわくす》〔大政翼賛会常任総務〕、小林順一郎〔大政翼賛会総務〕、小林躋造《せいぞう》〔大政翼賛会中央協力会議議長〕、菊池武夫〔興亜専門学校初代校長〕、真崎甚三郎、松阪広政《ひろまさ》〔司法大臣〕、岡部長景《ながかげ》〔文部大臣〕、大倉邦彦〔東洋大学学長〕、大達《おおだち》茂雄〔昭南特別市長〕、村田省蔵〔通信大臣兼鉄道大臣〕、太田耕造〔平沼内閣書記官長〕、進藤一馬《しんとうかずま》〔玄洋社社長〕、酒井忠正《ただまさ》〔国維会理事〕、正力松太郎〔読売新聞社社主〕、鹿子木《かのこぎ》員信《かずのぶ》〔大日本言論報国会専務理事〕、久原房之助《くはらふさのすけ》〔久原財閥総帥〕、水野錬太郎〔大日本興亜同盟副総裁〕、中島知久平《ちくへい》〔中島飛行機創始者〕、緒方竹虎〔朝日新聞社副社長〕、桜井兵五郎《ひょうごろう》〔第十五軍司令部付軍政顧問〕、下村宏〔大日本体育協会会長〕、徳富猪一郎《いいちろう》〔徳富蘇峰〕

である。

何処の独房からか、南無阿弥陀仏の異様な念仏声が聞える。獄吏がこれを真似している。

九月三日　水曜日　雨後晴

法廷、陸軍側の俘虜及残虐行為に関する反証あり。本日は主として支那における軍事行動、上海、漢口、柳州《りゅうしゅう》、広東、香港に関係あるものなり。上海については澤田第十三軍司令官〔茂・中将〕三度出廷、反対尋問においてタヴェナー検事はドーリットル飛行士処理問題を引き出し、その（ドーリットル飛行士）裁判は何人《だれ》が命令せしやと反問し、澤田証人は畑が中央の命によりて発出せりと答え、裁判長は仮令《たとえ》中央の命令に依ったものとは云え、国際法違反なれば責任は免《まぬか》るべからずとの意見を述べ、畑の責任を明かにした。畑の弁護人ラザレスは憤然再尋問に立ち、東條口供書をも朗読して畑は中央の命令によって行動したことを明かにしたが、畑の有利には展開しなかった。俘虜の残虐行為に関する問題は最も不愉快な問題である。

　本日ソ連裁判官休暇後に初めて出席した。

九月四日　木曜日

法廷、陸軍関係残虐問題反証続行。

支那各地よりビルマ蘭印に及ぶ、何れも当時の現地関係軍人の証言で概括的に残虐行為を否定するものであった。

　篤突然来訪、訴訟費用として三万円だけ柳井弁護人に手交せりと報告す。尚不足分に対し売却すべきものについて協議した。

シーボルド（Sebald）次席アチソン大使を嗣《つ》ぐ。

九月五日　金曜日　曇後晴

法廷、陸軍の俘虜関係について元軍務局軍事課長西浦〔進〕大佐出廷、軍部内の俘虜担任機関特に軍務局と俘虜情報局又は俘虜情報局と俘虜管理部との微妙なる所管争いの事項について証言した。その他印緬《いんめん》鉄道建設、医療状況証言あり、その後に村田省蔵（比島大使）氏出廷マニラのことについて証言してタヴェナー検事の峻烈なる反対尋問を受けた。

　本日スミス広田弁護人法廷復帰のことを申出で、ウェッブ裁判長はその謝罪を固執して再度物別れとなる。内面的にスミス法廷復帰の件は談合が付いていた様であったが、裁判長は飽くまで正式の謝罪を要求したのは奇異に感ぜられた。

　華子単独来訪、弁護人に菓子を作って持って来たとの事、学校ではキャプテンの仕事が忙しい様であった。

　西園寺公秘書原田熊雄手記が証拠として提出せられそうで、多くの被告に大恐惶《きょうこう》を惹き起した。

　柳井君は取調べたが私には不利益な点はないと云っていた。

九月六日　土曜日　晴　遊歩二回

アングロサクソンのデモクラシーは個人の自由と安全とが根本観念となって発達して来た。個人の自由と安全との要求がその社会の自由と安全との要求となり州の独立となり、アメリカの独立となって独立戦争が闘われ南北戦争が起った。

自由と安全とは表裏一体をなすものであって、安全の要求は外部から来る内面的の自由に対する危険を防ぐ意味である。

米国が独立以来、自由と安全との両面を有《も》つデモクラシーを州より国に拡張し、更にこれをモンロウ主義以来南北米に拡張し又第二次世界戦争以来全世界にこれを拡張して来た。米国は今日世界政策を実行しているのである。世界人類の自由と安全とを実現するため現実的に政策を運用している。唯空想的のものでなく米国の伸展する実力を以てこの政策を裏付けているのである。米国の自衛権と云い安全保障と云う。共に自由を人類のために贏《か》ち得る方法である。

米国がこの政策を実行するために拠る処のものは国際連合の世界的組織であることは云うまでもないが、モンロウ主義に始まってここまで米国の政策が進展する道程《みちのり》は詳細に検討するの要がある。即ち米国のモンロウ主義が善隣政策に進展し、南北米の共同の安全感に発達してここに完全なる米国式軍事同盟が南北米汎米《はんべい》会議から出来上った。南北米即ち隣邦諸州の共同の安全感が又共同の自衛権を生み、これが米国の経済力を主とする実力によって擁護される。米国の実力が増進して行くに連れ共同の安全感も自衛権の観念も拡張されて、今日では世界人類全体に共通する自由拡張のための自衛権又は安全感となって来て、これが米国の実力を背景とする米国の世界政策となって来た。

マーシャル・プランは米国の南北米に対する自衛権と安全感とを西欧に拡張する実際政策の第一歩であって、先ず経済的手段を以てその目的を達せんとするものである。次に来るべきは政治軍事的のものとなる順序である。

米国の世界政策は、右の様に米国の南北米に対する善隣政策から発達したもので、南北米の連係が基礎をなしている。この米州国際団体は即ち汎米会議の形式において常に活動している。八月二十五日から、ブラジル首都リオ付近のキタンディナ Quitandinha においては米国務長官マーシャル元帥が出席して南北米共通の憲章的条約即安全保障条約が出来上って、南北米及それに所属する東西大洋その他の区域における船舶又は遠征軍が他より攻撃を受けた場合は、共同の安全が破られたものとして直に（自衛権に訴え）その防衛に協戮《きょうりく》する、と云うのがその主要点であると報ぜられている。

米国はこの南北米を通ずる武力同盟を基礎として国際連合を動かし世界を警察しようと云うのである。トルーマン大統領は大歓迎裡《り》に九月一日リオに到着、二日の閉会式に出席して世界的の演説を行い、米国の平和愛好は平和を維持する武力を伴うものであることを明言し、戦後の国際情勢は甚だしく失望であって、欧亜における多数の国はすでに侵略せられ、又他の国々は今やその存立をも危くすべき侵略の危険に直面している、と述べて警告を発している。

第二次世界大戦後西欧は経済的には破綻の状態に陥り、人心は退廃し共産主義は跋扈《ばっこ》した。独り英国のみ自主経済を建て直さんと努力して国内の経済非常時態勢を整え、政府は戦時と同様な非常大権を取得した。結局西欧各国の経済を建て直すためには各国民がこの目的に向って憤起して犠牲を払うの外はない。然しそうして生産を起し外国貿易を再建しても結局は貿易の決算において弗《ドル》不足と云うことになる。即ち米国の経済援助がなければ西欧経済の破綻は救済することは出来ぬ。戦時中はレンド・アンド・リース〔軍事物資貸与〕によって何とかまかなうことが出来たが、新な情勢に応じて共産侵略による崩壊を免るるためには、自力建て直しに基く米国の外面よりの援助を組織することが必要である。この要求を充たそうと云うのがマーシャル・プランである。これは世界を共産革命より救う唯一の方法であり前提である。

欧洲を救済するためには、マーシャル・プランの外に如何に西欧を経済的に組織するかの問題が差し迫まっている。その内の重大問題がドイツの工業力を如何に利用するかである。これは経済問題であると共に政治問題であって、仏国を中心に解決しなければならぬ問題であって、シューマンプランやプレヴァンプラン等が出て来る所以《ゆえん》である。西欧連盟の問題も直接これと関係を有つのである。

西欧各国が自力更生をやるために取られる政策は常に帝国主義的政策である。即ち西欧諸国が生くるためにその有する亜細亜又はアフリカにおける植民地を搾取する方向に向う政策である。アフリカは兎も角亜細亜は今日植民地時代から脱却しつつある。もし西欧の斯る帝国主義が認容さるるならば、直に共産主義の乗ずる所となって世界の平和は維持出来ぬ。米国の世界政策はこれを認容することは出来ぬのである。西欧諸国の自力更生はその植民地の犠牲においてなさるべきものではないと云うことになれば、米国の経済援助による外に道はない。米国の政策はこれら世界に亘る各般の周密なる考慮より出ているのである。

九月八日　月曜日　晴　浴

法廷、俘虜問題にて陸軍関係の文書及証人出ず。俘虜情報局の小田島証人〔薫大佐〕は情報局の職責について危うき証言をなし、外国政府の抗議については情報局関係のものは情報局において起案し外務省は窓口なりしと説明す。

スミス弁護人は金曜日のウェッブ裁判長の言説に憤慨して東京を引き揚げ帰米の意向を発表す。

篤来り、種々金策のことについて報告す。尚試験準備のことについて意見を交換す。篤は訴訟費用（毎月最少額二万円）の捻出に頭を悩ましているのである。数枚の絨氈《じゅうたん》も容易には売れぬ。漸く三万円の金が竹村さんの好意によって出来たが、将来の事は見当も付かぬ。僅かの田舎の山林も弟蔵の世話で売り払い、家の中にある身回り品も金に代えなければならぬ。子供の教育費はこれから要ることとなる。篤には、自分が帰れば（近く釈放となって）又働いてやるから心配はないがと、半ば慰安的に云っては見たが、今日の時勢では、傷付いた友人も親族も益々疎遠になるばかりだ。脚の使えぬ自分が、仮令《たとえ》自由の身になった処で何も出来る訳ではないのである。子供には改めて云った。今日の困難は、青年にはこの上ない教育である。この困難に打ち勝ってこそ立派な人間になるのだ。と激励すると、篤も華子も共鳴して「パパには気の毒だけれど、私達は感謝しています」と答え、必要があれば労働にも従事すると云う。彼等は生れながらの純真さをもっていて、父の云うことが網戸を通じてそのまま彼等の顔に反映する。

篤は一生懸命大学入学の準備をやって、戦時の召集を取り返さんとしている。華子は聖心の女学校在学中で、会うごとに学校の事、マザーの事、先生や同僚学生の事を報告し、来学期における キャプテンの職責を如何にして果すかを心配している様である。巣鴨に来るカトリックの伝導師（チャプレン）は聖心とも連絡がある人であるが「好い娘だと噂に聞いている」と談してくれた。

何も恐れることはない。彼等も遣り抜くであろう。父も必ずやり抜く。それは親として彼等のためばかりではない。日本人として、日本のためである。

九月九日　火曜日　曇　温度下る

法廷、俘虜残虐行為の段階本日終了。これまでの一般段階の挙証の残りたるもの全部次ぎ次ぎに提出せられている。

華子来訪し学校の宿題等について談す。休暇も終りに近付く。

巣鴨にては八月二十九日自殺者ありたり（一説には病死と云う）とて警戒更に厳重となる。特に浴場における鬚剃については監視一層厳し。

　棟内念仏の声あちこちに聞ゆ。

九月十日　水曜日

　法廷、昨日ローマ法王庁使節の俘虜問題に関する証言は日本当局が特に残酷な待遇をする意向であった訳ではないと述べている。又本日、知名の支那通英国人ウッドヘッド〔新聞記者〕の溥儀との会見に関する証言は、結局溥儀の証言を無価値ならしむるもので、タヴェナー検事の異議ありたるもブレークニーの反駁によって文書は受理せられた。又米国政府の支那治外法権撤廃反対の調書は一九二四年北京法権会議当時の支那の状態を暴露したもので、支那は九カ国条約を無視していると書いてあって日本の対支政策に関する有力なる弁明であったが、ロバーツ弁護人によって提出せられ無惨にも却下された。

　今日高柳弁護人より示された外務省接到《せっとう》〔受け取る〕の不発表新聞電報に、下の通り書いてある。


ニューヨーク・サン紙所報ソコルスキー曰く「重光氏は支那問題に尽力し、かつて宋子文と共に日支の関係を改善せんとし、ソコルスキーも参加して種々談したことから見ても、当時の幣原外相は最も自由主義な重光氏を支那に任命したのである。重光氏の如何なる人物であるかは米人英人の好く知る処である。モロトフが復讐的に同氏を逮《とら》えたのは最も不正なやり方である」

　華子来訪、昨夜鎌倉は大雨であったとの事、宿題の画をかいたとて網戸の外からこれを見せた。

　今日の新聞の「東條の戒名」の記事は人をして顰蹙《ひんしゅく》せしむるものである。

　三階死刑囚四名増加、多分昨日横浜で判決があったものの如し。

九月十一日　木曜日

　法廷、個人段階筆頭荒木大将証人台に立つ。威風堂々たるものあり。反対尋問はコミンズ・カー英検事の受持ちで、あくどき皮肉は例の通りにて、口供書作製に当りたる通訳二名（二世一名及米人一名）を首実検させたりして田舎芝居を打ちたるも効果は少かった。

妻来訪、沼津訪問の模様、老人の孤独感等について報告あり。

武藤中将寄す（華子との会見を見て）

面会の時間もとくに残暑かな

網戸越し父あふぐ娘の扇子かな

九月十二日　金曜日　二百十日　雨

法廷、荒木大将反対尋問続行。主として原田日記を引用して行わる。日記中に荒木の言として、小磯が支那満洲に憲兵を私服として派遣せるを非難せるものありて持出さる。カーの辛辣なる反対尋問は唯悪感《あっかん》を起さしむるのみ。荒木大将は平静を保ち、デイグニチー〔威厳〕を維持せるは喜ぶべし。

華子来る。来週より学校初まる。

九月十五日　月曜日　雨　昨夜豪雨

法廷は荒木証言終り、文書証人多く却下さる。証人は真崎大将、有田前外相、石渡前宮相、何れも検事の反対尋問激しく、真崎大将は巣鴨拘禁時代の尋問調書を引合いに手痛き質問を受く。

台風本土に接近し、今夜上陸横断すべしとの報あり。

九月十六日　火曜日　夜来驟雨去り青空　一天朝日を仰ぐ

本日、市ヶ谷途上の車中に富士箱根全景手に取るごとく見え、人々声を発して喜ぶ。雪はなく紫の一色である。

法廷、荒木被告の提出した文書及証人の残部数十は菅原弁護人〔荒木担当〕の奮闘に拘らず、一括却下せられ一瀉千里《いっしゃせんり》に終了。

土肥原部門に移る。ワレン、太田〔土肥原担当〕両弁護人なり。第一証人として奉天特務機関雇員某〔軍属・愛澤誠〕出廷。

九月十七日　水曜日　引続き快晴

荒川放水路の決壊のため、四十年来の大洪水、二千人の人命危険に瀕す。戦時森林乱伐の結果なりとの事なり。

法廷、土肥原部門挙証、ワレンの老巧なる取扱いにより挙証は大部分受入れられ、本日は証人九名進行。支那検事の反対尋問も不振なり。

九月十八日　木曜日　彼岸入り　曇

荒川放水路堤防破れ、関東平野東京東北部一帯の水害益々拡大。

法廷は土肥原部門終了。橋本部門に入る。ワレンは被告を証人台に立たしめず。裁判長は、証人台に立たさるも被告に対しては何時にても質問を発し得べしとて、キーナン主席との間に応答あり。

土肥原賢二陸軍大将

橋本部門証人三名出で一名は沼津妙法寺住職陸軍少将某〔大日本青年党小川喜一〕であった。証人は僧職の黄衣を纏《まと》い、如何にも高僧らしく振るまう。劇的場面にて何とか云う時代劇の場面に彷彿たるものあり。

橋本氏証人台に立ち三月事件十月事件について追及され、十月事件は自分以外に関係者なしと云い、三月事件は建川、小磯、二宮等の関係者ありしを述べた。

九月十九日　金曜日　曇　関東大水害

法廷、橋本反対尋問、三月事件及十月事件より進んで橋本の英勢力駆逐に関する意見発表（雑誌等）について突込みたる質問あり、終りて畑部門に入る。

宇垣、米内の証人出廷を見たるが、ドーリットル飛行士処刑問題にては上海における澤田裁判の

米内光政元首相

記録等暴露せられ、命令者として不利なる地位にあり。

妻面会に来る、異状なし。

巣鴨では念仏の声異様に聞ゆ。

絞殺の求刑を聞き帰りては
念仏の声何処よりか聞ゆ

一年半の法廷は進んで個人段階となり、一人一人追及の最後の場面に立つに到った。各被告から自己弁護をやらせて、後から検事がこれを反駁する手筈になっている。初めから極刑を以て臨んでいる裁判の落ち付く先きは何人も予期している。それでも長い間には気分も寛《くつろ》ぎ、笑うこともある。相当の人々ばかりで悟道《ごどう》にも入っている。

事件の中心は陸軍にあることは、裁判所にも大体明であるが、その他海軍は素より、政治外交の関係者が如何程連累《れんるい》しているかを探し出さんとするものの如くである。俘虜虐待の問題は最も荒立てる様子である。

残りのA級は健康は上乗《じょうじょう》であるが、憔悴の情は蔽《おお》い難いものがある。東條もメッキリ年を取った。彼の持ち物、数珠やパイプ等からハンカチに至るまで無くなる。米兵が記念品として持ち帰るべく盗むのである。東條は充分覚悟している。

九月二十日　土曜日　曇　秋冷

関東平野濁水溢れ奔流《ほんりゅう》日光街道に沿い東京都に迫る。堤防相次で決壊数十名行方不明。

九月二十二日　月曜日　晴

ファネス弁護人支那より帰る。

関東水害益々拡大、天皇陛下被害地御見舞あり。

法廷は畑大将個人段階を続行して緊張した。米内（元首相）証人台に立つ。証言は唯質問に対する否定のみで、新聞記事を見せられ、顧みて他を云いたるため裁判長の叱責に会う（裁判長の斯様な愚かな総理大臣を見た事なしとの言辞は不謹慎の言葉なりと後で批評さる）。次ぎに出た有田元外相はキーナン主席検事の初尋問に会したが、重要なる証言を次ぎ次ぎに行い見事な証言振りであった。西園寺元老については首相推薦の役目を持っていたが晩年は老年のため充分にその任を果し得なかったと云い、原田日記については要するに原田男の覚《おぼえ》を後になって書き綴りたるものの如く、不正確な点多くしてその中に記されている畑大将との会談（有田の）を否定し、九カ国条約を守ることを努めたが、自分の時代にはすでに軍事的行動開始の後のことであったので、動《やや》ともすればこれに反するが如き事態の生じたのは止むを得なかったが、これは事後においても直に修正するに努めたと説明し、米内内閣の末期佐藤大使をドイツに送ってリッベントロップと会見せしめたことを追及してキーナンは三相会議において日独接近を立案せしめたるにあらずやと鋭く質問したに対しては、日本の全局的地位を悪化せずして日独接近の成果を得るや否やを検討せしめたもので、その検討は米内内閣時代には終《つい》に終了しなかったと述ぶ。

有田八郎元外相

澤田中将は三度出廷して参謀次長たりし時自ら閑院総長宮《かんいんそうちょうのみや》の手紙を持って畑陸相の辞職を勧告した事を証言したが、その手紙の行方を追及せられて明確にすること能わず口供書中の右手紙の内容は削除せられた。要するに畑に対する裁判所の風当りは相当強い様に感ぜられた。

篤来訪――異状なきを報告す。

ファネスは支那において堀内《ほりうち》〔干城〕公使や宋子文、張群両氏に会見せりとてその大様を報告す。

堀内公使の長文の口供書（説明書）を持ち帰る。支那側は政府の許可を要するため、口供書は書かなかった。米英人各一通の口供書を持参す。

九月二十三日　火曜日　晴

ファネス、支那談続行す。支那の状況は悪化の一途にして、革命（赤化）を予想せらると云う。

法廷、畑部門続行せられ田中（隆吉）証人出廷、ドーリットル軍法会議については参謀本部態度最も強硬で陸相（東條）の意見は参謀総長〔杉山元大将〕次長〔田邊盛武中将〕第一部長〔田中新一中将〕及課員、防衛司令部（東久邇司令官及参謀長）等の強硬意見に圧倒せられた。もっとも陸軍省においても軍務局の軍事課（長西浦）及課員等には強硬論があった。参謀総長は有末《ありすえ》〔精三〕少将を派して畑大将に対してドーリットル俘虜に極刑に処すべきことを命じたと証言して検事側を緊張せしめた。進んで星野部門に入る。検事は終戦直後来日した爆撃調査団の調書を提出したが、これに関して米人証人二名共この調書は個人の責任を問う戦犯問題には一切使用せずとの条件付にて書かれたものであることを証言したが採用されなかった。

石渡前蔵相証人として出廷。

九月二十四日　水曜日　晴　浴

ファネス上海の Chinese Weekly Review に Conde の名によって書いた東京裁判の被告批評あり、私を筆頭に掲げ、私はシンガポール攻撃を進言した天皇を支持する右翼国家主義者であって将来の危険人物なりと評す。同紙は極左系伝統的排日紙で、右記事は恐らく私に関する共産党の指令的意味のものならん。後で明かとなった事であるが Conde なる人物はマッカーサー総司令部に終戦当初在勤し、その後共産系なりとて総司令部の方針変更と共に東京を追われた人物なりと、恐らくサーヴィスService等と共に国務省に喰い入りたる共産系人物ならん（九月二十五日柳井公使談）。

法廷、星野部門終了し、平沼部門（ワレン弁護人）に入る。冒頭陳述を廃し文書挙証に入る。ワレンの作戦は成るべく問題を縮小するを可としたものの如し。

挙証文書の重点は在日米大使館参事官ドゥーマン（一時代理大使）の口供書で当時の平沼首相の欧洲戦（一九三九年初めの頃）防止に関する平和意見を説明したものであった。これは米国政府の発表文書中に掲載せられ居るものである。証人は岡田啓介重臣で平沼男の戦争反対の態度を証明せんとするものであった。キーナンの反対尋問があった。

九月二十五日　木曜日　雨

法廷、平沼部門続行。岡田証人キーナン反対尋問続く。

証人は開戦当時の重臣会議においては重要なる情報は政府より得ることを能わず。東條は後で、充分情報を提供すれば了解を得らるべしと思うも国家機密に属する情報の提供をなし得ざりしを遺憾とすと述べたる位なり。外交経過は詳しく聴取せり（ブレークニーの東郷のためになせし反対尋問に対する答弁）と述ぶ。尚清瀬弁護人は鈴木企画院総裁より説明なかりしやと質問せるに対しては好い加減なるものなりしと答う。キーナンより重臣会議なるものは単に政府のゼスチュアに過ぎざりしやと問えば然りと答う。平沼は常に戦争には反対にして東條推薦にも反対なりしとなし、鈴木海軍大将を首相に推したるは終戦のためなりしと答う。

岡田証人は、天皇は終始開戦には反対され開戦の詔勅《しょうちょく》も時の為政者が陛下に押し付けたもので、真珠湾攻撃の事も御承知なかりし様であると説明し、キーナンはこれを受けて、天皇は何も知らざる間に被告席にある二十数名の無頼漢が暴力を以て権力を奪取して開戦に押し進めたのである。従って戦犯人はこれらのもの共であって他になし（即ち天皇は無責任なりとの意味）、もし他に責任者あらばそれ等もこの被告席に繋がれたるなるべしと激しい口調で雄弁を振った。私は非常な満足で微笑を禁ずることが出来なかった。然るにウェッブ裁判長はキーナンの天皇擁護の弁に対して「天皇の事はここに関係はないが、天皇の責任についてはこれまで提出された証拠によれば主席検事の主張する所とは相反している」と指摘して、裁判所は天皇の責任は当然であるとの態度に出でて不快を感ぜしめた。然し起訴するとしないとは検事の意向で定まるのであるから、別段心配することはないと思った。

岡田証人の後に平沼節子（平沼男を世話している女性）証人台に立つ。若き婦人証人に衆目注がる。検事の反対に拘らず、裁判長の思いやりにて受理せられ、証人は終戦の時、平沼男邸の右翼団員による焼打の状況を感傷的に物語り、焼打に来たもの達が平沼は英米派なりと罵しり合ったことを口供す。

被告自身の証言台に立つことについて、ワレン、裁判長、キーナン、ブルックス等の間に討議行われ、結局被告の自由にて、被告が証人台に立つ、立たぬその事は、被告の利益にも不利益にもならぬことに裁定せられて、広田部門に入る。

広田部門（山岡弁護人スミスに代る）冒頭陳述は二十一項目に亘る浩瀚《こうかん》のものなり。

九月二十六日　金曜日　曇

米国新聞通信は、昨日岡田証人に対するキーナン主席の反対尋問中、天皇に関する部分を大きく取扱い、検察官において陛下を戦犯に指摘しない最後的の態度を明瞭に報道した。

本日畑被告のための補充挙証があった。その中に、田中（隆吉）証人が、畑司令官が支那問題の解決を急ぎこれがため後宮参謀長を帰朝せしめて

ジョージ・山岡弁護人

全面的撤兵を進言せしめた事実を披露した。広田部門は山岡弁護人によって展開されたが、多数の書証に対し、検事側は一々異議を挟んで邪魔をしているが、重要な書類若干が受理せられて広田の平和政策が明瞭となった。広田の「ハル」宛メッセージもその一つであった。第一の証人として桑嶋〔主計〕大使（当時の亜細亜局長）が証人台に立ってその対支政策を証言した。天羽声明にも触れ、北支の情勢、日支国交改善に関して、関東軍及陸軍軍部が如何に専横であったかを素直に説明して、恰も外務省と軍部との当時における闘争を繰り返す観があった。軍部の当時の傍若無人振りは、今日においては想像も出来ぬ所である。梅津大将のためにブレークニーが反対尋問を行い、梅津・何応欽協定は梅津司令官が新京出発の際、酒井〔隆〕参謀長が支那側に対して、極めて懇談的に申入れると云うのを許した処、梅津の留守中に酒井が支那側を威圧して出来た了解であって、単に口頭のものであると云うことが判明した。

　本日妻きゑ子来訪す。

九月二十七日　土曜日　晴　秋冷

　国際連合総会の成り行きが世界の注視する所である。

　マーシャルの演説に次でソ連の反駁があり、更に英の再反駁があった。その他仏国初め何れもソ連に対し警告的演説をしている。明に国際連合は多数を有する米国民主々義の勢力下にあり。ソ連に味方するものはポーランド外《ほか》ソ連勢力下の東欧数国に過ぎぬ。米国は既定の政策を飽くまで遂行して、国際連合を対ソ闘争の機関とするを辞せざる様である。東西両方面の経済状態は引続き悪化している。これを米国が如何にして救済し得るかが先決問題である。

サウディアラビアとの間に米国の石油利権が設定せられ、未曾有の大規模の産出とパイプラインの建設とが行われると報道された。

九月二十九日　月曜日　雨

法廷

桑嶋証人続行。カー検事の辛辣なる反対尋問あり。カー検事は原田日記を引用して、私が原田になした談話の意味が、恰も私が陸軍と通じ関東軍が北支に進出することを希望したるが如き翻訳文(原田日記中の文章の主格を取り違えて訳したるもの。私が関東軍が北支に進出する意向を有することを推測してこれを心配せる談話を、恰も私自身が関東軍の北支進出を切望せるが如く取りたるもの)を提出して、外務省も関東軍と同様の責任あることを主張したのは誠に不都合であった。カー検事はソ連検事と共に私を有罪ならしめんために全力を尽すものの如し。

九月三十日　火曜日　中秋明月の日　曇

法廷、広田部門。外相、首相時代を経て、第一次近衛内閣の外相時代に及び、広田平和外交を文書及証人によって展開し、英検事カー及ブラウン頻りに異議を唱え、裁判長多くこれに動かさる。桑嶋証人は第一次外相時代を証言し、堀内《ほりのうち》(謙介)大使(当時次官)は、首相時代及第二次外相時代(近衛内閣)を証言す。堀内証人が広田クレーギー会談について証言せしに、カー検事はこれに異議を挟み、斯る事実は被告自ら行うべしと述べ、弁護側の異議に拘らず裁判長はこれを採用し、被告に打撃を与えた。広田氏は証言台に立たぬ予定である。

本日篤来訪、家計のやりくりについて協議す。

十月一日　水曜日　午晴

法廷、広田部門。堀内証人は日支事変発生前後の広田外交の平和及国際親善の方針を証言し、これが如何に軍部のために妨げられたかを説明した。カー検事の皮肉なる反対尋問は終日続行せられるも、見事なる答弁振りにて広田外交の本旨を縷述した。

本日キーナンは証拠として提出せられた文書にして法廷にて朗読せられざる部分の価値について質問し、ウェッブとの間に応答あり。弁護側も賑やかに討論に参加したが、朗読せられざる文書の部分も論告に引用使用して差支なきことに裁決ありたり。

篤又来り家財売却の事について相談す。昨夜の明月は夜明け前に漸く見ることを得た。

十月二日　木曜日　半晴

法廷、堀内証言続行。午後遅く終了。満二日に亘る。カー検事の辛辣なる質問に対し好く答えた。然し本日は広田氏に致命的の打撃を与えた。

それは、広田内閣当初（有田外相、寺内陸相、永野海相）における五相会議の決定（南進及これに基く北進の国策）を証人は確認せざるを得なかったからである。軍部外交の基礎は広田内閣によってすえつけられたとの印象を与えた。

当時参謀本部多田次長、石原第一部長等の主張した支那事変解決問題は、証人は斯る事実を知らずと答えたが、参謀本部側が支那事変の解決を急いだのは事実であって、如何にも、政府当局特に広田外相等がこれに同調しなかったのは、事変の解決に不熱心であったかの様な印象を与えたのは残念であった。

十月三日　金曜日　曇

法廷、堀内証人に次で日高大使（当時在南京参事官）及岡本公使（当時上海総領事）両氏相次で証人台に立ち、当時の南京上海方面の作戦の外交方面を証言し、政府の命によって、事件の局地化と平和的解決に対する努力について説明した。石《いし》射猪太郎《いいたろう》大使（当時亜細亜局長）は、本省において最善を尽したことを証言したが、南京残虐行為については、報告によって広田外相は事情を知悉《ちしつ》〔熟知〕していたことが、反対尋問によって明かにせられて、広田氏に取っては重大な結果となった。

広田氏の平和外交の態度は、グルー著書やクレーギーの書き物で明かであって、総て軍の強力に圧せられた訳である。船津〔辰一郎・元総領事、支那通〕を上海に派遣して、極秘裡に平和を交渉せしめたりなどしたのであった。

岡本季正上海総領事

広田氏の弁護人は有田氏を証人に立てる予定であった。然るに、その口供書中に板垣大将に取って非常に不利益なことがあると云うので、法廷の控所において、板垣氏は広田氏に荒々しく喰ってかかり、粗暴なる言辞を以てその撤回を要求した。元来、広田〔補佐〕弁護人たりし守島（伍郎《ごろう》）公使は、広田氏はどうせ有罪の覚悟にて、赤裸々に当時の陸軍の横暴専断を暴露して、その事情を明かにするため最善を尽すべきものにて、この際は軍人との妥協は一切排除せねばならぬと云う強硬な意見で、当時亜細亜局において軍部と悪戦苦闘した守島弁護人は、東京裁判においても軍部との間に最後の一戦を敢行する強固な決意を以て進んだが、広田氏が板垣の要請を容れて妥協するに及んで、遂に広田弁護人を辞職した。曩《さき》には、有能なる米人弁護人スミス氏を喪《うしな》い、今又唯一の頼りとも云うべき守島氏に去らる。誠に困った事になった。柳井公使が広田氏に加勢することとなったので激励して置いた。

きゑ子来訪、異状なきを報ず。

成りゆきの儘に委《まか》すと広田氏は

眉の毛一つ動かさず云う

十月四日　土曜日　半晴　秋冷

大分冷えて来たためか、突然毛布と下着の増配があった。

獄吏は、我々の要求は決して受け入れることはない。何か要請をすれば、自分には解らぬとか、自分は知らぬとか、上司に聞いて見様とか云うけれども、決して回答は与えられぬ。但し、自らの発意の形式によって、思い出した様に必要品を配布したり、時としては特配したりする。自由なきものに対しては意見の尊重はあり得ない。皆命令服従のみである。

情勢

ニューヨークにおける国際連合総会は事毎に米露の抗争である。バルカン、ギリシャ問題、国際連合新参加国問題が主たるもので、マーシャル長官の提案した国際連合総会の小委員会設置案等の外、パレスタイン問題も取りあげられ様としている。

支那がルーマニアの連合参加問題について、ソ連側に加わったことは注目された。支那はソ連から押えられているのである。満洲大連問題及西北問題を解決するためには、ソ連の歓心を得ることを必要とする誤った態度に出ずるのである。これは対日講和条約についても同様であって、支那は大国として前以て協議を受け、且つ大国の一員として、その拒否権の尊重せらるべきことを期待する。支那は急に大国の取扱を受けているが、その実力はない。実力以上の空虚の外交は極めて危険である。ソ連の北方よりの圧迫に屈して、重要なる主義の問題を犠牲にするのは自ら葬るに均《ひと》しい。

ウェデマイアー〔陸軍計画作戦部長〕使節団の報告書は、支那国民政府が自由主義者を政府に取り入れねば、蔣介石援助を打ち切る様な態度を示している。米国は事実上、今尚容共政策を蔣介石に勧告している。蔣介石に容共政策を取れと云うことは、ソ連に屈せよと云うことである。これは米国内において、共産主義の排斥を行っていることと如何に調和するのであるか。米国の対支政策は、今尚ヒス〔国務省高官〕一派の共産主義者の繰《く》る所となっている様である。斯くして遂にこの傾向が極東政策の全局に波及することなきか。唯米国が国際連合において確定方針を樹てていることは意を強うするに足る。

十月五日　日曜日　小雨　浴

蘇峯の旧著「杜甫と弥耳敦《みるとん》」を読む。

十月六日　月曜日　雨　浴

法廷、板垣部門始まる。文書は一般的のもの多く、殆んど全部却下さる。証人も不出来、前次官山脇〔正隆〕大将土佐より出で来りたるも、支那検事ニー氏の反対尋問に会い、板垣が軍律訓令で、支那よりの帰還兵士に対し、支那人虐殺略奪行為に対する言動を慎しむべしとの秘密訓令を発したりとて、当時の新聞をも持ち出して尋問をなし、証人は遂にこれを承認する破目となる。又、土肥原機関の策動について呉佩孚《ごはいふ》及唐紹儀《とうしょうぎ》の引出しの陰謀に関する電信往復（土肥原、板垣間）等を引合に出された。本日近衛手記提出され、その中に、梅津が、板垣大臣就任の代りに、東條を次官にする条件を持ち出したとの記事あり。近衛は杉山、梅津に対し甚だしき反感を示し居り、近衛の信ずる参謀本部石原第一部長は、陸軍省後宮軍務局長と犬猿の間柄にあった。

十月七日　火曜日　晴

法廷、板垣部門は支那側独占場の観あり。証人反対尋問は悉く支那検事にて、検事席には支那検事の外にソ検事及サットン検事位なり。板垣大将証人台に立つ。

十月十三日　月曜日　曇後晴

法廷、賀屋部門、証人十六名、文書十数通悉く受理さる。賀屋氏証人台に立つ。検事はワイリー氏。
本日谷前外相、巣鴨より同伴、久し振り愉快に暮す。

十月十四日　火曜日　晴　富士見ゆ

法廷、木戸部門に入り、三百頁余りの口供書による木戸証言を以て初まる。本日百頁程読まる。木戸日記中、検事が証拠として提出せしものを中心として、訴追期間全部に亘る木戸の政治生活を織り出せるものである。

賀屋興宣元大蔵大臣

最初は如何に軍部の横暴なりしかについて叙述し、三月事件、十月事件の国内革命運動から満洲事変に入る。中に記者の事に言及せる部分も数ヶ所あり。記者が一九三三年一月上海事変直後帰朝の後、御前講演をなし、天皇の御質問に奉答して、満洲事変の解決なき間は日支親善は見込つかずと述べたと記している。

木戸の活動は近衛及原田との連係により西園寺公に繋るものが多い。木戸口供書に対しては軍人被告の中、粗暴なる批評をなすもの多し。

本日篤来訪、家情を報告す。湯河原に盗人あり、衣類を悉く持ち去りたりと。

ファネス曰く、コミンズ・カーは私に関する原田日記の誤訳を承認したと。

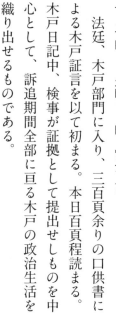

十月十五日　水曜日　晴　秋冷

法廷、木戸口供書朗読続行。本日更に約百頁を読む。昭和の活歴史である。本日は戦争前の日本政界の裏面史、軍部の専横を叙述し、開戦前の松岡外交の危険、近衛と松岡との衝突、日米交渉、数多くの御前会議、東條内閣推薦の重臣会議、戦争阻止に関する天皇の御苦心等縷々展開し、遂に軍部の横車によって開戦となり、しかも、木戸等は戦勝の最中にすでに戦敗を予想して種々配慮し、陛下の御考慮を促し、天皇は東條に対し、戦争終局のことを工夫すべしと命ぜられしことを述ぶ。

尚木戸は重光駐支大使の対支政策の転換建議に賛成し、極力これを支持すべしと約したることを述べている。

木戸証言については軍部被告中に恐慌を起し、これに対して悪罵をあびせるもの少からず。

十月十六日　木曜日　晴

法廷、木戸口供書進行。午後に至りて終る。木戸が終始軍部と戦って平和政策を遂行したることを叙述し、戦争責任なきものと結論している。

今日の部分に、私の帰朝報告を聞きて、英仏の不敗を信じ、戦争介入の不可なるを決意し、更に開戦後、平和を回復せんとして私と共に、「重光は政府部内より、木戸は宮中において各々全責任を以て平和の実現に当る」ことを誓いて事に当ったことを記している。

ファネスの質問に対して木戸は、重光が英国より帰朝して御前講演を行い、チャチル首相の戦争遂行の決意を語り、英仏側の不敗を解明し、戦争不介入の進言をなしたること、近衛ルーズヴェルト会談には重光が参加することとなり居りたることを証言す。裁判長及キーナン主席検事の妨害多し。

十月十七日　金曜日　雨

法廷、ファネスの木戸追加尋問に次で、数名の弁護人の再尋問及反対尋問あり。午後遅くキーナンの反対尋問に入る。彼は声を大にして、木戸が何故に身を挺して軍閥の暴挙を鎮圧する優諚《ゆうじょう》〔天皇のありがたいお言葉〕を仰がざりしやを責む。木戸の返事は月曜日となる。

本日、池田純久《すみひさ》元中将〔内閣綜合計画局長官・梅津補佐弁護人〕の齎《もた》らせる情報。――マッカーサーとキーナン会見す。キーナン報告して曰く、重光は無罪ならんと。

華子、新嘗祭とて来訪、学校の事等報告す。

竹光君今朝顔を出す。

十月十八日　土曜日　半晴

本日南側の独房に移らしめられる。非常に満足す。

情勢

一、総ての中心はソ連問題である。米国の空気は悪化しソ連の対抗手段を急進せしめ、中間諸国の態度は愈々真剣となり、利害の打算は急なるものがある。アラビアの反米感情、東洋の民族運動はソ連の利用する処で、欧洲諸国の植民地政策は、米国の対ソ政策上の障害となっている。

二、米国前国務長官バーンズ氏は、辞職後月余《げつよ》〔一月余り〕にして一書を著《あら》わし、ソ連は、力を以て制するの外はなく、欧洲よりの撤兵をも力を背景として強要すべしと論じたのは、米国及世界に大反響を与えている。バーンズはヤルタ会議を弁護しているが、ルーズヴェルトもその死ぬ前、ソ連との協力を断念し、ソ連に対しては力以外何物も効目なきことを云ったと発表した。バーンズの如き穏健論者が斯くの如き言説をなすことは、米国民の結集に大に役立つべしと看做《みな》されている。ウォレス前副大統領の第三党運動は、ソ連の計画に基くものであると云われている。マーシャル・プランとマッカーサー政策はソ連の攻撃の目標となっている。

三、日本の進路は平和条約締結によって開かれる。平和条約に対する故障は、ソ連と支那とである。ソ連は、東西各地において外国軍隊の撤兵を要求し、その後に共産党第五列を動員して赤化の目的を達せんとしている。

十月二十日　月曜日　雨　浴

法廷、木戸証人に対するキーナン反対尋問続行。

キーナンは天皇の権限を内府の職権、政府及統帥部との関係について訊《ただ》す。木戸日記に近衛内閣奏請の際に外務、大蔵両相の選任を慎重にせよと内府の奏請により天皇より近衛に命ぜられたゆきさつを捉え、内府の奏請の意義について追及した。要するに、キーナンは内府が天皇を操っていたことを立証せんとし、木戸は近衛の友人にして、近衛は東條、松岡を閣僚に選任し、三国同盟より開戦に導きたる責任は木戸も負わねばならぬとなし、尚木戸は第一次近衛内閣に板垣と共に閣僚として支那事変に責任ありとなすものである。木戸証人の答弁振りは要領を得たり。

軍人達は、木戸が軍部を非難し、天皇に責任を負わしめんとすと攻撃す。

木戸侯証人台に立ち、令息は弁護人席にローガンと共に着席す。父子法廷において検事と対立す。悲壮なる一場面なり。

十月二十一日　火曜日　雨　浴

法廷、木戸証言反対尋問続行。本日はキーナンは主として支那事変及三国同盟に関する木戸の責任を追及し、近衛、板垣との関係を訊した。木戸もよく答え、事態を明瞭ならしむるに努めたが、支那事変と三国同盟との関連性は明かにされた。木戸尋問の材料は主として木戸日記及原田日記であった。木戸は蔣介石相手にせずとの声明は、交渉見込なしとの広田外相の報告に基きたるものなりと証言す。

篤、学習院聴講の帰途来訪、腹工合悪しとの事で心配す。

本日梅津大将は「田中隆吉は、キーナンは重光は心配なしと明言せりと云いたり」と、前と同様の消息ならん。

十月二十二日　水曜日　雨

法廷、木戸証言――キーナン反対尋問続行。キーナンの態度粗野にして不出来である。同じ質問を繰り返し酔後《すいご》の人の様である。本日も主として支那問題に関することとなり。議会予算総会における広田外相の答弁中に、交渉不成立のために支那に対し膺懲《ようちょう》の師〔軍隊〕を起すとの趣旨を述べたりとの日本タイムズの記事を確認せしめんと追及急なりしも、木戸遂にこれに応ぜず。裁判官は一旦多数決なりとてタイムズの記事を書証として容認せしも、ローガンの強硬なる抗議に会い、休廷して審議し遂にこれを取り消し、検事の提訴を却下した。半年振りに裁判長は公平なる裁判の語を口にした。裁判所は何でも出来るが、公平なる裁判を心懸けると云う趣旨の様である。

十月二十三日　木曜日　晴　久し振り秋晴　浴

法廷、木戸証言午後に至って漸く終る。キーナン反対尋問は寧ろ低調で無準備であった。本日は開戦当時の陸海軍関係、木戸の開戦に関する役割を追及した。次でルーズヴェルトの天皇に対する御親電の取扱振り、その際の夜中の参内《さんだい》の有様について、キーナンの芝居がかった質問があって、木戸の尋問を終った。木戸の証言は確に成功で信憑性も百%であった。それだけ軍人被告の損害は大であった。木戸証言の後に提出された牧野伸顕《のぶあき》氏〔内大臣〕口供書は却下された。

キーナンが、木戸に対する反対尋問で、開戦当時の木戸と東條との関係を追及して着席して東條を見上げた。その質問応答が終った時に東條は何か可笑《おか》しくて笑った。キーナンがこれを見付けて両者の顔は向き合ったが、互にニコニコ笑った。これが解顔《かいがん》と云うことである。裁判もスポーツ気分になって然るべきである。特に、況《いわ》や斯様な勝敗の数によってすでに定まっている裁判において

ジョセフ・キーナン主席検察官（米）

裁判を傍聴する東條夫人勝子と孫

をや。裁判が終りに近づくにつれ、東條は巣鴨でも笑声を出すことが多くなった。私はこれを非常に喜んでいる。

東條がケンワージー隊長の親切で、法廷控所の網越しで家族と面会し、夫人や娘等にやさしく談話している光景は一つの劇的場面である。ケンワージーは東條の食が少ないとて非常に心配し、私を通じて、何んでも東條の好きな食事を用意すると申出た。ケンワージーは真の男である。東京裁判は、勝敗のすでに定まった戦争の最後の幕である。日米関係は、これからはこれまでとは別の物でなくてはならぬ。真に世界の重大期に入っている今日、ケ隊長の如き人が一人でも多きを望む。これが日米関係の将来のくさびになる人で最も大切な人である。

今残っている二十五名のA級戦犯者の裁判は、極刑の言い渡しに近づきつつある。彼等の心境は人々によって異るものがあるのは勿論であるが、如何なることがあっても、皇室に御迷惑をかけぬ、天皇陛下に御安泰のあれとする精神は日々の言動に現われている。この点は人々の心の中に一点の曇りも懸ってはおらぬことに明かに看取出来る。これが日本精神の結晶であり彼等の人生観である。

きゑ子弟同伴来訪。

本日更に田中隆吉氏がキーナンより聞きたりと云う消息に「キーナンは重光を起訴したのは確に失敗であった」と云ったとの事。

十月二十四日　金曜日　秋晴

法廷、ローガンは、二十人近くの木戸部門に申請してある証人全部を取り下ぐることを声明して法廷に一石を投じた。昨日の牧野君の口供書が却下されたのに鑑み、今後の証人も同様の運命に会うべく、従って証人の提出は無意味である。もし然《しか》らずとすると、これから出廷する証人に対する反対尋問はコミンズ・カーによって行われる段取りであるから、彼の辛辣なる尋問によって、折角ある程度成功した木戸の証言が覆《くつが》えされる恐れがある。裁判長はカーの云うことは何でも取り上げる状態である。又他の証人も実は木戸証言に付加するものを持っている訳ではないと云う理由によるのである。

東條元首相と談笑する木村兵太郎陸軍大将（右）

木戸部門の次には、ソ連検事の提出した証人の出廷がある筈であったが、準備がなかったので、木村部門に入って、一瀉千里本日その大部分を終った。木村は証人台に立たぬ。提出の証拠は多く次官（陸軍）の地位の軽くして責任なきことに集中された。木村次官時代にドーリットル飛行士の処刑があったのである。同じ人でも戦時の次官と今日被告として次官の地位を見ることは区別があるのは当然と云っても差支《さしつかえ》はなかろう。

十月二十五日　土曜日　晴

情勢

一、国際連合総会はニューヨークで続行されている。パレスタインの分割、即ちイスラエル国の創建の問題以外は米ソの間に一致点は見出されぬ。バルカン、イラン、朝鮮、日本の諸問題何れも対立であって、欧洲復興について又支那問題について（ウェデマイアー報告及びブリット報告）はその対立が著しい。トルーマン主義（ギリシャ方面）やマーシャル・プランに対するソ連の反抗は、コミンフォルム創設後は一層深刻である。ソ連は米国を以て平和を害する挑発者であって、ソ連こそ平和主義者であると云う宣伝振りである。国際連合においてヴィシンスキー〔外務次官〕は、米国朝野《ちょうや》の知名の士を指摘して戦争挑発者となしている。その筆頭にバーンズ前国務長官や現国防長官フォレスタル、ブリット前大使等を挙げて米国の内部分裂を策している。ヴィシンスキーの態度は往年支那におけるカラハン大使の態度を想起せしめる。

二、米国の国論は、政府の力には力をと云う政策には疑念を持つものが少くない。(1)米国は、トルーマン政策やマーシャル企画を極端に進めて行く経済力はない。(2)国際連合の組織はこれを維持せねばならぬ。(3)ソ連に対する要求は、要するに撤兵と軍縮とであると云う趣旨の妥協的意見が少くない。例えばケナンの意見に反対するニューヨーク・タイムズのリップマンの評論の如きである。ヴィシンスキーの宣伝演説は、この米国輿論の間隙に乗じたものである。然し、米国の国論は益々硬化しつつあって、ソ連が策動すればする程米国の輿論は反ソ的となりつつある様である。

白鳥前大使、米軍病院にて梅毒性口頭結核のため重態を伝う。最近我々の血液検査やレントゲン撮影が行われたのは、そのためらしい。同居生活者に感染病者の多いのは実に困る。松井大将等もこの部類の患者であると米軍将校は洩らした。

十月二十六日　日曜日　秋晴

中庭にて荒木将軍、星野大人《たいじん》、岡提督等将棋を遊ぶ。

十月二十七日　月曜日　曇

法廷、木村部門、午前遅く終了した。証言は主として陸軍次官の職責は、政策に関与せざることを証明せんとするもので、柴山前次官、某高級副官〔陸軍省川原直一〕等出廷。モネーン俘虜係濠洲検事の反対尋問であった。

木村部門の後にソ連検事の提出する証人出廷し

て、法廷は忽《たちま》ち緊張した。ソ連人の傍聴者多し。イワノフ大佐は武部前満州国総務長官を先ず証人台に立たしめた。新たに補充口供書を提出して弁護側全部の反対に会いたるも裁判長は多数決を以てこれを許可した。荒木、鈴木、梅津に不利益なものであった。ブレークニーの反対尋問に対し、証人は、日本軍は防御のための攻撃作戦をとっていて、ソ連攻撃の計画は単に証人の推測であって、東條からも梅津からも、斯ることを聞いたことはないと明言して、証言価値を覆した。武部氏は戦犯としてソ連に抑留されている人で、顔色に変りはないが、非常に神経質であった。

華子が学校の休日で来訪して種々と報告した。急いだため、顔は汗一杯であった。次の金曜日が運動会で、キャプテンとして多忙を極めているとの事であった。ヴァイオリンの練習をやっており、背丈けも高くなり、五尺三寸に達したとの事、次の月曜日は明治節であるから又来ると云って帰って行った。

十月二十八日　火曜日　晴

法廷、武部証人の尋問は緊張裡に行われた。要するに日本が対ソ戦の決意をしたかどうかは知らぬ。然し、関特演によって準備はした。防御的攻撃態勢を整えるにあった。又満洲国のことは協和会でも何でも総て関東軍がやっていたと云うのである。武部に次で出たソ連側証人は松浦某〔九州男少佐・関東軍総司令部暗号班長〕とか云う電信将校で、暗号電報の取扱で関東軍及蒙彊《もうきょう》軍（日本）の対ソ攻撃準備を知ったと云い、何れも伝聞証拠に非ざれば一個人の推測であった。裁判長はこの証人は重要ならずと云って頻りに反対尋問の打ち切りを迫ったけれども、ブレークニーは彼の証言は乱暴にも検事のために受け入れられたのであるから、これを覆す必要があるとて承知しないので翌日に持ち越された。

十月二十九日　水曜日　晴

法廷、ソ連証人の反対尋問は続行された。裁判長は頻りに断る証人を長く尋問するは時間の空費なりとて、尋問を切り上げんことを慫慂《しょうよう》する〔強く勧める〕も、ブレークニーは、裁判長は時間を節約せんとするも、自分は貴重なる人命を救済せんがため、受理せられたる検事側の証拠を覆さんとするものである。被告等の生命がこの裁判にかけられていると大見得を切って、裁判長を沈黙せしむ。斯くて第二証人を終り、第三証人村上中将に入る。関東軍第三軍団長で、元総力戦研究所長である。重要証人として取扱われたが、満洲軍の攻撃作戦は、戦争が起った場合の準備に過ぎないこと、総力戦研究所の仕事が、単なる研究なりしことを証言した。

本日妻きゑ子来る。

十月三十日　木曜日　晴

法廷、村上中将の反対尋問終りソ連人証人に移る。本証人は張鼓峯戦において、ソ連のヒーローの名称を授けられたるもの、ファネスの反対尋問に会い、頗《すこぶ》る興奮し、弁解答弁に終始す。ソ連検事のため出廷した日本人俘虜は、東京において何処に止められているやも不明。法廷において日本人の顔を見て懐しげの様子見ゆ。彼等の境遇も戦敗の結果なり。同情に堪えず。

夜ブルーム大尉来り、白鳥の病状重態を齎す。

十月三十一日　金曜日　晴

法廷

午後に至って、ソ連人第二証人（ノモンハン関係）の尋問を終了して、小磯部門に入る。

ブルックス弁護人。小磯証人台に立つ。ブルックス口供書朗読を開始す。検事はサットン氏なり。法廷のM・P警護隊、裁判官の検閲を受くるため、十五分早く閉廷す。

佐久間君（白鳥弁証人）の報告によれば、白鳥は昨日手術を受けたるも、大したことなく、二週間にして退院すべしと。

本日上村公使が来訪した。同公使は終戦当時、新京大使館に在勤中であったが、ソ連軍に捕えられて、シベリアに送られた。ソ連から帰還を許されて、日本で数ヶ月療養して、漸く常態に復したと云ってやって来た。主としてハバロフスクに抑留されていた。実に惨憺たる待遇で、麦かゆをすすった時は、非常な御馳走であった。抑留日本人中二割は餓死すべし。喜多大将はすでに死亡した。帰された将校がみじめな待遇を語った新聞記事が出たので、将校は一切帰国を許されなくなったとの事である。米国軍は、敦賀で送還船の入港毎に、帰還日本俘虜について詳細なる取調べを行い、軍事諜報に重きを置き、帰還者の重《お》もなるものは、東京に呼び出して再び取調べる有様である。ソ連はこの取調を恐れている様である。米ソ関係は想像の外である。云々

十一月一日　土曜日　秋晴

平沼男は珍らしく過去の談をされ、日本が今日の様になったのは大半西園寺公の責任である。老公の懶惰《なまけ》心が遂に少数の財閥の跋扈《ばっこ》を来《きた》し政党の暴政を生んだ。これを矯正せんとした勢力は皆退けられた。自分も肺病であるとて宮中に出入せしむべからずとて宣伝された。山縣〔有朋〕公は特に留められた。平井赤十字病院長を見舞に寄越されて、その真否を確められた。大浦事件は自分が検挙しようとしたのであるが、事件が片付いてから山縣公に面会をして談を聞いたが、山縣公は仲々思いやりのある人であった。云々。

情勢

一、ソ連の要求は、ドイツからも、ギリシャからも、又朝鮮からも、又蘭印からも撤兵しろと云うのである。米国は未だ撤兵の準備は出来ておらぬ。米国が撤兵すれば共産党の第五列を利用して、これらの地域を赤化することは容易である。

米英は西独にも朝鮮南半にも、米英式民主国を建設せんとしつつある。これは非常な困難なことである。

二、仏国のド・ゴール派の勝利は左右対立闘争

を激化している。二つの世界の闘争は益々深刻となるばかりである。

十一月三日　月曜日　明治節　秋晴

華子来訪、運動会の模様を話して行った。

法廷、小磯部門進む。小磯口供書朗読さる。その口供書によれば、小磯大将は首相時代においては平和回復を念願し、これがためソ連に工作し又は重慶に連絡せんとして百方平和実現に努力し、結局陸軍大臣を兼摂《けんせつ》して軍部を押えて、その目的を達せんことを企図した。小磯大将は終始平和を意図していたとて、恰も平和政策の中心であったことを縷述したのは、聴くものに対して奇異の感を起さしめた。小磯大将が満洲事変や三月事件の中心であったことは周知の事実で、軍部の国内騒乱、軍国主義に関しては世人をして常にその名を想起せしめていたからである。小磯被告は証人として小磯内閣の末期に起った繆斌《みょうひん》問題を持ち出して、これが平和終戦の工作であったとなし、陸海外三相の反対に会い、天皇の承認する所とならず、遂に中止の止むなきに至ったと述べて、平和希望者は自分一人であったことを述べた。繆斌は終戦後国民政府に捕えられて、反逆罪に問われて死刑に処せられたことが法廷にも明かにせられた。

十一月四日　火曜日　秋晴

法廷、小磯部門進行――反対尋問において、陸軍省書類中より小磯関係の分を抜き出し、満洲国建設計画、憲兵の活動、阿片問題等に亘りて尋問追及し、張鼓峯攻撃、三国同盟推進、蘭印交渉、仏印問題等何れも、小磯の軍国主義的策謀に関係せざるものはないことを立証し、最後に検事は、多年に亘りて次ぎから次ぎへと重要な地位につき、軍閥政策に関係しながら、恰も平和の権化の如く口供書に記載せるは、如何なる理由、心境によるものなりやと大見得を切った。

本日は篤来訪して報告した。絨毯《じゅうたん》等の家財を出来るだけ処分して訴訟費用を幾分補ったことを述べた。

十一月五日　水曜日　秋晴　富士見ゆ

法廷、小磯部門進行。証人五名程出廷、順当に進む。

本日、晶来訪、公私共近況を語る。天羽大使巣鴨より釈放の予想なりと。喜《よろこび》多し。

十一月六日　木曜日

法廷、松井部門は松井欠席のまま進行。

松井軍の参謀長、飯沼中将や、南京事件で名を走《は》せた中島師団の参謀長某〔中澤三夫中将〕等証人として出廷、反対尋問は如何になることかと心配されたが、ノーラン（代将）検事（カナダ人）の英国流の紳士振りによって事なくして済んだ。

ソ連検事は欠席証人四名（富永中将以下）及死亡証人（喜多大将）の口供書の受理を法廷に持ち出した。キーナン主席これを支持し、ソ連との協力を高調しタヴェナーはこれを理論付けた。ブレークニーの反駁は来週月曜日となった。

巣鴨では岡中将特製の煙子《たばこ》入れや紙管や書籍等が部屋から持ち去られていた。岡さんは紙細工の材料を奪われて、消暇《しょうか》法がなくなった。それかと思うとケンワージー中佐は、昨日巣鴨出発の際、巣鴨兵が吾々を送り出す際その一人が私の洋服の腕を引っ張ったのを見て不都合な態度であると憤慨して巣鴨隊の将校を詰責したりした。巣鴨と法廷守備隊との対象は極端である。

十一月七日　金曜日　引続き秋晴

法廷、ウェッブ裁判長は濠洲に帰還、十二月中に東京に帰還すべき旨を宣告し、その理由として濠洲最高法院判事会議に出席の要ある旨を以てした。カニンガムは直に立って裁判官が病気以外の理由で欠席することは許すべからずとて、もし裁判官が勝手に欠席することが許さるれば、被告もまた引き揚げて裁判は中止するが好しと論ず。ウェッブは世界最高の権威ある英国枢密院は裁判官とはその代理者をも含むものと裁決していると云えば、カニンガムは英国の最高権威はアイルランド系米国人たる自分には何ら権威とならず自分は米国の法規を本《もと》として論ずるもので、斯様なことは許さるべきでないと応じて興味ある光景を現わした。裁判長はカニンガムの動議を却下した。

オーウェン・カニンガム弁護人

松井部門は松井欠席のまま続行。大亜細亜協会の趣意書、松井自身の演説等提出されたが、亜細亜人の亜細亜主義的なもののみで寧ろ検事の訴追段階にあるが如き感じであった。マタイス米弁護人もただ傍観するのみ。松井は裁判後は南京国民政府、張群総理の招聘《しょうへい》に応じて顧問として渡支すと宣伝せらる。山田純三郎氏の斡旋あるものの如きが、果して如何にや。松井自身これを信ずるものの如し。

十一月八日　土曜日

情勢

一、十一月六日（木曜日）モスクワ劇場においてなされたモロトフの演説はソ連の一種の対米英宣戦とも見倣《みな》さるべきものである。何となれば米英の態度がトルーマン——マーシャル政策の確立によって決定した後に成立したコミンフォルムの活動及ソ連の国際連合における宣伝戦（ヴィシンスキーの演説）これに伴う各地共産党の策謀の総括的中央方針を宣明したからである。モロトフ演説は(1)世界各地に活動するコミンフォルムの成立を歓迎し(2)米英の小国圧迫及植民地戦を反撃して旧植民地異民族の奮起を促し(3)米英の対ソ空軍根拠地の獲得及資本主義的侵略戦争の準備を暴露し(4)ソ連の政策は唯一の平和政策なることを高調し

(5)ソ連及その衛星国の力は米英に勝るものにして原子爆弾は今日米英の独占物にはあらざることを言明したものである。

この演説はソ連中央部において巨細に検討の上決定した方針で全世界の共産機関に対する指導的訓令であり、宣伝方針の指示である。米英の政策に対して妥協の余地のないソ連政策の宣伝は国際連合においてもその他世界各地においても着々その鋒鋩《ほうぼう》〔切っ先〕を現わすものと思われる。Cold war 以上のものを予想せしめる。平和の神の奪い合いは国際政局上危険なことである。

二、ソ連の政策は国際連合においては米国の多数決主義に対する回答として非協力主義を以てしている。ギリシャ委員会に対する態度もその現われであり、又拒否権なき連合総会小委員会設置の米国提案に反対して明に非協力の態度を宣明している。朝鮮派遣委員会（全国的総選挙を三月十五日に行い、これを監視して朝鮮の独立を援助するため派遣さる）に対しても非協力的態度を示した。

モロトフは平和を独占すると共に民主々義をも独占して米英を資本帝国主義者であると罵っている。

三、日本平和条約も十一月二十五日ロンドンで開かれる四外相会議で揉まれることと思うも、結局ソ連は非協力的態度を示すものと思われる。何となればここにも拒否権問題が絡まっているからである。

朝鮮問題が紛糾し、ソ連は数十万の朝鮮赤軍を準備しつつ連合軍即《すなわち》米軍の朝鮮撤兵を主張しつつある。ソ連の手である。これはドイツに対しても、ギリシャ、エジプト、インドネシア等に対しても同じ手である。恐らく日本に対してもこの手で来るものと思われる。北鮮の赤軍はやがて朝鮮全部を統一しそれから日本を征服してこれを赤化することを考えているものと認められる。日本はこれに如何に対処すべきであるか。米国の援助に漫然信頼して済む問題であるか、天は自ら助くるもの以外には助くることはない。

四、英国の地方選挙における保守党の大勝は英国の政情の方向として注意を要する。

十一月十日　月曜日　富士見ゆ

法廷、クレーマー米少将〔代理裁判長〕裁判席に就《つ》く。ブレークニー弁護人立ってソ連検事の要求に係る欠席証人の口供書受付要求に関するキーナン、及タヴェナーの所論に痛烈なる反駁を加う。タヴェナー答う所あり裁判所は裁定を留保す。

松井被告自身の証言を保留して松井部門を終り南部門に入る。

ブルックスは陸大日記即ち陸軍省の重要書類綴りによって満洲事変の際参謀本部より関東軍に訓令した不拡大方針、内政不干渉主義は何れも政府の方針に基くもので南大将に有利なるこれら訓令電報多数提出せられた。証人たる当時の外相幣原氏の病気のため反対尋問は出張聴取のことになった。米陸軍長官であったハーレー将軍の南陸相会談も証拠として受理された。

本日きゑ子来訪、篤の奔走《ほんそう》で五万円の訴訟費用の借入れが出来て一時は切り抜けたとて喜んで語った。非常の骨折であった様だ。勉強の故障〔障害〕にならぬ様にと思った。

惨憺たる家状は家状として、世界の形勢は漸次日本の建て直りを期待する様なり。日本の将来に一縷の光明を見得る様になったと喜んだ。

十一月十一日　火曜日　晴

休戦平和記念日（第一次世界大戦）のため休廷す。

第一次世界戦争は日本も英米側であり、私もパリの平和会議において連合国側の平和条約起草の激しい場面を見た。日本は五大国の一つとして取扱われ又三大海軍国の列にあった。第一次世界戦の休戦が今日も平和記念日として祝されている。我々は第二次世界戦争の敗者として今戦争責任を裁判に問われている。

今日風呂に入った。共同風呂で最近はA級は二組になって相次いで入らされる。法廷のある前日は鬚剃りのために必ず入浴がある。今日は休廷で入浴も長閑《のどか》な気分である。我々は最初の組で平沼、南の老人、松井、小磯、板垣、梅津の大将、広田重臣、畑元帥も居る。ヒポポタムス（河馬《かば》）──が泥池に首だけ出している様にこれらの老人が大風呂の中で顔だけお湯から出して好い気になりながら新裁判長の態度や片山内閣の批評等をしているのは実に見事な光景である。平沼老の髪の毛も南翁の天神鬚も段々黒くなって来た。

十一月十二日　水曜日　晴

今日天洗うが如く山々は近くに見ゆ。富士山は西天に玉立《ぎょくりつ》して輝いている。市谷帰途には西空燃えて赤く焦げている中に富士は黒いシルウェットを見せて立っていた。車中の同人等は身を聳《そばだ》ててこの壮大な景色を見て喜んだ。

法廷、南部門も好都合に済み、武藤部門（コール弁護人）に入る。検事は比島ロペス氏である。ロペス検事は、コミンズ・カー張りに証人を反対尋問しつつあり。岩畔《いわくろ》大佐が日英交渉について直接武藤軍務局長より指揮を受けた証拠として武藤の電報を提出している。岩畔証人は日米交渉最初の私案とは自分の起草なりと云い、ハル長官とは野村大使と同席して自由に発言交渉したりと云い、又大統領にも面会をすすめられたと洩らしその軍代表としての活動振りを披露した。日米交渉の如何なるものであったかを知らしめる材料である。山本（熊一）大使は三度証人として出廷、検事は、参謀本部が日米交渉に関して石油要求案を提出せるが、その軍部案は武藤案なりとてこれを提出して証人に追及す。

本日、ファネスは信用すべき筋の云う所によれば、検事側は私に対して何等新証拠を発見し居らず、キーナンは当初ソ連側は多くの証拠を有っていると云うので起訴に賛成したが、何にも見つからぬ様だとの事であると報じた。

十一月十三日　木曜日　晴　急に寒し

法廷、数名証人調《しらべ》の後午後武藤中将自ら証人台に立ち軍務局長、師団長として又軍参謀長として支那南方、スマトラに活動し最後に山下〔奉文〕軍の参謀長として比島に奮闘した実情を展開、当時の状況を彷彿せしむ。弁護側の追加尋問ありて明日に持ち起す。

篤来訪、家事を報告し、軍隊応召中の友人仲間の上京希望について相談を受く。

十一月十四日　金曜日　晴　寒冷

法廷、武藤部門、武藤証人追加尋問続行。

穂積弁護人〔木戸、東郷担当〕の後ファネスの質問に答え、重光大使は一九四一年八月頃会見す、同大使は英国民の堅忍容易に敗北せず又英帝国の崩壊の如き到底考うることを能わず、而して米国の国力は強大にして、すでに英国援助は決定的であるとの談話をなせりと述ぶ。

ロペス氏反対尋問、コミンズ・カー張りに種々文書を提出して質問せるも一向に要領を得ず。午後二時半に及び、ロペス氏は病気の故を以て尋問を中止、裁判長は月曜日休廷を宣す。

華子、学校を繰合せ来訪、種々学校のことを報告す。弁護人守屋氏〔和郎・駐支一等書記官〕の口供書を示す。

十一月十五日　土曜日　晴　遊歩

情勢

一、ロンドン外相会議に対する両陣営の準備宣伝戦行わる。モロトフの革命記念日（十一月七日）の演説は注目せらる。ソ連が原子爆弾を有《も》っているとの宣伝は世界に波紋を投ず。ソ連は仏、伊において共産党の直接攻勢を指令せるが如く、イタリアではトリアチは民主革命を唱導し、仏においてはトレーズの指導の下にマルセーユにおいてはド・ゴール派の市役所を乗り取った。

パレスタインは七月一日を以てアラブ、ユダヤ二国に分離することに米ソ共合意す。

二、英国においては蔵相ダルトンは新税案を新聞に洩らした責任を取って辞職し、クリップス後任となる。地方選挙の惨敗に伴い労働党内閣動揺す。

十一月十六日　日曜日　晴　浴

大君の辺にこそ死なめゆるぎなき
御国の末を思ふ心に

十一月十七日　月曜日　晴　浴

法廷、武藤部門、ロペス比島検事病気癒えず、イングリッシュ検事代行す。平凡に終り、岡部門に入る。冒頭陳述において岡は何等責任を取る地位に非ざりしこと、常に平和主義なりしこと、日米戦争に反対せること等を詳説したる後、証人柴大佐〔勝男・海軍省軍務局〕現わる。その口供書中に岡が対米最後通牒中に今後自由行動を取るべき旨の警告を挿入すべきことを主張したるも、外務省の反対に会い成功せず遂に最後通牒は不完全のものとなりたりとある点を検事は捉え、断る不完全なる通牒文に結局賛成したるは海軍のだまし打(真珠湾)の目的に叶うがためなりしならんと逆襲す。この種の他に害ある証言は結局自己を利せず。裁判は

ジョセフ・F・イングリッシュ検察官(米)

橋本欣五郎と岡敬純海軍中将(右)

共同謀議を前提としているからである。

新聞は米国滞在の馮玉祥《ふうぎょくしょう》一味支那人の協会〔旅美中国和平民主聯盟〕を組織し、米国の対蔣援助打切りを主張す、広西派と共に蔣離反の策謀にて反逆は馮の特質なり、大成はせず。

十一月十八日　火曜日　浴

全く冬景色となる荒寥《こうりょう》。

法廷、岡被告午後に至って証人台に立つ。五十項目に亘る弁明口供書を朗読す。その内に日米開戦当時の日本よりの最後通牒に自由行動をとるとの警告文挿入せんことを主張したが外務省により削除せられたとて、その当時の内幕を発《あば》いたことは注目を曳いた。東郷弁護人――ブレークニー反対尋問を行う。

篤がやって来て家状を報告した。元気に見えた。楊舟先生及平治よりの詩書を持参した。

ファネスがキーナンに会った処、ソ連検事が多数の文書を用意していると赤信号を齎らした。

十一月十九日　水曜日

法廷、岡証人反対尋問続き、最後俘虜問題追及急なり。午後に至りて終る。

幣原証人出張尋問報告あり。

Robert Sherrod: On to Westward を読み「アッツ」以後太平洋全面における島々の戦闘で日本人の最後の抵抗、総括自殺、全員（戦闘員。非戦闘員共）万歳逆襲の状況を知り、孤島全員戦死の惨状目も当てられず、血涙禁じ難し。

十一月二十日　木曜日　寒冷　浴

法廷、幣原証言報告続く――カー検事論争して証人の認めた文書の朗読が許さる。

奉天総領事と外相との往復電報等なり、南、土肥原に不利益なり。

ファネス報告――キーナン主席検事の態度奇怪なり。毎日連絡して毎日態度変るは各国検事をコントロールし難きためならん、云々。

被告が証人台に立たぬことをキーナンは希望せ

るものの如し。

十一月二十一日　金曜日　寒

法廷、大島部門に入る。軍人次ぎ次ぎに出る、多くはドイツ派遣の武官である。検事の反対尋問に会い逆効果を来すもの少なからず。

笠原武官〔幸雄・少将〕の三国同盟発端の際の日本往復から、その際行われた五相会議の決定に関する説明は注目された。河邊虎四郎中将の証言は検事タヴェナーの反対尋問に会い逆効果を生ず。河邊証人は大島大使が三国同盟締結に付いて賛成を得んため各国駐在の日本大使を歴訪したが、ベルギー（来栖大使）及英国（記者）にては賛成を得ざりしと証言した。

笠原幸雄陸軍武官

田中隆吉氏はキーナンの意なりとて⑴被告は証人に立たざること、⑵反証をなるべく簡単にすることを条件にして検事側は重光、梅津の起訴の誤りなりしを言明すべし。又嶋田、鈴木、白鳥も証言台に立たざるを勧告すと。

キーナンは本人が証人台に立たざること、証拠は重なるもの数個に限ることを条件として、戦時中の事柄は起訴せざることをコムミットすべしと申出で、協力方をファネスに頼みたりと、柳井氏は協議して回答することを打合す。

華子学校を都合して面会に来る。

十一月二十四日　月曜日

法廷、大島部門証人反対尋問続行。タヴェナー大島大使のロンドン旅行、重光大使との会談の内容について証人（河邊）を追及す。証人はロンドンにても大島は三国同盟の賛成を得ざりしものの如しと答う。ファネス尋問し更に重光大使の三国同盟反対の立場を明にす。

松井部門に復帰、松井大将証人台に立つ。検事は南京事件を追及す。

柳井弁護人、重光部門準備完了を報ず。笹川氏法廷に同行す。

巣鴨の吾々の独房には鉄の網の扉が特に取り付けられた。この扉によって各独房を廊下より遮断し同時に廊下の暖房装置による温度を房内に送り込むことを得る。

松井大将は支那から持ち帰った観音像を熱海伊豆山の自宅の近傍に祠《まつ》ってある。巣鴨でも数珠を爪繰《つまぐ》って手を合せ叩頭《こうとう》念仏枯声《からごえ》棟内に響く。

東條の室の付近には監視の眼が特に多い。自殺を恐れているのであるが、東條にはそんな気配も見えぬ。

小磯の室からは時に拍手《かしわで》をたたく音が聞える。又南無妙法蓮華経を高らかに唱うる人々もある。巣鴨監獄第五棟・V・の二階（B）ではこうした風景を毎朝繰返している。大島中将の詩吟は最も陽気な方である。

急に寒くなり蒲団一枚増給さる、喜ぶ。

十一月二十五日　火曜日

法廷、松井部門は無事済んだ。松井の態度も検事ノーラン・カナダ代将の態度も好かった。支那側は松井に寛大であった。

大島部門に逆戻りして証人数名の口供書提出の後、大島被告証人台に立つ。

本日珍客あり。上海人なりとて私に面会を求むる白人婦人ありファネス同行す。二、三十の派手やかな美人なり。聞けば同人は永く日本に居り、二週間前日本にて来朝中の米国商人と結婚せりとの事。元ハルピン白露系ユダヤ娘の様でハルピンにおいて子供の時にホテルで私に出会ったことあり。上海のサッスーン〔財閥〕その他との関係も密接であると身許を語った後「貴下《あなた》は斯様な処に居る人ではない、実に憤懣《ふんまん》に堪えぬ。世の中は貴下の将来の力に負う所多き筈なり。如何なる手助けも致し度し」と述べ同情と好意とに満ちている。如何なる経歴の人かは知らぬけれども、上海ではChina Press紙は私に同情した記事を載せており、支那におけるユダヤ系の同情者なるべし。同女はチョコレートの大箱や書籍数冊を残して行ったとの事。

十一月二十六日　水曜日　晴

法廷、大島口供書を終りて後、ファネスの尋問に対し大島はロンドン訪問の際私の三国同盟反対の印象を受けたりと証言す。タヴェナーの反対尋問は検事の証拠文書を以て追及し、大島証人憤激す。三国同盟交渉の中途で閉廷。明日は感謝祭とて休廷す。

田中隆吉氏の梅津に齎らせる情報。

天皇問題についてはキーナンはマッカーサーの意を承《う》けて動き居るが如く、木戸口供書には反感を有ち、これがために陛下に累を及さんことを恐れ、木戸反対尋問前に陛下に戦犯なきことを公表し、次で反対尋問において更にこれを明瞭にしたるものである。然るにウェッブ等はマッカーサーの意見とは一致せず、少く共陛下を証人に呼び出す必要ありと主張した。ウェッブはこの点において意見合わず、今回の帰国旅行もこれに関連するものある如し。又キーナンは、重光、梅津を起訴せるは誤りなりしこと判明せるに付適当の時期に訴追取り下げを実行すべし。兎に角本人は証人に立たぬ様にせられ度く、又文書挙証を簡単にせられ度しと云い居れり云々。

十一月二十七日　木曜日　晴　感謝祭休廷

午前午後中庭遊歩、将棋、トランプ（ジン・ラミー）をなす。

夜ブルーム大尉来り連絡す。獄内の空気何となく寛和《かんわ》す。

戦犯と追放とは結局日本国民を二分して反目の源を作る。斯る政策は日本のためにも米国のためにも有害無益なり。況《いわん》や民主主義精神に反し、全体主義的のものなるにおいてをや。米国が今日尚日本の真情を突き止め得ずしてソ連に利用せられ居る実情は遺憾なり。

毎朝の読経念仏の声響く。

十一月二十八日　金曜日　晴

法廷、大島反対尋問続行。タヴェナー反対尋問頗《すこぶ》る辛辣である。白鳥との謀議、リッベンとの連絡、板垣の後楯等を持ち出して追及し証人も相当感情的となる。タヴェナーは原田日記を材料とする所多し。大島大使が有田外相の意向を汲まず直接陸相の意向を受けて行動したことを暴露し、尚大使がリッベンより操縦せられたることを示さんとした。大島の雑誌寄稿を取り出して攻め道具とした。ヒットラードイツと連合して日本が侵略戦争に乗り出したことを立証せんとする目的である。

篤来り朗《ほがらか》に語る。昨日は妻きゑ子来り弁護人に茶菓を持参せり。

ファネスはキーナンやウールワース検事と種々打合せをなし証人又は文書の挙証も最少限度となす筈。

タヴェナーは大島のロンドン旅行について尚追及し、更に原田日記によりベルリンにおいて大公使と会同した時の各大公使の意見表示を追及した。

巣鴨帰途、夕陽は富士に懸り、東に満月上る。バスの中から一同これを見て喜ぶ。

十一月二十九日　土　晴

終日戸外に出されず、但し室内訪問を許さる。窓にも全部鉄網を取り付け、入口は鉄網の扉を閉《とざ》す。蓋《けだ》し裁判も終りに近付くと共に自殺を防止せんとする用意の如し。廊下にはM・Pの警邏《けいら》二十四時間絶えず、鉄網の中を覗き込む。夜は勿論終夜燈である。

ロンドン外相会議は火曜日（二十五日）より開始。モロトフ宣伝攻勢に出ず。その題目は相変らず、⑴米帝国資本主義の侵略政策遂行、対ソ軍事基地推進、⑵米国の対ソ包囲政策によって戦争は必至なること、⑶ソ連は唯一の民主国にして平和維持を企図するものなること、⑷ソ連の軍備は最強にして原子爆弾を有すること等で、中間諸国を戦慄せしめている。これら中間諸国の平和希望にはばまれて米国の政策は時に萎縮する傾《かたむき》のあるのはソ連宣伝の成功の部分である。

十二月一日　月曜日

法廷、大島証人反対尋問続行。大島リッベン関係多し。主としてベルリンにおける活動について尋問行われ、ドイツとの協力関係の中心人物なることを暴露するに努む。

谷、天羽両氏。証人準備のために呼び出し、巣鴨より同車法廷控室に至る。柳井弁護人に依頼せしものなり。私のケースに入る前に両氏と会談したき趣旨なり。両氏の家族面会の便宜もあった。私の部門終れば呼び出すことは出来ぬ。

華子来訪、学校のこと等報告す。風邪気味なるを心配す。

ファネス最後の準備をなす。昨日もキーナン主席と会見打合せをなす。証人全部を廃し書類も僅少にすべしとの事、万事柳井氏と協議して決定することに依頼す。

午後に至りて俘虜関係の証人として鈴木〔九萬〕公使のみを煩《わずら》わすことにすべしと云う。

他の米人弁護士中ファネスに対し、重光部門は何もやる必要なし、全部すでに立証せられたるにあらずやと云うもの多しとの事。

十二月二日　火曜日　晴　富士見ゆ

法廷、大島反対尋問続行、仏印問題や松岡政策との関係についてドイツの文書を基礎として追及急なるものあり。証人の答弁要領悪く引っかかる処多し。午後カニンガムの再尋問に入りリッベンの最後の口述書中、ドイツは日本に対し英国（シンガポール）を攻撃することを勧め、次でソ連を攻撃することを勧めたるも、ドイツの最も希望せざる米国（真珠湾）を攻撃した。ドイツも驚いたが大島大使も驚いたとある部分の朗読が許された。ファネスは証拠提出に関して苦心惨澹《さんたん》す。ただ一人の証人鈴木公使（俘虜問題）の出廷を止めるか否かについて頗る動揺、柳井君も種々考慮、結局ファネスの意見にて落すことに決した様だ。総て彼れの判断によるの外なし。これがベストと認めらる。

篤来訪、友人渡邊君（テニス選手）を伴いテニス談等をなす。

十二月三日　水曜日　晴

法廷、大島部門終了して、午前中、佐藤部門に入る。少数の文書の外《ほか》証人六、七名あり、その内半数に反対尋問（モネーン検事）行わる。何れも成績は良好ならず。本人は証人台に立つことなく終了。重光部門に入ったのは午後の最終で、この日は二十分ばかりを余していた。ファネスは冒頭陳述を行わずして挙証に入り、文書を次ぎ次ぎに提出してその説明を挿入して行った（ランニング・コムメンタリー）。キーナン主席検事監視の態度を以て出席。主任検事はウールワース大佐なり。ソ連検事ワシリエフ少将は直に立ってファネスの説明に対して異議を入れたるも、裁判長は続行を命じ、ファネスは満洲問題に関する私と宋子文との接衝、満洲問題に関する私の意見電報（日本軍部の冒険を慨《がい》し、日本の将来を憂いたるもの）を朗読して本日は終了。

今朝、ファネスはキーナンと接触して私を俘虜関係について訴追せざることを条件として鈴木公使証言を落すことに決定した。

十二月四日　木曜日

朝、K・P当番の一人板垣大将コーヒーの御代りを配りにドラム缶の様なものをかかえて、室に飛び込んで、コーヒー一杯を差出して曰く「重光さん、今日も元気でやって下さい」と。私「いやどうも、種々な書類を読んで御迷惑をかけて済み

板垣征四郎陸軍大将（上）と木村兵太郎陸軍大将

ません」昨日ファネスの朗読した満洲事件に関連した私の軍閥攻撃の電報について言ったのである。何時《いつ》もの板垣君なら、真正面から大声で怒鳴るのであるが、同君の今日の態度には、私は非常に嬉しいものを感じた。同君も立派な武士である。

法廷、重光部門ファネス進行。満洲事変より上海戦争の処理に移り、ランプソン（駐支英国公使）、ジョンソン、守屋等の口供書を朗読し、私が如何に事件を処理したか、爆弾を投ぜられ瀕死の間に休戦取極めに署名したことを明にし、次でソ連問題に移り、ファネス渡支の際支那外交部の証明せる商務院書館発行の条約集により、渾春《こんしゅん》の露清条約の支那文の英語（国境が張鼓峯の東麓ハッサン湖〈長湖〉の西側を通過す）を提出し、ワシリエフ少将の激しき異議に会いたるも、ファネスはソ連側提出の露文を否認せんとするものにあらず、同じく正文たる支那文もまた同価値を以て受付けらるべきものなりと反駁し、条約文は裁判長の受理する処となった。張鼓峯日ソ軍の衝突の根底についてソ連の一方的立場を覆えしたものである。張鼓峯問題は完勝するものと認められる。

私のモスクワにおける同僚米大使デーヴィス氏の口供書読まる。

在英大使時代の平和努力についてはロード・ハンキーの長文の口供書提出され、当時の外務政務次官バトラーの付帯的口供書朗読せられ、尚ロード・セムピルの口供書の一部及「グウィン」（元モーニング・ポスト社主）の口供書受理朗読さる。

日本帰朝当時（一九四一年七月）豊田外相に対する意見陳述の内容は、豊田口供書により明かにせられクレーギー英駐日大使の質問応答の形式の口供書も朗読さる。

外相時代には、仏国に対する問題（仏印処理）については岡本在スウェーデン公使の来電を示して、仏国ド・ゴール政府は日本に対し一九四一年十二月以来交戦状態にあることを宣言しており、これはフランスの亜細亜領についても同様なりとの宣言発表ありたる旨が明にせられた。

次でソ連関係に帰り、戦争末期においてソ連との妥協の交渉腹案として最高戦争指導会議に提出採用せられた大譲歩案が提出せられて私の対ソ意見が明にせられた。

平和回復の努力に関してはスウェーデン駐日公使バッゲ氏（現エジプト駐在スウェーデン公使）の口供書の提出によりて明瞭にされた。

ファネス弁護人は私が一九四五年九月二日の終戦文書に署名させることを注意して、重光部門を終る。嶋田部門に入る。

裁判所の空気はファネスの陳述に同情的であった。相手は終始ソ連検事であって、連絡者ウールワース米検事の外は当初キーナン主席及支那検事が暫時《ざんじ》検事席にありしのみ。ソ連検事もファネスの協調的態度に誘われて余り極端なる感情を現わさず。異議に成功せるはチャチルの演説（私に関する部分）及グルー大使の口供書（開戦当初私の同大使に宛てたる書簡）クレーギー大使の質問書の一部のみであった。然し書類は約七、八十通、証人は十名足らずも準備されてあった。ファネスと検事側との接衝によって証人は全部落し文書は極めて重要にして内容具体的のもののみに止め、大部分を犠牲に供した。その中にも珠玉は少くない。二年に亘る弁護人の努力の結晶であると共に被告に取っては大切な記念品である。私が英米人の間に多数のしかも思いがけない友人を有っていたことはこれによって証明さるる処であり、これらの文書については無限の誇りと愉快とを感ずるものである。

本日は傍聴席に家兄蔟《あつむ》の顔も見え後で会談した。きゑ子も来た。篤も来ているとの事で総がかりの有様である。ファネスも柳井君も上機嫌であった。他の被告の場合に比して目についていて上出来であった。

十二月五日　金曜日　半晴

新聞紙は昨日の法廷の記事を載す。英字新聞(タイムズ及スターズ・アンド・ストライプス）はRanking diplomats of U. S. and Britain defend Shigemitsu との見出しで大きく報道した。

法廷、嶋田部門進行し嶋田大将証人台に立ち、ロビンソン大佐の反対尋問に会う。海軍大臣（嶋田）及軍令部総長（永野）が開戦の準備成れりと奉答して遂に御前会議となれりとある木戸日記を取り出してその責任を追及したるに対し、嶋田は開戦の手続きは外務大臣の責任なりとて東郷に押し付けた。感情問題となり居る様である。

本日篤来り、おじい様（林市蔵）の脳溢血を報ず。非常に驚き血涙の禁じ難きものあり。八十二翁何とかして数年生かし度し、嗚呼《ああ》。

A・P通信は法廷重光部門の出来事を、七名の米英の重要外交官が重光の平和努力を賞揚すと云う書き出しを以てこれらの人々の口供書内容を摘録す。「タイムズ」は「米英一流外交官重光を弁護す」の題下《だいか》に記事を第一面の中央に掲げた。日本新聞は遠慮勝ちに大要を報じた。重光部門は三時間で終了、佐藤部門の最短記録を破ったと報じた。

警護のM・Pや巣鴨の獄兵中「おめでとう、早くすむ様に」と挨拶して喜んでくれるものもあった。獄窓《ごくそう》の喜びである。

十二月六日　土曜日　晴

天皇陛下が開戦決定の御前会議開催の前、海軍大臣及軍司令総長を召されて意見を徴され、万事準備成れりとの奉答を得た上、東條首相に対し会議の召集を許された（木戸日記）。その奉答の責任は重大である。この場合の総理、軍部大臣、外務大臣の態度如何では、陛下に累が及ぶ。裁判長等はこれらの点を明瞭にするため天皇を証人に呼ぶことを主張している。キーナン主席検事は、木戸尋問によっても種々天皇に直接関係ある事柄が出て来たので、田中隆吉氏を使って、東條に対し尋問の際には、陛下の責任を洗い去る様にと通じた。東條も証人台に立つ前にこれを聞いて、木戸と協議した様である。東條の陛下に対する忠誠はすでに疑問の余地はない。彼は東條部門は文書もなく証人もなく唯自分が証人台に立つばかりであると云っている。彼れは、陛下の大御心のままを明瞭にして、最後の忠誠を表示すべき時機が来たと思っているに相違ない。

ソ連は東京裁判の当初、天皇陛下を戦犯に指定することを強く主張したのであったが、今日まで遂にその目的を達せず。ソ連は、梅津と私とを戦犯に追加することに成功したのみであった。然し、天皇を戦犯に問うの意向はソ連のみでなく、濠洲やニュージーランドにもあり、ウェッブ裁判長の如きは少く共、天皇を証人台に引き出すべきことを主張したと云われている。ウェッブの濠洲旅行は、その説の破れたためであるとさえ伝えられている。

天皇陛下に関する限り、被告の態度は明確に定まっている。天皇に戦争責任のないことは何人と雖《いえど》も疑う余地はない。この上は速《すみやか》にこの裁判を終結せしめて形勢を安定せしめることが望ましい事である。

十二月七日　日曜日　晴

情勢

一、二つの世界の冷戦は漸次温戦程度に進んで来た。ロンドンにおける四大国外相会議が宣伝戦の中心をなしている。ソ連は対日平和回復のため大国会議を支那で開くことを提案し、対墺条約を外相代理会議で、対独条約を外相会議で審議すると云う態度で、大国は先ず対独条約を片付けると云う意見には変りはないが困難なことである。

イタリア、フランス、における共産党の攻勢は遂に国内戦争の様相を呈しつつある。ために仏におけるド・ゴールの勢力は増し、英国におけるモスレー〔英ファシスト同盟指導者〕分子も擡頭《たいとう》していると報ぜられる。

二、支那の形勢は益々混沌として来た。共産軍は鄭州《ていしゅう》付近にもあり、漢口の危険さえ報ぜられている。米国の自由支那実現の方策は常に共産軍を声援している。東方における共産勢力に対抗するためには反共勢力の大同団結を組織するの外に方法はない。米国の中道主義はこれに気が付かない。

三、東亜でコミンテルンの様な組織がハルピンに開催されて、その本部が浦塩に置かれたと報ぜられ、日本共産党はこれに参加しないと云われている。彼等の大目的は反共の牙城日本を乗っ取ると云うことである。日本における不安は急増の有様である。労働争議は官庁にまで及びサボタージは到る処に行われている。日本における政治社会の不安は激増している。それでも「スカップ」は毎月日本占領政策の成功を報告している。スカップは共産党の味方であるとの印象を一般に与えている。

十二月八日　月曜日　晴　富士好し　浴

法廷、嶋田部門反対尋問続行。検事ロビンソン大佐の尋問も証人の返答も共に混沌たり。

本日法廷担任のM・P将校裁判後貴下の御住所を訪問して宜しきやと問う。裁判の結果を予期して云ふものの如し。彼等は何れも私の放免を信ずるものの如し。

十二月九日　火曜日　曇後晴

昨夜当番の警邏兵喧《やかま》しくて寝られず。彼等の習慣として沈黙を守ることは不可能なるに似たり。無限に話題が続き静かに話すことも出来ぬ。喧々騒々、芝居の真似もする。高笑し大声し、ハーモニカを吹く。一人で歩く時は口笛を吹く。独り語を云う。枕頭《まくらもと》を靴で歩きながら、これをやるので安眠は出来ぬ。一二回は注意しても又これを繰り返す。自由なき獄人は泣き寝入るの外はない。廊下にはquiet is maintained at all times常時静粛にすべしと米語で掲示がしてある。米兵に静粛を命ずる程困難なことはないと見える。

法廷は嶋田部門から白鳥部門に入った。

弁護士はコードル氏（白鳥担当）。白鳥に対する検事側の証拠の多くはドイツ側文書、オット大使の報告電報である。コードルは北京に在るオット大使の弁明書を得てこれを提出した。センダスキー検事はその主要部分に異議を申し立てこれを骨抜きにするに成功した。

宇垣大将が証人として出廷し、白鳥駐伊大使任命の事情を説明した。要するに近衛公が白鳥を次官にしろと云うのでローマに出して大使としたと云うのである。同時に任命された大島駐独大使は陸軍の注文を容れたのであろう。

本日の日本新聞には「重光弁護を歓迎す」等の題目で上海ロイター電報を載せている。（時事、産業新聞等）その要領は支那における中立支那系新聞チャイナプレスは東京裁判を評論し「英米の外交官が多数重光被告を弁護しているのは吾人の歓迎すべき事である。真珠湾の前後に亘って永く外交に関係した重光氏の如き有能な人が他に数名もいたならば日本は今日の如き悲境に立たずに済んだろう」と云うのである。これは国際的知己を感ぜしめる。私は国内的よりも寧ろ国際的に知己を有つことを誇りとする。国内の知識人に対して外交政治の重要性を認め得る尺度を有つものが少い。日本にこれまで喜ばれていたものは田舎武勇伝だけである。

十二月十日　水曜日　曇

法廷、白鳥部門進行。挙証甚だ粗雑の感あり。白鳥証人台に立つ。センダスキー仏検事反対尋問す。

十二月十一日　木曜日　富士晴る

法廷、白鳥部門、センダスキー反対尋問終日続行。頗る低調、白鳥証人の答弁要領好し、攻め道具は白鳥の雑誌に発表した論文である。白鳥の軍部との関係、有田次官との喧嘩等検事も相当調査している。

きゑ子来訪、山本男の逝去に対し悔《くや》みを云うことを依頼した。又グルー大使夫人より慰問品送り来りたりとの事に礼状を出す様に手配した。

十二月十二日　金曜日　晴　富士好し

法廷、白鳥部門終り鈴木部門に入る。

高柳弁護人英語にて冒頭陳述を行い、レヴィン米弁護人挙証を行い数名の口供書を朗読したる後（支那人胡霖《こりん》〔ジャーナリスト〕の口供書もあった）被告証人台に立つ。長文の口供書を読み、対支親善論者であって国民党及蔣介石との協力を主張し、米英に対しては親善平和論者であったことを二時間半に亘りて述べ、ノーラン代将の反対尋問に入り、先ず支那問題に関し鈴木氏が外務省守島書記官に一九三三年中に手交した軍部の対支方針なるものを持ち出して口供書を覆し、更に鈴木証人が興亜院政治部長として阿片問題に関係ありと追及して本日を終る。

本日三浦公使よりファネス伝言なりとて「ある裁判官の秘書より差上げ呉れよと渡されたりとて煙草二箱を受領した」とてシガレット小箱二個を差入れらる。よく見れば、英国ロンドン製なり。

十二月十三日　土曜日　晴　遊歩

この頃少時間他室訪問を許さる。

情勢　各地共形勢は悪化しつつあるもソ連は寛和戦術に出でつつあり。

一、英ソ通商協定成立。二、ドイツにおける鉄道増産合意成立。

が実現した。

巣鴨にて

東條もK・Pや廊下掃除に服役、煙草を喰えながらやっている。彼も時に笑声を出す。この頃は肥えて、イタズラッ子の様な格好で陣羽織を着込み、モム平《べい》〔もんぺ〕ズボンに下駄を穿いて歩く。法廷ではケ隊長が気を付けて世話をする。巣鴨では裁判の仕事の外は小説を好く読んでいる。昨日は中庭のコンクリートの上で列んで腰を下した。彼が韻本を有っているのを見て、私から「詩作は結構」と云ったら、東條は「いや、もう間に合わぬから、始め様と思ったけれどもよした。さきがもう短い」との答えであった。私はこれを聞いて何か心を傷めるものがあった。

十二月十四日　日曜日　晴

　荒木将軍室で荒木、星野氏等と将棋をやる。

十二月十五日　月曜日　晴　富士好し

法廷、ウェッブ裁判長帰任。

　鈴木反対尋問、ノーラン代将によって突込んで行われ、鈴木口供書を攻撃した。本日、鈴木証人は軍を押えて戦争防止するは一つに天皇の直接の命令によるの外なしと考え、木戸内府に相談したるに木戸はその時期未だ来らずとてこれに反対した。

　尚自分（鈴木）は九月六日（一九四一年）の御前会議決定を白紙に還元することを木戸に進言したりと答えた。後にて木戸氏に質した処木戸は鈴木口供書を否定して、この辺の消息は木戸日記及木戸口供書の通りであると云う。鈴木口供書は近衛公との関係を密接に描写し、井上侯爵（三郎）等と協議し東久邇宮内閣を当時計画して戦争を防止せんとせりと述ぶ。

　午後鈴木部門終り。

　東郷部門に入り、冒頭陳述はブレークニーの堂々たる検事訴追に対する正面攻撃あり。挙証に入りたる後、キーナン立って時間を節約するため東郷の東條内閣入閣前についてはノモンハン事件のソ連関係の外はその責を問わざるに付これに対する挙証を略すこと可、然しと申出で、主席検事は訴追事項の取捨を為す権利ありと主張した。ブレークニーはこれに拘らず挙証第一として東郷の一九三三年立案の外交意見書なるものを提出す。キーナンはこれに異議を挟んだが裁判長はこれを排して受理した。この意見書は有田氏が東郷の欧亜局長当時提出したものであると証明したものである。

十二月十六日　火曜日

法廷、東郷部門進行、一九三三年の東郷の意見を基礎としてブレークニーはその部分部分を読み上げ尚それを立証するため多数の証人及文書を提出す。本日はソ連関係、ドイツ関係、英米関係を別々に取り上げた。ドイツ関係については大島武官が防共協定をリッベントロップと交渉し、東郷を排斥せる状況を、当時の在独大使館関係者就中《なかんずく》笠原少将、首藤〔安人〕商務官等を証人として説明し、対ソ関係についてはその旧《もと》部下、軍縮問題についても同様、東郷の下に働いた人々の総出の観があった。陸海軍武官（海軍は小島武官〔秀雄・中佐〕）共に東郷大使を排斥せりと云う。

首藤商務官の証言中に伍堂卓雄《ごどうたくお》（海軍中将）氏が軍部の意を承けてドイツに特使として来り、支那におけるドイツの経済活動に対して日本と同等の地位を与うることを提議し、リッベンは東郷の反対に会い「日本と同等」とありしを単に「優位プレフェレンシャル」と訂正した事を述べた。当時の在独日本大使館関係の混雑振りを想像せしむる。

法廷のＭ・Ｐのホール中尉、貴下は何時鎌倉に帰らるるやと質問す。ケ隊長は自分の部下のものは悉く貴下の無罪を信ず、と云う。同情者なり。ホール中尉は別府に転任の予定である。

十二月十七日　水曜日　初雪積雪二寸アリタ富士

法廷、東郷部門進行す。午後被告証人台に立ち口供書半ば朗読さる。某前重臣曰く
「彼れは利用すべきあらゆる人を利用し、踏台にし又有《あら》ゆる人々を傷付けんと欲するものなり」
と彼の証言に対して反対尋問せんとするものは

検事よりも他の被告の弁護人たるの奇観を呈す。

証人の一人鹿児島県出身社会党代議士某〔冨吉榮二〕の口供書中に「東條軍閥内閣」とか「来栖大使米国派遣はトリックに思われたから」とか書かれてあるのを捉えてキーナンは反対尋問し「これは当時の常識であった」と云う返事を得て却って被告の立場は害された。対ソ関係を重要視し開戦直前にソ連に対し中立厳守の約束をなしてモロトフに賞められたと云うA・Pの記事は開戦に当ってソ連を固めて戦争準備を急いだと云う印象を与えている。

十二月十八日　木曜日　晴

法廷、東郷部門。四時間に亘る東郷口供書朗読を終了。弁護側の反対尋問に入る。口供書は東郷の弁護のために役立つ事は細大洩らさずこれを利用せる点は満足すべきものなるも、余りに自己防衛に極端なるため他人を傷つけて顧みざる結果となりて気品に欠けたる自己推奨に始終した。ローガンは先ず木戸のために憤然として反対尋問す。証人は「自分が木戸よりも軍閥的なりとは何人も考えざるべし」と逆襲す。

東郷茂徳元外務大臣

篤来訪、林老人病気快方の吉報を齎す。尚家賃は千円に急騰して工夫付かず目下奔走中と報す。

十二月十九日　金曜日　曇

数日来脚痛む。

法廷、本日は法廷に異変あり。先ずローガン（木戸）は調子を和らげて質問を続行し、昨日の傷を癒さんことを期した。

次で海軍側の弁護士ブレナン尋問し、海軍側に

嶋田繁太郎海軍大将（右から二人目）

おいて真珠湾奇襲の作戦の意図なかりしことを云わしめんとせしに、東郷証人はもし斯くの如く自分の口供を疑うならば、海軍側の真意を述ぶべしとて、嶋田（元海相）及永野（元軍令部総長）ある昼食後（法廷控室？）自分に接近し海軍奇襲計画なかりしことに打合せて貰い度しと脅迫的言辞を以て相談を持ちかけたことあり、又永野死去直前に真珠湾攻撃については自分において責任をとると云えるに付然らば奇襲計画についても責任をとるやと反問せるに返答せざりしと云い、又十一月五日開戦直前の御前会議についてはこれに出席せるもので巣鴨において誰一人これを記憶しているものなかりし、如何に自分に不利なることを忘れ勝ちなるかはこれにても明瞭なりとて暴露戦術を行い満堂を緊張せしめ、検事側を喜ばしめた。これは嶋田大将が証人台において日本海軍は奇襲の如き卑屈なことをする根性は持ち合わせずと見得を切った数日後の出来事である。

本日ライフの写真班活動す。ケ隊長耳打ちして曰く「この写真師が自分においては重光一人無罪放免と皆云い居るに付特に写真を撮り度しと申出たから」と云う。甘言なり。

十二月二十日　土曜日　晴

情勢、十五日夜の会議でロンドンの四国外相会議は解消になった。今後何時又何処で開かれるかも決定せられておらぬ。マーシャル国務長官の提案で閉会になった。米ソ対立の二つの世界は愈々《いよいよ》分立することとなった。欧洲問題に没頭しつつある米国は支那問題については「案なし」である。スターリンは五十日の南方休暇より帰ってクレムリンに入った。

十二月二十二日　月曜日　富士見ゆ

法廷、東郷部門進行。キーナン御親電問題にて繰り返し繰り返し突込む。後ソ連文書を提出す。カラハン及リトヴィノフより太田〔為吉・駐ソ〕大使宛、東支鉄道サボタージ抗議文等なり。何れも妙なものである。

十二月二十三日　火曜日　富士見ゆ

法廷、東郷部門進行――キーナンより海軍側に脅迫されたとは如何なる事か、又何人によりてなされたものなりやと質す。東郷は「嶋田が奇襲の主張は（海軍側の）忘れる様にして貰いたい、然らざれば君のためにならぬぞ」と巣鴨にて云い、又永野も同様の言辞あり、これは脅迫なりと答う。キーナンは次ぎ次ぎに反対尋問を行い、激しき法廷の光景を呈す。三国同盟関係、九ヶ国条約の適用問題、開戦直前における野村大使との関係（野村の辞意申出で）、七月二日の御前会議の責任等を追及したが、東郷の答弁は巧妙を極めた。

寺崎英成〔駐米一等書記官〕夫人来訪、近情を語る。裁判の経過を喜ぶ。英成の健康が気がかりなり。

きゑ子、華子と共に来り寿司を弁護人室に持参せりと。

十二月二十四日　水曜日　晴　風

法廷、東郷部門反対尋問続く、キーナン主席は十二月（一九四一年）一日及二日の連絡会議において何人が開戦に賛成し何人が留保したかと鋭く質問し、東條、嶋田、鈴木が賛成し、東郷、賀屋が保留したが後に賛成したと云い、二年前モルガン検事に提出した陳述書を引用して、キーナンが星野の態度の強硬なりしとは如何なることかと突っ込み一波紋を画く。

本日はクリスマス前日とて少しばかりチョコレート等昼食のテーブルに上る。

嶋田の斡旋によってケ隊長に一同より感謝状を

送る。

華子来り大阪大分沼津よりの手紙を齎らす。

巣鴨に帰って間もなく巣鴨で組織した（B・C級）音楽団（主としてハーモニカ程度）の演奏を第五棟で聞く。初めての音楽なり。好く出来た。死刑宣告を受けたものは三階の室内で聞く。

本日風邪気味にて早く就寝。

昨日谷君法廷に同行す、元気を喜ぶ。

ケンワージー中佐に贈られた絹地の感謝状。「…貴殿終始一貫真摯なる人類愛に基つき満腔の温情を以て我等を處遇せらる深甚なる其厚誼は一同の感激に堪えさる所にして…」と書かれている。文は荒木と小磯が起案、和文を荒木が、白鳥訳の英文を嶋田がしたため、全被告が年長順で和英両文に署名。中佐は大いに喜んだ。

十二月三十日　火曜日　浴

東條大将――私に対してその口供書に対する米国方面の輿論反響を問う。自衛権の主張を攻撃すべきもそれは意とするに足らず。ただ天皇の責任を蒸し返す様のことがなければよい。と云い、日本の新聞が東條口供書を全面的に取り上げた事に対して満足な現象であると喜んだ。

法廷、東條口供書朗読進行。本日は戦争開始前後より、大東亜政策の説明に入り、次で、日本には軍閥なるものの存在せざることの陳述に入る。大東亜政策の説明は最も力を尽した様であるが、矢張り、共栄圏設定の考え方で、軍部の見方を脱せぬ。

口供書の朗読は二時半に終了。弁護側の質問に入る。

休みの時間に、ケ隊長、私を通じて東條に注意して曰く「法廷では、尋問は被告を怒らせ様とするから、その手に乗らぬ様に」と。東條はこれを首肯し「自分の欠点はそれである」と礼を云って受け入れた。それから後の彼の答弁は一層順調に行われた。相手方を屈せしめなければ止まぬ彼の闘志は、法廷では却って相手方の利用する処となる。好き注意であった。元気の好い素直な彼の態度は寧ろ評判が好い。

　法廷は立錐の余地なきまでに満員である。検事席も弁護人席も傍聴席は元より。

　きゑ子来訪す。

十二月三十一日　水曜日　晴
　法廷、東條部門、キーナン主席反対尋問に移る。数個の質問応答の後、東條反対尋問のために米国より態々《わざわざ》専門家として来りし「ヒーリー」氏を紹介した。同氏の反対尋問には弁護側も異存はなかったのである。反対尋問は一人に限ると云う前例を楯として、ヒーリーの尋問は許されずキーナン続行す。ヒーリー憤然退場す。（同氏は一切の調書を提えて直に帰米す）
　キーナンは冒頭に「貴下はすでに将軍にあらざるを以て自分は貴下を将軍の肩書を以て呼ばざるべし」と前提し、東條東條と呼び居たるが、何時かミスター東條と呼んだりした。キーナンの反対尋問は無事終了し得るや懸念さる。
　本日弁護人に年末の挨拶をなしその労を謝した。法廷警備M・P隊一同我々に年末の挨拶をなし態度慇懃《いんぎん》なり。

昭和二十三年（一九四八年）

一月一日　晴天　浴　餅あり正月食
　昨夜夜半除夜新年を報じて獄兵喧騒す。
　スワンソン少佐も来りて新年の挨拶をなす。
　新来の当番獄兵二名、一つはニューヨーク市出身、他はペンシルヴァニア州出身来りて大《おお》にお国自慢をして互に譲らず、各々理由あり。

一月二日　金曜日　富士見ゆ

法廷、東條反対尋問進行、満員盛況なり。キーナン準備不足のためか非常に不成績なり。大東亜政策より、米内内閣の崩壊、東條陸相任命に及び東條を後任陸相に推薦する意図を畑陸相の内奏したるは速きに過ぎ早まった事と木戸日記に記しあり。キーナンはこれを以て軍部の陰謀による秘密内奏の如くに解して質問す。東條は事情を説明す。

篤及華子同伴来訪、何れも健康。

一月五日　月曜日　晴

法廷、東條部門、キーナン反対尋問続行。蘭印仏印攻撃計画に関し、自衛権を楯として東條の反撃に会い、キーナン主席甚だ不成績なり。東條は米国にして相互的に妥協の精神に出でたならば交渉は纏った筈だと主張す。

篤来訪、元気に見ゆ。

一月六日　火曜日　晴

法廷、東條部門進行。キーナン主席反対尋問続行、ソ連問題、仏印問題、蘭印問題、日米交渉日本側提出のA案B案を以て最後案とせしや否や（東條答、曰く、最後案にあらず総理としては別に考えありし）等を繰返し質問す。午後遅く尋問を終了。俘虜関係、軍閥関係等は質問せず。

裁判長より俘虜管轄問題（軍司令官の責任について）を質問す。裁判長は俘虜問題に興味を示す。

東條は少しも責任を避けず部下、同僚を擁護し、天皇陛下の御仁徳を頌《しょう》し〔褒め称え〕、法廷に対しては謙譲の態度を示し、検事に対しては堂々と主張を明かにす。キーナン敗北とは米人弁護人等の批評なり。

華子、竹光夫人と共に来訪す。

一月七日　水曜日

法廷、午前中東條部門終り、梅津部門に入る。ソ連検事受け持ち低調なり。

広河原より山本及び小松屋主人慰問に来る。晶来訪。

中須建子来訪。金子弁護人補佐等に会う。

法廷、梅津部門進行、多数各方面の証人の口供書提出されソ連検事度々異議を申出ず。

一月八日　木曜日

終戦の際の陸軍次官若松〔只一〕中将は、梅津参謀総長が天皇の終戦の御思召《おぼしめし》に反せざる様努むるとの軍首脳部（三長官、二元帥〈杉山、畑〉及空軍長官〈土肥原〉）の連判を取りたることを証言した。又池田〔純久〕中将は梅津が軍部内のクーデターの企てに何等関係ないことを証言した。

同県人金光庸夫《つねお》君〔厚生大臣〕は梅津が軍人の政治介入に反対せること等を述べて梅津部門を終る。

梅津部門において、被告側より、問題とせられ居る原田日記を引用して梅津・何応欽協定に梅津の関係少なきことを立証せしは他の軍人被告の反感を招き、板垣大将の如きは梅津の聞える処で頻りに怒鳴り散らしていた。

梅津部門を終って個人部門は終了した。

ローガンは経済問題の補充挙証をなし、荒木、広田の個人挙証補充行わる。広田に関しては「グルー」大使（米）及「クレーギー」大使（英）の外交交渉に関する広田氏の平和的態度について証言した。

一月九日　金曜日　曇

法廷、海軍側の脅迫ありたりとする東郷被告証言反駁のため、嶋田被告証人台に立つことを許され、東郷の述べた永野、嶋田が脅迫せり云々を弁駁す。「巣鴨において東郷が吾々に対し海軍側が奇襲を主張したりと述べたから永野は激怒した。その後五月中旬市ヶ谷（法廷）にて昼食後東郷に注意を与えた。それは事実を正しく主張することについて注意したもので脅迫ではない」と述ぶ。ロビンソン大佐の反対尋問に対して嶋田は「東郷は右注意に拘らず昨日の如き証言をなしたるは彼に疚《や》ましい所があるからである。或は又彼は外交手段を弄し、烏賊《いか》が墨を出すが如き遣り方を以て、自分の抜け道を探すために脅迫と云う言葉を使って遁げたものと思う。これは海軍の名誉にかけても云わなければならぬ。海軍は真珠湾攻撃の時は米国側において待ち構えていることと思った。事前通告（開戦の）は陛下の御思召でもあったし、海軍は重大視したが外務省の手違いにて遂にこの事行われず心外なり」と述べた。ロビンソン大佐（検事）は「然らば、海軍側が外務省に通告時間を更に三十分切り詰めることを要求したのは如何なる理由なりや」と追い詰めた。恥の上塗りである。東郷、嶋田の泥仕合は実に言語に絶する不快事であった。両者は個人的性格、感情のわだかまり、海軍の高飛車的態度等の入り乱れたもので、死生の境に法廷に暴露せられてしまった。これによって日本海軍の名誉が果して保たれたであろうか。

　ハワード弁護人は星野のために総力戦研究所と内閣とは何等実質上の関係なきことを証明する文書数通を提出した。

　カニンガムは小島駐独海軍武官を大島のために証人として出廷せしめ、海軍側と東郷とのいがみ合いを再演せしめた。次で出た伍堂卓雄（海軍中将）氏はドイツへの伍堂ミッションについて何れも東郷反撃の証言をなす。東郷部門の余燼《よじん》なり。

　華子来訪、来週より学校初まるとの事。談片は父不在を心細く感じ居る様子あり。心引かれたり。

一月十日　土曜日　晴

　情勢、ソ連は再び独、日に対する平和条約を大国間において審議すべきことを提議して英国の反対する所となった。英国は米ソの仲介的地位から漸次、米国との完全協調主義に政策を変更したと報ぜられた。

　ギリシャのアルバニア国境「コニッツア」は赤軍の包囲を解き得たと報ぜられたが、ギリシャ赤化問題は依然として重大視せられている。

一月十二日　月曜日　晴

本日開戦直前の重要決定について木戸前内府の説明左の通り。

一、七月二日の御前会議決定によって南仏印進駐を決定した。万一米英側が反撃することがあっても、これを排してやる。即ち戦争を覚悟する積極的決意ありたるにあらず、故障があってもやると云う寧《むし》ろ消極的のものであった。

二、九月六日の御前会議の決定は南方仏印、泰《タイ》の経綸を積極的に戦争を決意して行うと云う積極性を有する決議であった。

三、海軍は新南群島〔南沙諸島〕を占領し空海の根拠地としてカムラン湾を手中に収むることに専念した。これが統帥の強硬な意見となって政府を圧迫した。

四、近衛公は当時陸軍が独ソ戦開始後関特演の計画を実行して対ソ戦を準備したるを押《おさ》えんと苦心した際であったから、寧ろ南方進出の計画は止むを得ざるものと思惟《しい》した如し。

五、陸軍は、三国同盟成立当初よりソ連をこれに同調せしめんとした訳であり、対ソ戦の考えは退潮しており、一転して海軍の南進策に同調協力するに至った。

六、十一月五日の御前会議で九月六日の御前会議の積極性は白紙に還元せられたるも、七月二日の消極性決議は残りたるのみならず、日米交渉の結果事態は悪化した。

法廷、ソ連の追加挙証は終り、検事側の再挙証段階に入る。これに対しファネス一般的異議を提出し、コミンズ・カーと渡り合った。ファネス弁護人の議論の第一点は検事の再挙証の権利を全面的に否定し、第二点において、もしこれが許容されれば弁護側の提出せる新証拠を反駁する程度のものに限らるべく、第三点において、前の場合においても弁護側に更にこれを反撃するための挙証を許さるべきであると云うのである。

カニンガム、ローガン交々《こもごも》立って検事側の議論を反撃す。

一月十三日　火曜日

法廷、検事の反証は主義としてこれを受付くる旨の裁決ありてコミンズ・カーの証拠提出に入る。閣議又は五省会議の決定（支那に関する）で多くは堀内証人（広田部門）に対抗する資料なり。弁護側の猛反対を排して受理せらる。広田氏に決定的に不利益なり。検事側の提出せんとする文書は三百通に達すと称せらる。

本日支那検事某氏〔向哲濬〕は私にスケッチを依頼して是非にと懇望《こんもう》し来る。

一月十四日　水曜日　雨

法廷、裁判長は合議の上と称し「検事側の挙証は反証たると否とに制限なく新たなものでも何でも提出することが出来る。但し重要にして関連性あるものでなければならぬ」と裁決を宣告した。弁護側は「右は検事側の挙証を初めより更に再開するものなりや」と反問した。裁判長は「左様解しても差支なし、弁護側もまたこれを反駁し得、これがために裁判は長くなっても止むを得ず」と云う。弁護側はこの不公平の措置に対して憤然抗議をしたが裁判長は「この裁判所は普通の裁判の手続きに拘束せられず」とて受付けず、斯くして検事挙証段階再開せらる。

本日は広田、板垣、土肥原に対するもの多し。

一月十五日　木曜日　晴　富士近くに見ゆ

法廷、武藤、岡に対する挙証の後、検事は原田日記中より約百二十通に上る抜粋を提出してその理由を説明すべくコミンズ・カー英検事陣頭に立つ。証人として原田の医師某〔村山富治〕に次で日記を速記整理した近衛泰子（元秀麿夫人）出廷、当時の原田の健康経過と原田日記の記された状況について証言す。ローガン反対尋問に大童《おおわらわ》となり、原田、近衛等の関係の内幕相当露出さる。

一月十六日　金曜日

法廷、原田日記提出され、満洲事変発生前後において南、小磯、荒木に関するもの多し。

本日A'巣鴨抑留者残部二十名（谷、天羽両君を含む）全員釈放をキーナン進言せりと英字新聞に報ぜらる。佳報を喜ぶ。

きゑ子、篤来訪異状なし。

一月十七日　土曜日
法廷も漸次終幕に近づき巣鴨もまた落魄《らくはく》の感がある。A級戦犯第二回裁判は愈々行われぬ事となった様で最後の二十名も釈放命令を俟《ま》つばかりとなった。谷君も天羽君もこれで無事家に帰れる訳で、谷君は支那から引続き御苦労であった。この喜ばしいニュースに対しても淋しく感ずる様になったのは老いたるがためか。
昨夜ブルーム大尉が来室して談し込んで行った。彼はこの釈放の談は昨年三月以来時々あったと云っていた。彼れは南方テキサス出身であるが南北戦争の際は父は戦死し、敗北後北方軍に荒された上解放された黒人政治の乱闘に追われて、ミシシッピー地方から祖母の時にテキサスへと移って行き純粋な南方人的の家庭に育った人である。人道主義は了解する人で巣鴨人には同情を有っている。最近帰国した先任者スワンソン少佐とは異る印象を一般に与えている。
最近の米国の政策で戦犯裁判や過度の追放処分の如きは共産党奨励の政策と共に甚だしく誤りたるものである。これらは結局米国と行動を共にする運命にある日本の混乱を激成し国内の分裂を育成するものである。然し米国人は「改善の力」に富む。これらの誤った政策が日米両国のために一日も速に改善せられんことを望んで止まぬ。

近衛泰子

三階の死刑囚の一挙手一投足を見て恰も殉教者の姿を見るが如く感ずる人の多いのには考えさせられるものがある。

一月十九日　月曜日　晴　夕陽朱玉の如し　浴

法廷、原田日記抜粋引続き提出受理さる。満洲事変後より北支問題、盧溝橋、日支交渉「蔣介石相手にせず」海軍軍縮問題等、荒木より広田まで多し。日支交渉に関する政府・参謀本部の意見の差等あり。

重光関係は三文書あり。第一のものは、重光次官が海軍の軍縮問題に対する強硬態度を憂慮せること、第二のものは海軍の意向は結局条約上何等の制限を受けざることにあり、その結果は英国との関係の悪化憂慮に堪えず、何とか風呂敷に包まねばならぬ（と原田を通じて元老に警告を与えたものであるが、検事コミンズ・カーは、重光は海軍の条約廃棄の意向を承知しこれを好都合に遂行するために奇麗な外交辞令を以て――奇麗な風呂敷に包む――これをごまかさねばならぬと云ったと解したのである）。第三は天羽声明に関するもので、大臣も次官も知らざりしとの記述である。

風呂敷に包むと云うのは当時吾々が陸海軍の主張を葬るために直接に論争せず政治力の運用によって処理することを形容して云う語であった。私はこの語を度々使用した。

検事の様に解しては私が何故に原田に海軍関係を憂慮して説明したか意味をなさぬこととなる。検事も検事に使われている日本人訳者も被告を一応悪い者と見て仕事をするから反対の意味にとるのである。

風呂敷に包むと云うのは普通使わぬ言葉と見えてこれを柳井、三浦の弁護人に理解せしむるに非常に困難を感じた。結局私自らファネスに説明するの外はなかった。然しこれは常識の問題である。

一月二十日　火曜日　夕日好し

法廷、原田日記続く。

大島、白鳥両大使が政府の方針を無視して行動し、リッベン独外相に対し日本は参戦すべしとの意思表示をなし陛下の御不興を蒙り、又板垣陸相が張鼓峯衝突の時、陛下より朕の承諾なくして一兵も動かすべからずと申渡され、又ドイツとの同盟問題について、陛下の叱責を受くる等の場面に晒らさる。

　尚梅津大将の談

　近衛公は頻りに参謀本部石原第一部長と連絡し石原は多田次長と共に杉山を排斥し遂に参謀総長閑院宮〔載仁親王〕を動かし、更に梨本宮〔守正王〕より杉山を呼ばれて陸相辞職を勧告し、杉山承諾せずしてゴタゴタし閑院宮も介入し遂に杉山は大臣を辞めることになった。近衛公は人を支那に派し板垣を迎えしむ、皆石原の策動であって結局梅津追い出しを目標とす、梅津は軍政に明るきものを後任に推すこととして東條を任命した。梅津は後輩たる板垣の下に次官として続くることは不可能であった云々。

　本日楠山《くすやま》毎日主幹、巣鴨通信員高橋氏同伴来訪又きはる（元芸者、外務省員と結婚して永く印度にあり主人死亡し又芸者となる）ケ隊長の案内にて面会に来る。諸子の同情掬《きく》す〔気持ちをくみとる〕べし。

一月二十一日　水曜日　晴

　法廷、原田日記続行、板垣、大島等軍部に関するもの多く、中に荒木の小磯評あり、小磯が窃《ひそ》かに憲兵を支那に平服で送り込むは考物《かんがえもの》なり、又経済問題を論じて小磯が贋せ貨幣を作って送り込むべしと云いたるを引用し、小磯は識見なく小策を弄する陰謀家なりと評したることを記した部分を書証として提出さる。原田日記は原田雑記なり。

　本日原田日記終りてタヴェナー、大島反証に入り、ドイツ側文書に拠って大島の越軌《えっき》行動を写し出す。

一月二十二日　木曜日　晴　浴

　法廷、大島反証部門続行。大島がドイツの要望である日本のソ連攻撃やシンガポール攻撃に賛成し、将来の経済ブロック形成についてリッベン独外相と交渉する等大島外交を遺憾なく暴露し、検事は松岡が大島及ドイツの牽制によって日米交渉に不熱心となったとの近衛日記を立証せんと努めた。

白鳥については大島と策応して越軌行動のあったことを示し、大島、白鳥に対する分は主としてドイツ文書に拠ったものである。

畑についてはドーリットル飛行士処刑問題を持ち出し、東郷については検事は東郷の態度が決してその口供書や証言の様に平和的のものでなかったことを、東郷の外務省に宛てた電信や外務省の会見録を提出して証明に勉めた。

ソ連は書類二十四通を提出して来たが、何れも内容漠然たるもののみで、中には日露戦争時代のものもあるので法廷関係者を一驚《いっきょう》せしめた。

一月二十三日　金曜日　曇　大寒に入る

法廷、嶋田部門で検事は潜水艇戦の残虐行為を持ち出し、二世の証人を出廷せしめ、印度洋における虐殺行為を証言す。

俘虜の部門において鈴木公使室の内規を持ち出し外務省にも俘虜関係の仕事ありと指摘す。これは取り次ぎ事務として俘虜関係の事を規定したものであり、検事の云うことは誤りである。

本日きゑ子来訪、市河孝雄氏同伴。

一月二十四日　土曜日

情勢

一、英議会で外交討議あり、ベヴィン外相の演説もあった。英国の外交は根本的に米国倚存《いぞん》に変更せられた。

対ソ交渉は挙げて米国に委任するの形を取っていること開戦前日米交渉を挙げて米国に委ねたと同様である。

米国の世界政策は進行し、マーシャル・プランの実現によって西欧連盟は成立の気運にある。米国外交の成功はトルーマンの再選機運を作りつつある。東亜に対しては米国は愈々日本の復興に期待する様になった。東洋復興資金二億五千万の大部分は日本に使用する様子である。

二、蘭印の独立問題が国連によって妥協に達し、印度、ビルマに次で南方の独立勢力となったことは喜ばしい。次は仏印である。

満洲の形勢は国民政府に不利で国民軍は奉天を引き上ぐると報ぜられている。

一月二十六日　月曜日　雪　浴

法廷、ソ連の新段階に入り尼港事件、日露戦争関係文書等提出さる。若干却下されたが東支鉄道買収問題、満洲協和会に関する文書等受理さる。

本日私に対する文書多数配布さる。主として戦時中の議会演説等公式の演説であって、米国や英国の過去の東洋政策を攻撃したものである。ソ連は明に法廷戦術としてこれら敵国側の演説を米英攻撃の宣伝に利用せんとするのである。ファネスやや狼狽の様子なり。

篤来訪、天気の様子を喜ぶ。

一月二十七日　火曜日　曇後晴　富士、大山近し

法廷、ソ連段階張鼓峯及ノモンハン証人出廷。ブレークニー、ファネス反対尋問す。

太田三郎君来りソ連は私を永久の敵としてのがさぬと云い居る旨注意す。

一月二十八日　水曜日　富士好く日本晴　浴

法廷、ソ連段階続行。ノモンハン証人に対し、ブレークニー反対尋問す。蒙古人証人出廷、通訳の問題にて後回しとなる。

ドイツ陸軍武官補佐官、フォン・ピータースドルフ出廷、東條のソ連攻撃談話（オット武官に対する）を証言す。カニンガム立ち同証人とゾルゲとの関係を質問して一波瀾を起す。

白鳥は喉頭結核であるとの診断なり。我々は同氏とは随分長い間の共同生活をなした。

華子来訪、上田成一郎氏来訪、大阪方面の消息を語り安心す。

一月二十九日　木曜日　晴　浴

法廷、カニンガム弁護人はソ連段階の続きとしてゾルゲ事件を追及して遂に裁判長に阻止せられたるも、ゾルゲがソ連のスパイであったことを暴露した。

ソ連検事は進んで書証提出に移り、私の戦時議会演説等提出さる。裁判長は何故にソ連に関係なきこれら文書を提出するやを問い、ソ連検事は被告が共同謀議の一員なることを証明せんがためであると説明したが裁判長はこれら書類を却下した。残部の書類も恐らく検事より撤回さるべしとの見込みなり。

蒙古人憲兵少佐（国境警備隊）証人台に立ちノモンハン戦争について証言す。ブレークニー反対尋問し、証人の認証した地図について質問したるに、証人は右は口供書作製後何人かによりて自分に渡されたものであると答えてあっ気にとらる。ソ連の遣り口を如実に暴露す。

一月三十日　金曜日

蒙古将校はソ連式軍服を着用し、チンドン屋の様なガラガラ勲章を胸一杯に付け、頬骨高き異様なオロチョンタイプの北亜人。異様な法廷風景を示す。

ソ連段階を終了し、私に対する残余の書類（議会演説や、ドイツ外相との放送交換演説等）は自然撤回となる。

その後二三検事側の補充文書の提出あり、ノーラン代将より検事側反証全部終了を宣し、ここに検事側の挙証も全部終ることとなった。

検事側の最終段階でモネーン検事が、佐藤被告の警察官に対する政治的訓示演説（熊谷書記官の筆記なるもの）に関する立証が不完全であったことを率直に認めてこれを撤回したのは気持の好い事であった。キーナン主席は弁護側の再反証提出

ガンジー暗殺を知った重光はインド国旗とともに、判事席のインド代表パル判事を描く。

に反対したが顧みられなかった。

一月三十一日　土曜日　晴

対日平和条約無期延期公表（ソ連、支那の故障のため）、米国は日本の再建援助を口にする様になった。

共産軍に圧迫されている支那が、対日平和条約についてソ連の味方をするのは果して大局上賢明なりや。

ガンジー翁暗殺の報あり。

二月二日　月曜日　浴

法廷、弁護側の再反証提出急速進行す。広田部門には多数の原田日記記述受理さる。本日は武藤部門まで進行。

法廷控室で天羽君と会談。

二月三日　火曜日　雪

法廷、弁護側の再反証行き詰り弁護側より休廷を要求す。裁判長はその間に検事の論告を朗読してはと云いたるもキーナンの反対に会う。休廷の上多数決を以て来週月曜日まで休廷を宣す。昼食後巣鴨に帰る。

二月五日　木曜日　浴

午前中全員引き出され、医務室に連れ行かれ一人一人長時間の検査をなす。検事論告も初まる際何事か起ると直感したのであった。検査は毒薬隠匿を防ぐため峻烈苛責《かしゃく》なき方法を以てなされた。先ず頭部、胴部のX光線撮影の後、次の室にて歯、口腔検査、第三室にて衣類全部を取り上げ、別の囚人服を着せられる。その前に耳、陰茎、肛門等を入念に検査し正午過ぎまでかかる。それから二組として雑居房に連れ込まれ、食事の後数時間そのまま監視の下に放置せられ、午後四時過ぎ外出の際の更衣室に送られ、再び裸体となり、今度は明日のために全部検査洗濯せる外出用の個人洋服を点検、明日出発の用意に整理せしめらる。終りて一同元の独房に帰さる。独房は書籍類に至るまで全部一物残らず引き上げられ、畳も取り代え、夜具も全部取り代えらる。

　これより夜は眼鏡、鉛筆も夜八時より朝六時まで取り上げらるるとの命令、自殺予防の科学的方法の様である。

二月六日　金曜日　晴
　今日は打合せのために法廷に行く。法廷控室も急に厳格となった。面会もこれから月二回に制限せらる。

　検事の論告の大部分渡さる、起訴状の蒸し返しなり。膨大な書類である。私に関する部分は未だない。

　きゑ子来訪。

　ファネス、三浦公使に会見打合す。

　巣鴨に帰り、独房自室に入る。獄兵嘆《たん》じて曰く「何か不必要な新らしい事をやらねば承知しない将校が居る。全く御話にならぬ」と。

二月七日　土曜日
　終日詩を写す。獄則一層厳なるも他室訪問を許さる。大島室にて東條嶋田両君と会談す。

二月九日　月曜日　晴　富士好し
　法廷、再開。
　巣鴨と同様非常に厳格となる。
　今日弁護側再反証段階で小磯部門より進行す。重光部門においてファネスの提出せる書類は何れも俘虜関係にて、鈴木事務所の仕事及名称に関する反駁、事務規定及松本〔俊一〕次官口供書等何れも受理さる。更に鈴木（九萬《ただかつ》）公使の長文の口供書を受理さる。同口供書には俘虜問題に関する重光大臣の方針態度を記し、東郷大臣時代に及ぶ。ファネスはキーナンと打ち合せの時には反対尋問なしとの事で一度キーナンはその意思表示をしたが、ソ連検事はこれに反対し裁判長も反対尋問を必要とす。

本日ソ連一般段階の補充あり、ファネスは張鼓峯、ブレークニーはノモンハンに関する日本軍人証人の口供書を提出した。

二月十日　火曜日

法廷、控室Ｍ・Ｐ士官は昨夜サンフランシスコ・ラジオで東京裁判のことを放送し、私の事を非常に好く取り扱ったと、恐らく本朝の新聞に出たＵ・Ｐ通信の鈴木口供書の内容が通信せられたものであろう。

然るに本日法廷にて鈴木証人に対する反対尋問が濠州検事モネーン中佐によりて行われた。

検事「重光は俘虜虐待の事実を外国よりの放送によって知っていたか」証人「知っていた」検事「重光はそれに対して如何なる措置をとったか、これを閣議に提出して対策を講じたか」証人「閣議に提出した事はない」検事「それで宜しい」

実は閣議には一度ならず提出して協議したが、当時Ｂ29空襲の際俘虜に対する反感強く閣員中には俘虜に対する取扱を厳重にすべしと云うものもありたる位なるも、外務大臣はその待遇は出来得るだけ寛大にすべく、将来国交回復の際の用意を必要とすることを強調したのであった。閣議に文書で提出する場合には事務当局はこれを知るも口頭で提出する時は事務当局は大臣が何を閣議でするかは承知しない。鈴木証人も俘虜問題を口頭で閣議に持ち出したことを知らなかったのである。従って検事に対するその答は「閣議に提出しなかった」のでなく「自分は知らなかった」であった訳である。被告中に「何故に態々《わざわざ》証人に不利益なことを云わせるのか」と質問したものがあった。

実は戦時俘虜問題で最も苦心をしたのは私であった。その待遇の改善をある程度まで実現し得たのも私であった。本日は法廷開始以来の黒星であった。

木戸に対する減刑証拠（木戸の平和奔走）提出せられ数個受理せらる。

弁護側の申請数個ありて愈々論告段階に入ってキーナン陣頭に立つ。

二月十一日　紀元節　晴

マッカーサーより国旗掲揚を許さる。これまでは国旗も掲揚することも出来なかったのである。

法廷、キーナン論告約一時間、自衛権を反駁し、満洲問題と真珠湾攻撃に重きを置く様に見ゆ。東條に対し「悪虐無道」と云う様な形容詞を付した。キーナンも大きくは見えなかった。

キーナンは論告中に、ハル・ノートに対する弁護側の侮辱も法廷は黙認したとの批評を法廷に対してなした。裁判長はこれを聞きとがめ、キーナンの演説を遮って曰く「自分は偉大な一同盟国（ソ連の事か）の判事よりは能く同盟国の権威を維持してくれたと感謝の意を受けた。又米国の一大新聞は自分のことを論評して裁判の進行振りを賞揚してルーズヴェルトの精神を衛《まも》って来たことを述べた。自分はこの裁判を通じてルーズヴェルトの精神を保護する積りである」と云い出した。ルーズヴェルト精神と云うのは戦時ルーズヴェルトが高調した敵国に対する激しい復讐精神の意味としか解釈の仕様がない。それは如何にも「公平なる裁判」の趣旨とは相反する様に響いた。キーナンは裁判長の批評に対して「自分の演説に対し斯る批評を受けることを予期しなかったが、ルーズヴェルト精神はこの裁判によって保護せられる必要はない」とやり返して一矢酬《むく》いた。キーナンの方が大きく見えた。キーナンに次いで英国検事コミンズ・カーは法律論を展開し、裁判の適応性を詳述し条約違反は犯罪にして侵略による戦争は殺人なり、自衛権は危険の切迫する場合に行わるるもので、日本の場合は自衛権なしと断じ、各国の国内法を引用した。然るに米国の主張する自衛権は米国的デモクラシーが脅かされたと米国が感ずる処は如何なる処でも発動を主張するである。

カーに次でホルウィチは日本侵略の実例を示すべしとて愈々本論に入りて満洲問題に入る。支那検事引取って朗読続行す。張作霖爆殺は河本《こうもと》〔大作〕大佐の実行したものであることが初めて明となったと云い、これがために田中内閣は倒れたとの岡田大将〔啓介・海軍大臣〕の証言を引用し、これが満洲事変の発端で軍の統制はこの時すでに失われたと論ず。南、板垣、小磯、橋本の名前を点綴《てんてい》す。

本日きゑ子、華子同伴来訪。

M・P監視厳重にして顔を網戸に寄せ付けず新聞差入れも厳重に制限す。

巣鴨の身体検査一層厳重となり寧ろ滑稽感を起さしむ。

キーナン論告後、検事は極刑を要求すとの号外を出した日本新聞ありとのこと。

誰さきに絞首台には上るかと
　二十五人を打ちながめ見る
だれ一人天に恥ぢざる面もちの
　くもりなくして輝きて見ゆ

よきも悪しきも国思う心に変りはない。

二月十二日　木曜日　晴

昨夜半監視の獄兵私の独房の前の廊下に立ちて他の獄兵と声高く談しているので目が覚めた。「このガイ（こいつ）はソ連から引張られたのだが、間もなく釈放されるそうだ」と云う談が耳に止まった。彼等の評判記である。

法廷、検事の論告は満洲事変から支那事変に入った。北支問題は満洲事変と支那事変とを繋いだものとして支那検事は入念に叙述した。梅津・何応欽協定の意義を詳述す。北支問題で木戸日記を引用した。更に広田三原則については、支那検事は日本外務省は満洲事変の解決を考案し、関係方面と協議して具体的に案を用意した。これが広田三原則の形で議会に現われた。軍の極端派はこれを排撃し、又満洲事変の解決に反対して北支にも事を起すため先ず国内政権を掌握することを必要としてここに二・二六反乱を企画した。広田内閣は軍部に降伏して遂に三原則を放棄した。これがために軍の北支工作は急に進行したのであるとの説明をなした。支那大使館昇格問題も軍の反対を受けたと述べた。

次に支那検事の重きを置いた点は日支直接交渉の破綻の問題で、参謀本部は対ソ関係上支那問題を解決せんとあせり、広田外相はトラウトマンを通じて支那側の意向を聞いたが、支那側が日本の提案について具体的説明を要求したのを以て、支那側に交渉の誠意なきものとして「蔣介石相手にせず」との声明を行って本格的の対支戦争に導いて行った。検事の論告はこの時を以て日支戦争の始まりと認めている様である。

法廷控室M・P将校曰く「貴下の時代となって俘虜の待遇が改善されたと云う新聞記事あり、切抜きを持参すべし」と又曰く「キーナンは貴下をNo. 1の釈放予定者と云っている。好《よ》きニュースです」と。助かるか殺されるかの間を彷徨《ほうこう》している生物にとっては確に好音《こういん》である。

A級二十五名に対する監視は愈々厳重で、二重にも三重にも検査と監視とである。入浴の時も将校以下五、六名浴場を監視す。自室で横になって居眠りを始めても二、三名の獄兵が監視し、或は名前を呼んだり、わざと音を立てたりして生きているか死んでいるかを検《けん》せんとする。檻の中に入れた貴重な動物である。

二月十三日　金曜日　晴　富士見ゆ

法廷、検事論告は日本の戦争準備に入り、経済的準備より思想的準備に進み、国民総動員、陸軍及海軍の準備を終り更に外国との共同準備に入りて独伊との関係を衝き、三国同盟関係を論じ、大島、白鳥の活動に及ぶ。処論鋭利、有《あら》ゆる材料を拉《らっ》し来って軍閥日本の侵略史を点綴す。

今朝獄吏眼鏡を返す際に眼鏡を畳の上に抛り出した。眼鏡は壊れて使えなくなった。

本日より煙草配布なし。煙草は飲みたいものが獄吏より直接三本宛《ずつ》受取り火を貸して貰うことになった。大喫煙家でなければこの煩雑な労をとらぬ。事実上禁煙と同様である。自殺防止方法はこまで来た。

二月十四日　土曜日　終日籠居

巣鴨の待遇は連日不愉快の度を増すのみ。

獄吏の侮蔑の態度著しく増加す。煙草の如きも第一日はローソクに火を点じて獄吏自ら持ち回りたるも第二日目にはこれを廃し、第三日目には催促しても煙草のことは「知らぬ」と云う。不安の空気激増の有様なり。

二月十五日　日曜日　晴

一人に一人の監視兵。午後は中庭に一時間ばかり日光浴をした。西洋将棋は取り上げらる。

二月十六日　月曜日　晴

法廷、検事論告続行。太平洋段階に進み、仏印、蘭印の問題から英米との関係に至り、日本の南進政策より日米交渉に及びて詳細に論述す。

三浦公使、ファネス、柳井公使に会う。

俘虜問題、検事の論告は深刻なる由、ソ連論告は粗雑の評なり。

二月十七日　火曜日　晴

法廷、控室でケンワージー中佐、私の肩に両手を置き「決して心配なさるな、アナタには何事も起りませぬ。自分は種々の筋で聞き質して、好く知っております」と、親切なことを云ってくれた。「今年の夏は鎌倉で過せます」とも云った。私はその親切な言葉を深く謝した。然し又私が心配そうにもし外部の人に見えたら、私は未《ま》だ未だここに到っても修養が足りないのだと愧《はず》かしく思った。人間は最善を尽した上は生死を超越した安心立命がなくてはならぬ。

法廷では太平洋戦争について検事の鋭い論告を終ってソ連検事の論告に移った。日本のソ連侵略の歴史と計画とを論述するのである。張鼓峯も勿論日本の侵略戦争である。日本の対ソ侵略は日露戦争の時から初まっていたと云う。今日はソ連人の見物人が多かった。ソ連人、蒙古人、ドイツ人の証人等も見物席に列んだ。

二月十八日　水曜日　晴

法廷、本日は私に対する訴追の全部を一日にて吐き出す。ソ連検事は昨日に引き続き日本軍部の侵略計画を論述し、最後に終戦の時ソ連は日本政府より調停を依頼されたが、斯る不信の日本の依頼はこれを拒絶し世界平和のために日本に向って戦争を布告したと結んだ。ワシリエフ少将はソ連の特に訴追をなさんとする被告の氏名を挙げてその理由を述べた。その氏名は東條、梅津、板垣、南、平沼、荒木、重光、広田、大島、橋本、東郷の十一名であった。

重光に対しては反ソ的の宣伝をなし、張鼓峯の交渉において板垣を援助し、戦時中東條と事を共にした。と云う理由である。

ソ連検事に次でホルウィチ検事は田中内閣以来、日本の歴代内閣が共同謀議者であったことも法律的に論述した。次でモネーン大佐の俘虜問題に入り、各地の日本軍残虐行為について大要を述べ、抗議書について一々外務大臣が事実を承知しながら適当なる処置を取らざりしことを詳論し、私の外務大臣時代の抗議についても詳論す。又ゼネバ条約準用問題について私が誠意を欠きたることをも付言す。〈東郷は証言台において自分はゼネバ条約を全部適用する積りであったが軍部はこれを準用することにしたと説明した。〈軍部被告はこれは全く事実に反すると憤慨した〉ゼネバ条約は日本は批准はしていない。戦争の当初、東條、東郷の時代に到底これを適用することは出来ぬから準用と云うことになってその理由を詳細記載したものがあった。私の時になって敵国に誤解を与えるのはいかぬからと云うのでこれによって準用の意味を説明して中立国を経て送った。敵国は頻りにゼネバ条約の遵守を迫って来るので、日本は法律上ゼネバ条約の準用は認めるが適用の義務を負うてはおらぬことを明にしたものであった。今検事はこの点を指摘して重光がゼネバ条約の遵守に誠意を示さなかったと云うのである。その実は自分は敵国に誤解を与えぬと同時に国内、軍部に対しては飽くまで人道主義によることを強調して幾多の改善をなしたのである。俘虜待遇の法規及手続の如きは開戦の初期すでに全部決定していたもので軍部はこれを実行に移しており、私の時代にこれを改善することは容易なことではなかった実状である。）

二月十九日　木曜日　晴　風寒し

法廷、梅津入院欠。

濠州モネーン検事の俘虜問題に関する論告後ホルウィチ検事は日本の実際上の政府機関として統帥部及内閣、並に内府及枢府の各部を挙げ、統帥部は最も有力であったと論じ、これらの機関に参加したものは総て共同謀議者としての責任を負うべきものであることを明かにして、被告各人に対して個人論告に入った。A、B、C順である。

荒木に対してはその軍国主義より陸相、文相又内閣参議の地位に伴う満洲国建設、熱河作戦、対ソ問題に亘った。

橋本に対しては、張作霖暗殺より三月事件、十月事件、満洲事変及対ソ陰謀及国民運動に及んで、畑に対する論告に及んだ。細大洩す所なくその関係せし事柄、その地位に伴う事項及本人の言動等を促え来って責任を追及すると云う有様で、日本人にして凡そ公的地位にありしものは皆共同謀議者と看做《みな》し得べく、戦争の責任を全的に負担せねばならぬと云う論法である。仮令《たとえ》戦争に反対しても戦争に関係していれば駄目である。知っても知らぬでも共同謀議者としての責任を全的に負わねばならぬと云う訳である。検事は畑元帥に関してその経歴に見ても反動軍閥の頭目なりと述べた位である。

二月二十日　金曜日

法廷、畑被告を極悪非道の大罪人なりとするサットン検事の論告を終り、平沼に対するイングリッシュ検事の論告に入り、平沼を最終責任者の一人なりとなし、「この輝ける経歴を持つ見苦しき今日の姿」と評したるは却って検事自身の品位を傷つく。

広田の論告は特にカー検事担任し詳細に亘りその経歴を追って論告す。天羽声明と広田三原則を論ずる所矛盾あり。検事は日本政府としての積極的侵略政策は広田内閣に始まると云う建前を取るものの様である。

二月二十一日　土曜日　曇　外出せず

理髪あり。今日はM・Pの将校自ら刈ってくれた。日本人には一切手を触れさせない大切な巣鴨の御客さん達である。ある人はこれから髪も自分で刈らされる様になるのだと、先きを見透して云った。

洗濯物も一切受付けぬこととなった。着換えは獄吏によってその都度与えられると云うのである。洗濯屋は日本人であるからだ。

数日前ブルーム大尉が来て種々談して我々は決して侮辱を与うる気持は毛頭ない。ただ安全（セキュリティー）（即ち自殺防止）のために必要な手段をとらねばならぬ。その他は出来るだけ寛大な取り扱いをすると云って、耳ざわりの好い事を云って行ったのは今日のことの予報であった様である。人々は彼が来て好さそうな事を云った後には、必ずひどい目に会うと云った。彼も元よりやり度くてやっているのではない。

二重の金網で、寛大と云われる法廷控所も外部と断ち切られている。弁護士との書類の連絡も厳重な検査の後に許される。網戸に手を近づけても注意を受ける、市谷往復は水も洩さぬ監視の下に置かれることは勿論である。それに巣鴨に帰ると丸裸にされた上に、眼鏡も入歯も除かれて、口腔も鼻孔も耳も尻の穴も最も非常識な検査を受ける。居室たる独房は、不在中にヒックリ返して検《しら》べる。手許に残される鉛筆と眼鏡とは夜は取り上げられる。監視兵は大体一人に対して一人の割合で、東條の室の前には数人も居る。入浴十二三人宛《ずつ》二組に分けられるが、将校を頭として五、六名の監視兵が立番をしている。特にかみそりに注意する様である。

夜は殆んど引っきりなしに点燈して房の中を覗き込む。生きているか否かを見定めるためである。毛布が少し顔にかかっても起されて取り除かされる。監視に便利なため、鉄網の扉に頭を付けて廊下を枕にする様に寝ることを要求される。馬の背にでも置く様な毛布と塵だらけの綿蒲団にくるまって寝るのにも慣れた。別に不自由はない。病気であることが明かになれば、医者の手に渡され必要あらば囚人病院に送られる。自由を剝奪された生きた動物の見本である。

ただ二十五人が時々顔を合せるのが何よりの慰安である。その二十五人はかつては政治的にも個人的にも敵味方の様な立場にあった人が多く、法廷では泥仕合さえする仲であるが、矢張り二三年も起居を共にし同じ飯を食い同じ風呂にも入れば何となく親しく感ずる様になるのは人間性と云うものであろう。今日これら二十五名の人々が元気に過しているのは心強い。

我々の上の階は所謂死刑囚で二十名ばかりが独房に二人宛入れられている。下の階はB・C級の未決囚らしい。

読経の声は絶え間がない。時には賛美歌の声も聞える。朝にはかしわ手を打つ音もする。松井将軍の観音経は声がだんだんさびて震え声である。鈴木貞一君は読経の終りに元気の好い喝を怒鳴る。

二十五名のA級の人々は連日市ヶ谷に同じ行事で最後の論告を聞くべく通っている。一体、彼等の旅の先きは何処になるのであろうか。

二月二十二日　日曜日　晴　遊歩　浴

朝鮮には平壌に赤色独立政府が出来、数十万の朝鮮解放軍が出来たことが報ぜられた。朝鮮問題はドイツ問題よりも困難となるかも知れぬ。国際連合の朝鮮委員は北鮮に入ることを拒絶された。

朝鮮問題のために日本平和条約問題も無期延期となった。片山内閣総辞職後の政局は未だに定まらぬ。一体今日の日本は敵の占領下にある。吉田でも芦田でも大差はない。今日の政権争いは民主主義政治の仮面の下の小乗的政争である。それよりも日本人としての自覚した奮起を必要とする。然らざれば真の民主主義の実現も又米国の援助も期待することは不可能である。

二月二十三日　月曜日　浴

本日はワシントン出生日とかにて休廷。

第五棟に我々の慰安を主とした巣鴨楽団の音楽演奏あり、今日の音楽は前よりは幾分陽気であった。

本日書き物を続行す。「昭和動乱」と題すべし。

二月二十四日　火曜日　曇

法廷、広田、星野、賀屋、木戸に達する検事の個人論告があった。聞くに堪えざる憎悪の言葉の連続であった。木戸に対してはカー検事は木戸の証言を反駁し、木戸日記と原田日記とを対象として総て悪意に解釈した悪質の論告であった。広田に対しては最も虚偽に満ちた軍閥の代弁者であると論じた。

木戸日記は実は木戸が如何に軍部と闘ったかの記述であると同時に、聖上《せいじょう》の立派な態度の記録である。然し検事はこれによりて木戸が日本の政治に如何に重要な役割を演じたかを見出せば目的は達するのである。

二月二十五日　水曜日　晴　富士見ゆ

法廷、検事の論告は木戸を終り、木村、小磯、松井、南を経て武藤に至る。

木村に対しては短きも峻烈、松井に対しては寧ろ同情的であった。

二月二十六日　木曜日　晴

法廷、検事論告は武藤を終り岡を経て大島に及ぶ。何れも長文のものであった。武藤に対しては比島検事ロペス烈《はげ》しき言辞を弄す。岡は武藤と同列に置かる。大島に対しては百ページ以上の論告が行われた。

本日私に対する論告文を入手。日本文四十ページ（英文三十頁）上海事変、張鼓峯、大東亜政策、俘虜問題に亘るもので雑ぱくのものである。私は軍閥の代弁者で侵略陰謀者の一人であると云い、上海では支那（？）愛国者の爆弾によって負傷したと書いてある。ソ連側の愛国者と云うのは赤色テロを意味することがこれでも明である。

二月二十七日　金曜日　富士見ゆ

法廷、検事論告続行。大島に対するものは二時間半にして終った。米タヴェナー検事の力作なるべし。佐藤に対し二十ページの貧弱なる論告あり。次でソ連スミルノフ大佐、私に対する論告を朗読す。四十五分を費す。法廷に着席せしファネスは、一判事はリディキュラス〔バカバカしい〕とつぶやいたのを耳にした。

次で嶋田に対する一時間半の論告を終る。ロビンソン大佐は嶋田に対し海軍の全責任を課し、殊に潜水艦の残虐行為は中央の命令によるとて口を極めて悪罵し峻厳なる刑を要求す。

本日きゑ子篤と共に来る。家無事。

二月二十八日　土曜日　風引多し

梅津の病気は癌と発表さる。梅津は最も穏健な軍人で、彼れの関東軍司令官としての満洲における統制振りは有名であった。何とか全快させたきものなり。チェッコでは共産革命が起ってゴットワルトが首相となり、ベネシュ大統領もこれを承認した。

二月二十九日　日曜日　曇り　遊歩　浴

風引多く武藤、佐藤、荒木、平沼等何れも半病人。梅津入院すでに三週間を越ゆ。

三月一日　月曜日　半雪　寒し

華子誕生日、立派に成長せんことを祈る。

法廷、検事論告、白鳥（センダスキー検事）より始む。白鳥の三国同盟論、反米英活動をオット電報、チアノ〔伊外相〕日記、原田、木戸日記を骨子とし、本人の発表論文意見を肉として小説読物の如き論告二時間以上に亘る。鈴木論告はノーラン代将これに当る。

東郷論告はヴォート朗読、深刻なる内容である。内に来栖大使のドイツ当局に対する説明（ドイツ文書）なるものあり。来栖と東郷とがドイツを支持し、米英反対なることを説明せりとなすものである。有田、佐藤（ベルリンにおけるドイツ側との談話内容を問題にさる）来栖諸氏のこのまま無事ならんことを祈る。外交官に対しては材料を得易く不利益なり。

三月二日　火曜日　寒し　富士見事なり

昨夜広田氏入院す。荒木も同様。平沼病臥《びょうが》その他風引数多あり。

法廷、検事論告、東郷の部を終り、東條の部に入りフィクスオール一時間半に亘り、正午に終る。午後ソ連イワノフ梅津論告に入り一時間に亘り有せる材料を蒐《あつ》め誹謗的言辞を弄したるも、内容貧弱なり。梅津の論告を終了して、鵜澤主席弁護人立ちて八紘一宇の日本精神と王道とを学びたる被告等に悪事を目的とする筈なきことを一時間に亘

鵜澤總明主席弁護人

りて論ず。弁護士段階の緒論なり。客観主義の米国法廷における主観主義の日本的考え方の矛盾を晒らした。

三月三日　水曜日　曇り

法廷、弁護側反駁、高柳博士の法理論あり終日終らず、検事側の所論を反駁して余す所なし。もし検事側の議論を容認せば文明は十六世紀に逆転すべしと論ず。博士自ら英文を朗読す。

芦田内閣未だ成らざるも政策協定は出来たるが如し。

三月四日　木曜日　晴

法廷、高柳弁論はその結論において「英国占領軍の下において焼き殺されたオルレアンの少女ジャンダークは仏国自由解放の神となった。この法廷の被告に対して極刑を課するのは彼等をして東亜解放の殉教者たらしむるの外何ものでもない」と結んだ。

山岡弁護人は起訴状各項目を反駁し、ブレナンはコンスピラシー（共同謀議）を論じ、ブレークニーは条約論に入ってハーグ条約及ゼネバ条約を取り扱い、開戦の手続の不法ならざる所以《ゆえん》を説き、俘虜取扱にも触れた。

三月五日　金曜日　晴　風あり

今日は華子、高等学校入学試験の日なり。

法廷、ブレークニーの法律論に次で岡本〔敏男・南担当〕、ブルックスの満洲事変弁論ありてフリーマンの俘虜問題に飛ぶ。

三月六日　土曜日　曇

巣鴨備付の武者小路氏の「大石良雄」を読む。

浅野内匠頭《たくみのかみ》の最後の場面

「誠に申兼ねますが、辞世を一首したためたく思いますが」

それもきき届けられた。

彼は持って来られた筆と紙とをとるとすらすら

と一首の和歌を書いた。

「風さそふ花よりもなほ我はまた
　春の名ごりをいかにとかせん」

彼は死にたくなかったのだ。
彼は本当に死にたくなかったのだ。

これは巣鴨第五棟の図書棚に備え付けてある小説の一節である。その最後の二行には朱線が濃く引いてあった。三階の死刑宣告を受けた人々がこれを読んだのであろう。

浅野内匠頭はその日に犯した罪に問われてその日に刑に服した。我々は二年以上に亘って毎日極刑を要求されている。

一度は自殺を計った東條も裁判では健闘している。彼は自殺を計ったのは、自分の大臣時代に出した戦陣訓に俘虜となるよりは自殺せよと書いてあるのを実行したのだと云っている。彼こそはすでに覚悟している人である。元気で最後の戦を闘っている。立派に死んで行くのが彼に残された義務である。

網戸越しに娘達と父らしく親しく談している光景は涙なしには見られない。

三月八日　月曜日

法廷では弁護側の支那問題続かず、ファネスよりソ連問題を持ち出す。ブレークニーとの合作であるが理路整然、内容豊富で好評であった。

三月九日　火曜日

法廷、ソ連問題に次で支那問題が神崎弁護人によって朗読された。支那における軍事行動は共産軍の抗日策動に対する自衛権の発動であったことを縷述した。

支那問題に次でカニンガムは日独伊三国間に共同謀議のなかったことを力説した。

三月十日　水曜日

法廷、ローガンは太平洋戦は日本の自衛戦争であるとて日本に対する経済圧迫、ＡＢＣＤ包囲陣に亘りて最も鋭利に論述し、被告等は自衛のために愛国の熱誠によって剣を取って立ったのである。愛国者に対し如何なる裁判所もこれを処断し得ざるべしと結論し舌鋒火を吐き東條をして泣かしむ。

海軍の戦備弁論にロバーツ立ち陸軍の戦備にブリューエット立つ。

昨日マッカーサー、大統領に当選せば受けると発表。果して如何。M・P将校達は彼れはI manなり（一人よがりの意か）とて評判悪し。

三月十一日　木曜日　曇　浴

法廷、弁護側の一般弁論続かず後回わしとし、個人弁論を取り上ぐ。先ず畑被告（ラザレス弁護人）の部に入る。二百頁の大部のものである。本日朗読の部で注意せられた点は畑大将の米内内閣倒壊の時の役割である。天皇に戦犯なくして、天皇の承認せる畑の行動に戦犯あるべき筈なしと弁論したのは異様なことであった。

三月十二日　金曜日　雨

法廷、畑、ラザレス弁論続行。詳細犀利《さいり》〔鋭く正確〕なる論法であった。但し、検察側にしてもし天皇の畑に対する信認の関係を疑うものあらば容易に天皇を証人として喚問し得べかりし筈なりと云いしは如何にも苦々しく感ぜしめた。

ラザレス弁論中に検事に対する言葉中に、例えばキーナン及タヴェナーは斯く云えりとかサットン検事の言説は良心的にあらずとか云いし点を捉えて裁判長は非難したに対し、ラザレスは裁判長はかつて自分に対し軍服を着ている米国人が自国を攻撃するは反逆（トリーゾン）なりと侮辱し、今日まで謝罪し居らずと反撃に出で、裁判長はラザレスの弁論は単に宣伝であって裁判所をアンタゴナイズする〔敵に回す〕のみなりと云えば、ラザレスは自分の論告が余りに有利なるに付き斯る印象を与えたるものなるべしと応じた。

裁判長は激怒してその言説を取り消し謝罪せざれば弁論を続行することを許さずと宣した。

ラザレスは必要あらば取り消し且つ謝罪すべしとなし、裁判長はこれを受け入れて弁論続行を許した。ラザレスは裁判長の自分の侮辱に対する謝罪は如何にするやと詰め寄り、裁判長は侮辱したることとなし、もししたりとせば今まで手段を取り得たるべしと云う。ラザレスは本裁判所において取る手段なし、自分は本裁判後適当の方法をとるべしと云い放って弁論の続行に入る。

本日きゑ子華子と共に来り種々報告す。華子は試験も無事済みたりとの事、卒業試験と共に入学試験（高等科）なり。昨日はバレーボールの試合に出て辛勝せりと云う。

三月十三日　土曜日　雨

髪刈りあり、今度はM・Pの下士官が刈ってくれた。ただ毛を短くすると云うだけで無論頭の掃除も洗いもない。それでもさっぱりした感じがする。

午後木戸の室に到り種々談しを聞く。

夕より寒気し脚痛む。夜に入り堪え難し。眠るを得ず。

三月十四日　日曜日　雨

終日就床、脚痛みに苦しむ。夜に入り幾分か宜し。牢屋は又狂屋なり。

三月十六日　火曜日　気持重きも快復しつつあり　浴

法廷、弁護人弁論は土肥原を終り平沼を経て南に入る。

三月十七日　水曜日　雨

法廷、南を終り広田に入る。弁論真剣なり。

三月十八日　木曜日　雨

法廷、橋本弁論（林弁護人）あり、右翼張りの論陣にて日本語にて法廷を大声叱呼し、軍閥なるものの存在せざることを説き、日本を誤りたるは、西園寺、牧野、これを嗣ぐ近衛、木戸の一派で、被告中鈴木貞一を挙げて罵り、又重光は二代の外相としてこの派のグループであることを指摘したのは異様であった。

三月十九日　金曜日　雨

法廷、岡弁論（ロバーツ）に次で木村弁論を終る。

広田令嬢二人毎日欠かさず終日傍聴す。父と共に居たき気持ならん。人事涙なき能わず。

三月二十日　土曜日　雨

バーンズ著書を読む。米人ドクトルの特に貸してくれたるものなり。終戦前後の米国の外交興味多し。

三月二十一日　日曜日　雨

終日書き物をした。大島大使来訪、松岡訪独のこと、ヘス〔ナチス副総統〕の英国飛行のこと等について談した。

三月二十二日　月曜日　雨

法廷、小磯弁論あり。内容は不可思議と感ぜらるもの多し。

星野弁論に入る。

西欧五国連合同盟条約成り、マーシャル・プランの受入態勢整う。ベルリン対独理事会にてソ連決裂代表退場す。ソ連は西独、トルコ、又に朝鮮に進出の形勢あり。

三月二十三日　火曜日　雨　浴

法廷、星野弁論より武藤、佐藤の部を終る。両氏の分は主として田中隆吉証言を攻撃したものであった。陸軍部内の旧幹部同僚が法廷の内外にあって殺さんとし、生かさんとする姿は敗戦そのものの姿である。

本日柳井弁護人の談。

最近聞き込みたる処によると一月来朝した英国ロード・キラーン（元駐支公使ランプソン）天皇陛下に拝謁、戦犯裁判のこと話題に上り、重光氏が戦犯として扱われているは心外千万であるとロード・キラーンより申上げた処、陛下も自分も誠に意外である、出来るならば貴下においても御骨折り願いたい、との御話あり、ロード・キラーンも、無論出来るだけ骨折りましょうとの応答があった趣《おもむき》である云々。

三月二十四日　水曜日　曇

法廷、鈴木弁論あり、鈴木被告は貴族的の自由平和愛好者として描き出された。次で板垣の三百数十頁の弁論に入り満洲事変に責任なきことを論述した。

広田夫人静子と令嬢。夫人は「パパを楽にさせてあげる方法が一つあるわ」と言って開廷後に服毒自殺。

三月二十五日　木曜日　天気漸く回復

法廷、板垣弁論を終り、嶋田弁論に入る。本日も広田二令嬢は朝より傍聴に来る。一日も欠かしたことはない。ケ隊長は便宜を計って彼等に新聞記者席の一隅に目立たぬ様に座席を用意した。今日もその席に着席して父君と遠く相対している。私はその姿を見て、ケ隊長に何とか広田令嬢には特別に父君に会わせる方法はなかろうか、と相談した。面会は月に二回と制限されているのである。ケ隊長は直に「解った、宜しい」と云って昼食後に自ら二令嬢を面会所の網戸に案内して来た。広田さんのその時の喜びははたの見る目にも特別であった。

ケ隊長は来週より家族面会を毎日許すと張り切っていた。

三月二十六日　金曜日　昨夜処によって雨

法廷、嶋田弁論は有力な先輩も止め得なかった政治上の形勢を自分の様な微力なもので如何《どう》して止め得ようか、と幾分哀願的のものであった。即ち罪は近衛第二次及第三次内閣にあり。これらの内閣において及川、豊田（外相）野村（大使）永野（総長）の如き有力たる先輩によりてなされた日米戦争の決意（九月六日）の後を受けた自分はこの大勢を如何ともなす能わざりし事を述ぶ。

荒木弁論に入る。

漸次個人弁論も終りに近付いた。ファネスは今日個人弁論終結の後に私は尚彼を要するやと問うた。これは心細い質問であって、これまで一命を託した人から離れることの淋しさを感じた。それでも彼は占領軍から付けて貰った官選弁護人であるから無理は云えぬのは解っている。

「長く止まって貰いたい」と答えれば彼れはそれならば一度帰って用事を片付けて又判決の時にやって来ようと云った。

新聞紙に川島芳子（清朝粛親王女）の北平における戦犯としての銃殺を報ず。まさかと思ったことが実現す。支那は混乱している。

三月二十九日　月曜日　晴　浴

法廷、荒木弁論続行。午後に至り証拠によらざる無軌道弁論なりとて中止を命ぜらる。

賀屋弁論に入る。

篤、母と共に来り帝大入学不首尾、無理はない。早稲田を受けると云う。最善を尽すことを訓戒す。

三月三十日　火曜日　晴　浴

法廷、賀屋弁論終了して荒木弁論に返る。

三月三十一日　水曜日　晴　浴

法廷、白鳥弁論は冗長の感あり、白鳥は入院中なり。

四月一日　木曜日　晴　浴

法廷、本日重光弁論、ファネス朗読す。柳井、三浦及金谷補佐（重光担当）全部弁護席に即《っ》く。

弁論全部英文、百十一頁、内容充実、理路整然、用語また慎重で拠証引用三百五十以上に及び形式も完全に備わる。裁判官一同熱心に、聴取者一つの介入なし。

先ず緒論において起訴一般について論じ、次で上海事変に入りソ連検事が上海停戦協定を重光が調印せしは列国の圧迫の結果なりと証拠なくして述べたるは愚か（absurd）なことなりと断じた。米新聞（星条旗紙）には表題に米弁護士ソ連検事論告をアブサードなりと断ずとの見出しを付す。ファネス弁論は上海戦争よりソ連関係に入り、リトヴィノフ日記即張鼓峯交渉談判筆記を引用して重光の交渉態度はリトヴィノフの態度よりも遥に平和的であったことを述べ、進んで在英大使時代の平和努力を多数の証拠によりて論述したる後、俘虜関係に入り法令を引用し証拠に言及し数十頁に亘る論陣を張る。次に戦時の演説に一言して終戦努力に触れた後結論に入った。感情の溢るるを押えた雄弁なき大弁論であった。

二時間余りにして弁論を終り、本日は早目に休廷。

市ヶ谷の桜は今が見頃なり。

きゑ子傍聴し、晶も来ていた。

四月二日　金曜日

法廷、カニンガムが日独協力否認のマーシャル長官の証言を提出してタヴェナーと争い遂に受理さる。長く保留されたマーシャル証言が送り来られたるは、キーナン主席検事帰国斡旋の結果によるものか、大島被告には有利な材料であった。外国通信も大きく取扱う。次で木戸弁論はローガンの力作であって三百九十頁に亘って木戸日記を骨子とするものであった。昭和の政治史を語るもの

ウィリアム・ローガン Jr.弁護人

である。
　華子来訪、学校の模様等を語る。
四月五日　月曜日　晴
　法廷、木戸弁論本日終る。
　きゑ子来訪す。
四月七日　水曜日
　法廷、大島弁論において大島大使とリッベン外相との交渉を展開し、興味多し、島内《しまのうち》日本弁護人〔大島担当〕の力作なり。
四月八日　木曜日
　法廷、大島弁論続行。後に松井弁論に入り大東亜主義を説く。
四月九日　金曜日
　法廷は松井弁論を終り、東條弁論に入り、日本の自衛権行使の主張に主力を置き、大東亜政策の論述あり。
　華子来訪、傍聴す。
四月十二日　月曜日　晴　浴
　法廷、東條弁論本日終了す。終始強気の男らしき陳述にして、死を前にして戦う勇者の風あり。自衛権について米国は自己の自衛権は自らこれを決し、他国の自衛権もまた米国において決せんとするの矛盾を難じ、大東亜政策は世界平和の政策であって大東亜宣言は大西洋宣言と相並ぶもので何処に非難すべき点ありやと反問し、日本はドイツ流のナチ制度を採用せず、憲法政治の行われた国であって軍閥等は存在せざりしと主張し、自衛権によって行動せしものに罪あるべき筈なし。政府当局者は天皇の御思召によって仁愛の心を以て総てを処理し、俘虜の虐待等の考えは毛頭なかりしことを力説した。
　きゑ子来訪。

四月十三日　火曜日　小雨　浴

華子来訪。

法廷、草野弁護人の個人責任論一時間半の後ブレークニーの東郷弁論に入る。検事の態度、論告に対して反駁し、舌鋒火を吐くが如し。彼は大弁護人なり。

四月十四日　水曜日　晴　浴

篤、華子来訪、篤早稲田入学試験の事を報告す。英語は好く出来たと。

法廷、東郷弁論続行。第一日に主席検事及ソ連検事を攻撃し、本日各被告特に海陸軍関係者特に嶋田、木戸に毒付き聞くに堪えず。昼食後ローガン弁護人被告控室を来訪し一同に対し挨拶し、

「自分等はこの仕事を引き受けた時は絶望的ホープレスであったが、だんだん事件を研究して見て、事件は国際的の誤解に出でたものであることが判明した。諸君の一人一人が無罪放免となるのは明である」

と述べて喜ばせた。彼れは不日帰国の予定、米弁護人の帰国者を代表して挨拶したものである。

私はファネス、ローガン、ブレークニーに法廷のスケッチ一枚宛を贈って謝意を表した。

二年の大法廷終末に近づき何となくあわただし、多くの人々は網戸より依頼の色紙揮毫に忙しい。

四月十五日　木曜日　雨　浴

法廷、東郷弁論続行。東郷は平和を愛し、平和を成就せしめたのは自分一人である。然るに今日に至りて平和を口にするものの多きは奇怪なり。終始平和を努力せし自分に対する報酬は今何なりやと結論した。終りて梅津弁論をも終り、検事の答論に入る。

ソ連検事ワシリエフ先ず立って、ソ連の立場を詳細蒸し返す。張鼓峯の攻撃は私の扇動によると固執す。

きゑ子来訪、家事報告。おたきさんは毎日海草採りに忙しと。

四月十六日　金曜日　細雨

法廷、ソ連検事の再論告を続行した。続いて支那向《こう》検事立ち、約一時間主として土肥原、板垣に対するものであった。

ホルウィチ検事の粗暴なる法律論ありてタヴェナー検事の全被告に対する責任論あり、被告側の弁論態度を非難し、特に広田内閣の五相会議決定を再び持ち出し、日本侵略計画の政府としての決定意図であったと断じたのは検事側の腹を出した感あり。小磯、橋本は事件発端の巨魁なりと云い、賀屋、鈴木を責任を遁れんと自らを小さく見せんと企てたりと追及し、東郷の責任転嫁を非難し、各被告の名前を挙げて演述すること総括的起訴論告の観があった。私の名前だけは挙げなかった。

本日は法廷を延長して、午後五時過ぎ検事の再度の論告を終り、追而《おって》発表あるべき判決云い渡しの日まで休廷が宣せられた。

私は法廷の一段落に際して警備隊長ケ隊長に対して書簡を送ってその同情と好意とを謝した。又米人弁護人の尽力をも感謝し、私の法廷のスケッチを贈った。

フランク・タヴェナー Jr.検察官（米）

篤、華子来訪。篤早稲田に及第入学の趣にて安心した。今後も自主勉学の必要を両人に督励《とくれい》して置いた。華子は法廷を傍聴した。

法廷、憲兵隊長ケンワージー中佐は、本日我々一同に対して心からなる挨拶をなした。彼は自分及自分の部下は貴下等の友人である。健康にくれぐれも注意を願う、と目に涙を浮べて言葉も出ない位であった。彼はマニラの山下裁判の警備をも勤めたが、終始山下の無罪を信じた人であった。平沼老は一同を代表して「彼の親切と友情とは終生忘れぬ」と謝意を述べた。

日は暮れ、いつもよりは非常に遅くなってから目かくしバスは巣鴨に着いた。今日、いつもの正面玄関でなくして側面から入って横の入口近くに止まった。只事でないと直感した。

一同は雨中下車し建物の側面の入り口から医務室に連れ込まれた。一人一人にM・P兵が付けられ、廊下で裸にされ、衣類は大布袋の中に一切の持ち物と共に放り込まれた。我々は無言のまま唯命ぜられたままに動いた。

それから第一に連れ込まれた室はレントゲン室で、頸部と腰腹部とを写真にとった。云うまでもなく、自殺用のものを呑み込んだり隠匿したりしていないかを、科学的に調べるのである。ニュルンベルクにおけるゲーリングの失敗を繰返さぬためである。次に歯科室に連れ込まれた。口腔を入念に検査するためであった。更に他の室で陰部や肛門を粗暴に検べた上、古いガウンを着せ、新しい下駄を穿かされて、五、六人宛一団として医務部から広い廊下に連れ出された。

広い廊下を西方へ歩かされ、今朝まで居た第五棟の入口をパスして、一番奥の棟の開いている入口から入って行った。第一棟である。鉄柵を潜って右に二階へと上った。私は松葉杖をついて遅れまいとついて行った。入口に近い第一号の独房が私の居室に当てられた。

当夜は相当寒い晩であった。米軍の使い古した蒲団や毛布数枚が、P印の衣類と共に乱雑に埃の中に投げ入れられてあった。これまで所持した書き物やノート類は一物も残さず取り上げられている。日本製のこれまでのものはすべて引き上げたのである。寒い。毛布を体に巻いてつめたいコンクリートの壁に寄りかかった。疲れた。二畳の独房の外はM・P獄兵が監視している。他の人々も順次に割り当てられた室に入った様だ。後で判ったが、私の隣の第二号室は平沼老、第三号室は南老、次ぎは佐藤賢了中将と云う具合で、中央の十号前後には、大物と見られている東條、木戸、東郷、嶋田、鈴木等の人々が並んでいる。中央部の監視は又格別で、人数も多い。一番遠方の奥の方に広田、土肥原の人々が居る。

その夜遅くなって食事が運ばれた。台所係の主任、大兵肥満の大尉アームストロングが自ら指図して食事を分配している。立派な洋食で、戦前以来絶えて久しく見ることの出来なかった、豊富な御馳走である。大きな肉片もあり、新しい果物もあった。一同は大に喜んだ。これから米人兵に対すると同じ物を食わせるのだと主任大尉は云う。日本人の出入する日本風の台所から、我々を切り離そうとするのであることは明瞭である。

堅い蒲団を敷き、下着やガウン（病院用）をそのまま着て、埃だらけの毛布にくるまって寝た。未だ寒い雨の夜である。腕や脚部の神経痛で暫くは眠り付けなかった。

浅ましき狂《きちが》ひ宿に帰り来ぬ

花散り果てし春の雨の夕

これから、永い間の判決を待つ間の、最も厳重な巣鴨生活が初まるのである。

四月十七日　土曜日　晴

今日の食事も米式である。これは日本食は日本人の手によって作られるから、吾々を日本人から遮断するために必要なことであった。

台所主任大尉のアームストロングと云う、肥満したニコニコ顔の年輩の人が顔を見せ、自分の房に座り込んだ。好々爺《こうこうや》然たる男である。私は彼にこれまでの日本食について種々注文を付けた。魚は皆蒸してある。サンマでもイワシでもそのまま蒸すか味噌汁の中にぶち込んである。臭くて折角のものも食えぬ。そこで私は大尉に

「何とか台所に魚を焼く設備は出来ぬものか、同じ材料でも焼けばうまく食えるものを皆蒸込みにするからとてもたまらない。すぐ出来ることではないか」

と云ったら大尉は

「成る程変だとは思ったが、設備を新にする費用

は出道《でみち》がない。日本時代をそのまま踏襲することになっている。台所は元陸軍大尉の日本人が主任でやっている。カロリーも米兵のと同じだし、不潔ではない」

と云う。私は尚

「この位の設備の改善はやる意思があれば明日でも出来る。ブルーム大尉にでも談せば直ぐやってくれるに違いない。僅かの事で千何百人の立派な人間を喜ばせるのは非常な好い事である。殺人強盗犯人を入れた日本時代の設備を改善するのは当然のことと思う」

彼れは

「よく協議して見よう」

と云って種々雑談をして明日は肉を出す。明後日は雞肉《とりにく》を食わせる。ライスカレーを用意すると云って出て行った。引続き米式食事を出す積りである。

——・——

天気が晴れて腕の痛みは昼は軽く終日独房に座禅を組んだ。警護の兵が数秒間毎に鉄網の前を通る。入口に近い私の一号室の前で変な格好でステップを切って回れ右をして歩く。入口に近い所は獄兵の溜り場所となっていて不遠慮な高声で喧騒である。私の房は最も彼等の見透し易い所にあるので監視は絶え間がない訳である。

今日も庭には出されない。日光浴は出来ない。薄暗いコンクリートの内で夜昼電燈に晒されて過した。

四月十八日　日曜日　晴

天気でも外には出されない。

今日はブルーム大尉がやって来て種々と事情を釈明してくれた。

第八軍司令官は、本国政府の意を承けて、総司令部の法律部とも連絡し、裁判は最早被告には外部との協議は不必要と認めたので、被告と外部との連絡は一切禁ずることになった。大切な人達であるから安全手段（セキュリティー）を取ることを命ぜられている次第である。水曜日には何とか工面して庭に出て日光浴をする様に仕様と云う説明である。彼れが主任将校としての骨折りは素より感謝せねばならぬ。裁判でさんざん聞かされたセキュリティーと云う語を巣鴨でも聞かされたのは異様に感じた。而已《のみ》ならず最近は国際的にも又日本でも自衛権に関して安全保障の問題が八釜敷く論ぜられている。自分の国の安全保障のためなら如何なる手段をも辞せぬと云う考え方が強くなっている。ルーズヴェルトは米国の安全保障のための自衛権を世界的に拡張し思想問題にまで及ぼした。巣鴨では自殺を防止するセキュリティーのために独房に監禁して昼夜監視する。日本人との関連を断ち、散歩にも出さぬ。自殺防止のセキュリティーの問題を追及すればする程心配になる。この科学的自殺防止方法は遂には他殺手段となるかも知れぬ。私はブルーム大尉に云った。「裁判判決のあるまで吾々を安全に生かして置けば目的を達する訳であろうが、この方法では吾々の健康は急に消耗してその目的を達せぬかも知れぬ。それは同時に人道問題でもある」と。大尉は「司令部よりの命令であるから止むを得ぬ」と云うので、私は「命令よりも常識（センス）の問題である」と応えたが、ブルーム大尉は種々と陳弁して「命令の範囲内で出来得るだけのことをするから」と云って私をなだめて帰った。房の掃除は勿論廊下のふき掃除で、大臣大将の老人が獄兵の棒の先きでこづき回わされているのは、何と考えても侮辱を感ぜざるを得ぬ。これ等のことは人道上からは兎も角、国際関係から見て将来如何なる影響を及すであろうか。

午後、木戸が獄兵に連れられて鉄網の扉を開けて貰って突然入って来た。「獄兵（ゼーラー）が重光が何だか余り淋しそうにしているから行って慰めてくれろ、と云うので来た、どうかしたか」と云う。

「いや、別に何もない。唯天気模様か、それとも室が変ってコンクリートの湿気の勢か、神経痛で寝られぬので、それに何もかも取り上げられてすることもないので、毛布を頭から被って居眠りながらただ座っているものだから、獄兵が気を回したのだろう」

木戸は昨夜新しく貰った巣鴨製の下駄を私の房の入り口に穿き入れて、私の未だ延べてある寝床の色あせた敷蒲団の上に、二畳のコンクリートの壁の中で昼も電燈のついているその下で向き合って座った。私は褐色の米国軍隊用の古毛布を被っている。客人はP服（P. prisonと大きく前後左右に印刷してある囚服）を着ている。対談三時間もの後獄兵に促されて客人は帰って行った。談は、何時も多種多様である。

木戸

西園寺公は近衛を愛したが、又能く彼を見ていた。近衛には信念がなく、人から利用せらるる点を老公は非常に恐れた。それで近衛を永く貴族院議長か枢密院議長にして置きたかったのだ。近衛を内大臣にはどうしても仕様と云わなかった。内大臣には不適任だと云って、自分を内大臣に推薦された。自分は老公には随分ヅケヅケと意見を云ったことがある。老公は狎《な》れることを許されなかった人である。

重光

老公は中々筋途を立てる人の様であった。だから大勢を察し将来を見透す明があったのだ。陛下に対しても常に責任者の輔弼《ほひつ》を尊重することを進言され、無責任者の言に耳を傾けぬ様にされた。満洲事変前であった、僕が支那往復をしていた時、興津《おきつ》に伺った時に老公は「最近某なるもの（公の親近者である）が支那に行って、西園寺の親族であると云って、自分の意見なぞと云って、支那側に振れ回しているそうだが、全然自分には関係のないものであるから」と特に念を押して云われた。老公の態度は、政府の意見以外に対外的には西園寺の意見なぞはなく、又あるべからずと云う態度であった。

木戸

陛下は実に聡明で筋途を明にせられた。政府の事は政府、統帥のことは統帥部、何れも責任者の意見を能く聞かれ、これによって行動せられ、腑に落ちぬことは飽くまで質されたが、我意を通される様な御態度は少しもなかった。無色透明、公明正大で、御自分のこと等は少しも念頭になかった。日本憲法は天皇親政となっていて、最後の決定は御裁可であるから、今度の裁判の検事の態度で行けば、その地位にあるものは勿論皆コンスピラシーの中に入れられる訳で、陛下の御身辺にも危険はあった訳だが、いくら検察官が調査しても、陛下の御行動に曇りはない。埃《ほこり》は出ない。事情が判れば判る程御立派な御態度であった。外国人でも直接、接触する人にはそれは直ぐ分る。

批評家の中には陛下がもし積極的に指導されて、軍を押え付けて行かれたならばと云う人もあるが、自分はそうは思わぬ。又、実際陛下は随分軍の態度の矯正には力を用いられた。然し大勢はすでに明治末期から醸成されていたので、如何《どう》することも出来なかった。もし陛下が更に突き進んだ態度をとられたならば恐らく内乱が起きたであろう。又それでなくとも責任が直接陛下に及ぶ様なことになったかも知れぬ。

重光

明治憲法が世界の大勢に順応した自然の発達を遂げて、国民を代表する議会政治が成就して行ったならば最も健全な政治が出来た訳であろうが、今日新憲法が出来て明に国民が政治をすることが規定されたことは進歩で結構なことだ。政教一致等と云う非科学的な考え方が落ちたのは歓迎すべきことだ。政治は飽くまで国民が責任を負い、皇室は飽くまで国民の模範として民族崇敬の中心として、日本将来の発展の精神的基礎でなければならぬ。これが国家の象徴と云うことであろう。

木戸

幣原さんは明治憲法は改正の必要はないと云う意見であった。近衛公はマ司令部の憲法改正要望を耳にして勅許を得て大にこれに乗り出したが、幣原総理も司令部よりの指令で遂に動く様になり、政府の手で憲法改正の事業が出来た。
民主憲法は素より結構だが、日本で議会制度を運用するのは容易なことではない。今日の事態になったのも政党の無責任なやり方その腐敗が重大な原因をなした。

重光
日本の派閥観念をなくすることがデモクラシーの基本要素である。藩閥から軍閥となり、親分子分の組織となり、政党も国家を中心とせず私利を営む閥となった。私欲を基礎とする派閥観念を打破して、国家観念の下に、政見によって政党が成立する様にならねば駄目だ。而して今後は特に国際情勢を理解し、これに順応する指導者が絶対に必要である。
僕が興津に老公を訪《と》うた時に、老公は最近日本は何もかも発達して来たので、外国語等を学ぶ必要はないと云う国粋的な考え方をする人が非常に多くなった。外務省の考え方も左様かと聞かれたから、吾々は国際情勢を知り、外国の研究を吸収して遅れぬ様にするため、外国語は一層学ばねばならぬと思っている。と応えたら、老公は、それなら安心だ、日本は未だまだ勉強せねば駄目と思う、と云われたことがある。
外国の情勢に能く注意している人は牧野伯である。二・二六の時は湯河原の伊藤屋の別館で危くのがれたのは幸であった。長命をさせたいものだ。

木戸
至極健康と聞いている。牧野さんは国際関係には非常に注意を払っておられ、外国の使臣《ししん》には勉めて会っておられた。その結果を本国政府に打電した使臣も少くはなかった。軍部がその電報を盗《ぬすみ》読《よみ》する様になってから、牧野攻撃が一層盛んとなった。

重光
牧野さんと云えば、パリ会議の時に、僕はサンフランシスコから一行に加えられてニューヨーク、ロンドンを経てパリに行った。松岡、佐分利〔貞男〕、吉田、木村〔鋭市〕、有田、等に始めて会った。一行は外務省の外、陸海軍実業家新聞記者等百鬼昼行の行列であった。パリでは僕等は将来日本のことを考えてこれではいかんと思い大に革新を唱えた。外務省の革新から先ずやると云う意気込で、その趣旨を以て各全権に意見を具申すると云って有田、斎藤、堀内、と僕と四名で先ず西園寺全権に会見を申込んだ。老公は快く我々を引見《いんけん》し大に革新意見に賛成されて、能《よ》く牧野全権にも談す様にと云われ

「牧野と云う人は御覧の通りに解りのオソイ人ではあるが、呑み込んだら、物事をオロソカにする人ではないから」

と云われた。

吾々は牧野全権にも会見した。その後外務省が革新され、情報部が出来て外交の民衆化も着々実現され、日本が世界の大勢に遅れぬ様に努力したのであったが、満洲事変の勃発で何もかも打ち壊されてしまった。牧野と云う人は遅いかも知れぬが誠に立派な国際人である。パリの革新気分は単に官界だけではなかった。普選運動も実はパリで発祥したのであった。

木戸

今後民主憲法を運用し議会政治をやるのは容易なことではない。その根底を作るには永い間の訓練を要する。従来の様な考え方では駄目だ。貴族制度のなくなったことも好い。日本の貴族や金持ちは不良児の養成所である。新憲法によって筋途を立てて逆転しない様に政治をやる必要がある。

重光

日本の革新は世界の大勢に追い付かんとする処から始まる。革新を逆転せしめず、反動なく前進せしむるためには、常に世界の大勢を国民の前に明瞭に展開することが必要である。今日では内政も外政も共通となった。必要なる外交の水準に内政を引き上げねば、日本将来の繁栄を望むことが出来ぬ。今後の指導者はこれまでの様な世界事情に暗い独善的のものであってはならぬ。

獄兵が来て訪問時間か終ったと告げて鉄扉を開けた。

「それでは」

と木戸は下駄を廊下に放り出して、これを突っかけてカラカラ音高く十番の自房に帰って行った。彼の近所には東條、東郷、嶋田等の大物被告の房が列んでいて、廊下には監視兵が三人椅子に構えて昼夜見張りをしている。

四月十九日　月曜日　晴　終日脚痛

荒木大将来房、談多く政治哲学論となる。大将は「道」を説かれ、人に各々その処《ところ》を得《え》せしむることが道で、道の実行のためには如何なる犠牲をも辞せぬ覚悟が必要であると説かれた。

私は同じ道でも時と共に進化することが必要である。日本が前に受け入れた東洋思想は上から下へと作用する観念を特長とし、平等観念を基礎とする西洋思想とは異っている。東洋では上のものが下のものを憐み、富めるものが貧しきものを憫むと云うことを尊び、下のもの、貧しきものはこれに対して感謝の念を以てこれを受け入れる。即ち強弱の観念を自然の前提とする。政治についてはこれを精神的方面と称する。西洋では平等を要求し、主張し、憐憫《れんびん》でなくして権利義務の観念が先きに立つ。強弱の感念を運命的に受け入れぬ。これを物質的だと云う。日本は社会の充分発達しない時代の支那思想を受け入れ、これを日本的に解釈して独善的に日本精神と云っている。良い点は多い。しかしこれを現代的に平等観念に進化させて互に他の立場を尊重する事を「道」とすることが必要と思う。これが又日本的デモクラシーとなり得るのである。国際問題でも同様で、日本が他国をして処を得せしむるに非ずして、他国が自ら処を得るその立場を日本は尊重し、これを喜ぶと云う風に考え直さねばならぬ。即上下独善の考え方から左右平等の考え方に進む所に過去を精算し進化の途があると思う、と論じて大将の「神の道」の進化論を提唱したら将軍も賛意を表された。

四月二十日　火曜日　晴　神経痛

今日は大島前大使を訪うた。大島中将は先ず東郷氏の法廷陳述の批判をなし、口を極めてその内容を攻撃し、陳述の内容の事実に相違することを幾多指摘した。東郷氏が他の被告その他を誹謗し、自己の功績を吹聴したことを非難した。大島前大使は曰く

東郷氏はベルリンにおいて三国同盟に賛成の意見を度々表示している。最後の時もモスクワからソ連と中立条約を結ぶことを前提として三国同盟に賛成している。東郷氏が終始ドイツに反対していたと云うことは何人も信用せぬ、事実は反対であった云々。大島中将続けて曰く

防共協定の交渉は武者小路〔公共・駐独〕大使の了解を得て実は武官たる自分が交渉の任に当った。その前文が問題となった。前文はリッベン外相の書いたものをヒットラー自身が手を入れて強い文句とした。日本政府はこれを緩和することを希望したのであった。自分はリッベンを往訪して日本人は余り露骨に直接法を使うのを嫌う。「能」でも「芝居」でも約束が多い。言葉は寛和しても精神は同様であると述べて、自分も一案を起草して手交した。リッベン外相はこれはヒットラー自身の手にかけたもので困ったなあと難色を示したが、兎も角取り次いだ。

ヒットラーは帰国中のオット武官を招き、自分の原案と大島案とを見せ、且つ日本人の心理をも尋ねた。オットは日本人の心理は大島の云う通りだと説明した。ヒットラーはそれならば止むを得ぬ自分は立派なスープを作ったが、日本人はこれに水を入れんとする、と云ってこれに同意したと云うことである。

大島中将は更にノモンハン事件の時のことを談した。

ノモンハン戦争の時に参謀本部から河邊（虎四郎）武官の処に訓電が来て、リッベン外相に仲介を依頼する様にとの事であった。仍《よっ》て大島大使がリッベン外相に依頼した処、外相はこれを承諾し

て、モスクワに行った。モスクワから帰って来て大島大使に会ったリッベン外相は「ノモンハンの戦はソ連は大勝だと云って日本側の云い分と反対になっている」との事で大島大使は「一二週間前にノモンハンを通過して到着した日本参謀将校は現状を見て非常に日本に有利であると報告しているから、日本の勝利に相違ない」と説明した。然しリッベン外相は「スターリンが嘘を云う筈もない」と不審にしていた。が後で大島大使にも参謀本部の云うことが嘘であったことが分った。

その時、リッベン外相はモスクワでスターリンに日ソ接近の希望を表示する独ソ共同声明を公表することを提案してスターリンは一旦は歓迎したが、後で、日本側から直接の談もないことを理由に断わり、ドイツだけが云うのは差支ないと云うことになった。リッベン外相が、ベルリンに帰った後に丁度旅行滞在中の楠山毎日新聞主幹のリッベン外相会見談として、リッベン外相の日ソ接近案はソ連も歓迎する所であると云うことを発表し、大毎《だいまい》がこれを大きく取り扱った次第である。当時支那問題解決のため参謀本部は頻りにドイツに頼っていた時である、云々。

本日午後初めて庭に散歩に出された。「物を地から拾ったり、手を地や壁につけたりすることを禁ずる」と云うことであった。大廊下に出てそれから直接中庭に出された。建物の間の中庭の三分の一位は杉板を張って床を作り、その上を歩かせる仕組みで、吾々を直接土地から隔離したのである。この野外ダンス場然たるゆか板の散歩場の周囲は勿論建物の廊下の高い窓からは監視の眼が光っている。地面から石ころやガラスの片又は釘や針金類を自殺用として拾うことを防ぐための科学的安全方法である。もしこの規則に反すれば外出は許されず、廊下を散歩することになるとの事であった。

日光はなかったがそれでも中庭の外気は嬉しかった。山吹が一株ヒマラヤ杉の間に咲いていて、その黄色い色が久し振りに外の空気に触れた吾々の眼には如何にも新鮮なものであった。

四月二十一日　水曜日　雨　脚痛

木戸侯来室雑談す。その中に左の一片あり。

終戦の時のクーデター事件について、更に八月二十日軍隊を宮城前に集合して陛下の御再考を仰ぐ計画で、厚木からはこれに呼応して飛行機を宮城の上に飛ばすことになっていた。これらは皆中堅将校の計画した処であったが、遂に実現に至らずして鎮定した云々。

四月二十二日　木曜日　雨　散歩廊下

吾々の第一棟の入口の第一房には私、それから平沼、南、佐藤と云う順序で二十二房まである。A級では松岡洋右、永野修身死し、大川周明狂《きょう》し、残りは二十五名であるが、梅津は癌で、白鳥は結核で入院しているので、今ここでは二十三名である。

中央に東條の房が最も監視によき地位にある。それに近く東郷、木戸、松井、板垣、鈴木、嶋田等の房がある。廊下の反対側に三名の監視兵が椅子を持ち込んで昼夜監視している。将校が監視隊長である。その状況は実に物々しい限りである。

木戸は木戸日記提出によって、日本上層部の事情が判明した点は彼にも有利であったと判断している様である。彼は三分の一位は極刑を課せられると予想している。私は裁判によって日本の事情はナチドイツの場合とは全然異っていることが判明した訳であるから、極刑があっても六分の一以下と判断した。裁判官も世界は今日変化し、極刑は殉教者を作る位のことは分りそうなものだと思った。

四月二十三日　金曜日　晴後雨　午後中庭日光浴あり
入浴す

佐々木信綱氏の「わが文わが歌」をよむ。氏は万葉集の研究者で万葉学なぞと云う人であるが、万葉臭少なき真面目の歌人で、国学者として窮屈でない所が宜しい。

四月二十四日　土曜日　晴

　中庭運動あり、疲労尚医せず、獄内にて始めてブリッジをやる。相手は武藤、松井、木村諸将なり。

四月二十五日　日曜日　中庭に出る

　監視の大尉来り永ばなしす。種々浮世話に談笑するも尚何処かに感情の引っかかる処あるを感ずるは、敵味方の故か残念の事なり。人間と云うものは仮令《たとえ》どんな打撃を受けても、その日がせいぜい、翌日は又御飯を有難く食べる様になるものと見える。売られた女の反抗も数日間と云う話を聞いている。

四月二十七日　火曜日　雨

　手荒き歯医者来り口腔の検査をなす。その実スヴニール〔記念品〕のために写真にサインをなさしむるためなり。

四月二十九日　木曜日　天長節　晴

　二年前の今日を偲ぶ。今はただ判決を俟《ま》つのみとなった。二年生死の俎上にあり。何物にも屈することなく日々死刑の論告を無視して他人事の如く聞き流した。

　唯々人事の小を知り、国際正義を嗤《わら》い宗教の無能を感ず。

四月三十日　金曜日　晴

　神戸朝鮮人暴動は全く共産党の扇動によるものの如く、朝鮮問題愈々白日の下に晒さる。

五月一日　土曜日

　メーデーは今年は割合に静かに済む。

　朝鮮共産政府平壌に出来、外国軍隊の撤兵、国連の五月十日選挙（南鮮）を否認す。

五月四日　火曜日　晴　浴　中庭一時間

昨夜ヴィンセント中尉来り、職務上のことについて種々釈明をなす。過日東條がK・P当番の時獄兵が東條を酷使する態度あり、見兼ねて私よりブルーム大尉に注意した事に対し、主任将校として釈明したものである。私より種々大局上の談をもし、彼等に対し深甚《しんじん》の考慮を促したのである。

五月五日　水曜日　晴　午前午後各一時間中庭

書き物を休み右腕の痛味幾分軽減す。戦争末期日光にて打撲傷を受けて以来、右腕の疼痛《とうつう》を感じ更に巣鴨にて滑って倒れて筋肉を痛めたるまま毎日の法廷通いと書き物とのために殆んど回復すべからざるまでに右腕を痛めたのである。

昨今気温暖かく且つ書き物を休みたるために疼痛初めて軽く曙光《しょこう》を認むるに至った。

五月十二日　小雨

手紙挿入あり、内に四月二十三日の朝日新聞外国通信中に東京裁判予想として私に次では梅津、賀屋は或は無罪ならんと報ずる旨の来信あり、判決予想も漸次出て来る様である。監獄生活も或は末期ならんか、何となく私に対する空気も変って来た。

五月十四日　金曜日

巣鴨人は獄房の退屈凌ぎに新聞紙等を利用して粘細工をする人が少くない。粘を作るために少からず残飯を洗面所に保留する。食物を保留することは厳禁されてある。ねずみの侵入を防止することを主目的とする衛生上のためである。然る処本日午後ヴィンセント中尉は中庭にて今尚規則を無視して食物を保留する人あり、日本の最高軍人たるものは今少しく衛生について獄吏に協力すべきことを長広舌《ちょうこうぜつ》を以て訓示した。私がこれを通訳せしめられた。その用語は不愉快千万なり。

五月十五日　土曜日

賀屋君来室、二十三日の朝日記事について談ず。荒木将軍等と西洋将棋をやる。

ソ連よりの帰還者の記事及写真（父を見当らざる家族の）を見て涙を止むること能わず。

鶺鴒《せきれい》数羽中庭より巣立ちす。

巣鴨人は生物を愛すること限りなく、鳥や虫は皆親友なり、巣鴨は動物の天国である。動物の敵たる人類を拘束し居るためか。

本日獄吏長突然Mrs. Smithなるものを知るやと問う。ロシア婦人にして米人に嫁《か》したる人なりと云う。かつて法廷に私も慰問のため来りし人なるべし。獄吏長は何処かで出会い私の事が話題に上ったものの様である。

五月十七日　月曜日　雨
ケンワージー中佐来訪、各房を鉄網の外より丁重に慰問す。裁判進行遅く判決は七月に入るべしと云う。
荒木大将、三月事件、十月事件、五月事件（一人一殺の血盟事件）の真相なるものを語る。

五月十九日　水曜日　午前午後散歩
東條、横浜裁判証言打合せのために弁護士面会に来る。獄吏中庭に来り、この事を東條に告げ手錠を嵌めて連れ行かんとしたので東條はこれを拒絶した。手錠を嵌むることは一般命令なりとの事で、特に所長の許可を得て手錠を嵌めずして行く。
遊歩の時にHoggとか云う中尉近寄り来り親切に談話す。彼はアッツ攻略に参加したとの事。ケンタッキー出身の青年志願将校にて、外交一般問題に興味を有つものの様である。
裁判判決は八月に延びんとの情報あり。

五月二十九日　土曜日
中庭にてBCクラスのバレーボールの仕合あり。若き囚われ人の元気な歓声を耳にし非常に気持よし。天羽君が庭に歩いているのが見えた。

六月四日　金曜日　晴

ファネス弁護人来訪、明日出発帰米、七月初再来との事を告ぐ。判決は二千ページに亘り翻訳に長引く模様であるとの事。又ブレークニーは東京大学教師として残るべしとの事。ファネス自身日本に居残り開業したき希望の様子なり。一時間ばかり網戸越しにて談す。日傾きて名残惜しく別る。

六月五日　土曜日　晴　浴

昨日より皮膚病患者（松井、南、星野）を別に入浴せしむ。一昨日検査の結果との事。

キーナン主席検事東京帰来談として、新聞はスカップ（マ司令部）と一切相談の上A'訴追の事を定むと云う。A級には一括極刑を要求せりと報ず。

ファネスは本日北方回りで飛行帰米の途に就く。幸に天気は悪からず。

六月十三日　日曜日　同上

キーナン主席検事帰来の途次ホノルルにて判決は八月一日以後なりと云う。

六月二十日　日曜日　雨

笹川臨風《ささかわりんぷう》著「渡辺華山」を読んで泣く。

幕末の先覚者、身を削りて志を立て、親に事《つか》え、子を愛し、郷《さと》を興し、国を憂う。苦心蘭学を修め、世界の大勢に通じ国家の将来を憂いて遂に罪を得、郷党《きょうとう》に入れられずして身を置く処なく遂に自殺す。年四十九、学識兼備人格溢れ出でて関東南画の一生命を拓く。罪余赤貧、身を立つるに忠と孝、斯る人の一書一画は貯えて可なり。

六月二十一日　月曜日　曇　遊歩　浴

不在中各房の検査あり。タオル、歯磨ヨージ、新聞紙等を持ち去り、顔ふき用としてハンカチ大の布を置きあり。反感頗る強し。

本日入手の手紙数通あり。

六月二十二日　火曜日　晴　遊歩

ブルーム大尉の談

ケンワージー中佐昨日来談によれば、裁判所は明治ビルに翻訳部を設けたるも予定の十八日は過ぎ仕事は未だ着手せられず、判決は八月には到底見込みなく、何時のことか不明なりとの事。

六月二十三日　水曜日　晴　中庭

東條等とラミー〔トランプ〕をやる。彼は顔色幾分疲労、気分やや沈欝なるも態度は極めて平静、彼もまた一英雄なり。

荒木将軍「リンカーン」に感じ短歌を寄す。

六月二十五日　金曜日　曇　中庭　入浴

腕痛殆んど快癒す。

一般情勢

一、全世界に亘る一元化の争いは過去一ヶ月において少しも減退はしなかった。否益々深刻となって来た。東西直接の交差点であるベルリンではすでにボヤが起っている。ボヤは恐らく消し止め得ると思われるが、何時大火事とならぬとも限らぬ。チャチルはベルリンの状態をミュンヘン直後の事態であると云っている。重大なる局面の前夜であるとの意味であろう。これを以てドイツのポーランド進撃には未だ例えていない。消極材料として米ソを初め双方の準備不足と戦争回避希望とがある。特に欧大陸の重要々素である仏国のブレーキとソ連の用心とは戦争回避の主要なる要素である。仏人は戦場となるのを極力恐れている。ソ連は猪突を避ける神経は有っている。

二、マーシャル・プランに対抗するための西欧各国における共産党によるソ連の対抗策は失敗しつつある。四月十八日（？）伊国選挙、ギリシャにおけるゲリラ戦術の失敗、等は西欧におけるソ連の敗北を決定的のものとした。仏国においても現政府の西欧同盟結成の政策は議会において勝利を得た。仏国には寧ろ右翼の擡頭《たいとう》を見つつあり、大体において米国の各国に対する中央党政策は効果を顕《あらわ》しつつある。

ソ連は西欧に対する攻勢に失敗して東欧の結束を堅むることに迫まられ、六月下旬にはプラーグ（?）にコミンフォルム会合を催し、引続きワシントンに東欧各国の外交当局首脳会議をモロトフ司会の下に開いた。ソ連はすでに防御的立場に陥ったのである。その結果何等か新戦術を展開することと思われる。然し米英と妥協の空気は見当らぬ。米国の西欧結成政策に対抗して東ドイツの結成を急ぎ、先ずベルリンより西欧勢力を駆逐せんとして米英地区に食糧及電気の供給を遮断した。朝鮮における電力切断政策と軌を一つにするものである。ベルリン西部米英地区二百万のドイツ人は飢餓に迫ることとなった。形勢は悪化することと思われる。

パレスタイン問題はユダヤ人に味方する米国とアラブに味方する英国との妥協によって漸次下火になりつつある。この問題に介入して米英に向うを張らんとしたソ連の国連における活動は米国の阻止する処となった。ソ連の軍人派遣参加は拒絶に遭った。然しユダヤにもアラブにも共産勢力は活動している。

ソ連の西方進出は全面的に阻止され、激しい抵抗に遭っている。米国の政策が具体的に進行するに従ってこの傾向は益々強くなると認められる。ソ連がコミンフォルムを組織してから、東西両方面における共産党の活動は急に活発になって来た。支那、朝鮮、日本は勿論、印度、ビルマ、マレー及び南洋一帯に亘って敏活なるを認むることが出来る。米英は急に東亜におけるソ連の動きに目をさます様になった。ソ連は東亜に向って攻勢を開始して来た。特に支那における共産勢力の拡張は甚だしく、米国の日本復興計画反対の学生運動として表面化して来た。マッカーサーが日本を民主的に「再教育」しつつある間に日本の思想的混迷は遂にソ連の乗ずべき最も有利なる政治及社会状態を作り出しつつある。米国にして急速に占領政策を改め、日本の精神的復興に急進せねば遂に回復すべからざるに至る虞《おそ》れがある。

マーシャルは東亜問題には常に日和見的態度である。西欧復興政策が緒に就いて後は米国は東亜政策を根本的に考えて見ねばなるまい。

三、ブラッセルの西欧連盟は仏国議会の承認する処となり、ここに成立した。チャチルの発言した、英国の希望が実現した訳である。英国は西欧連盟によって欧州を復興し、ソ米の間に第三勢力を作ろうと云うのである。これと同じく東亜における勢力が出来なければ世界の平和は成り立たぬ。支那の現状は痛心の至りである。

米国の政策が確立するに従って欧洲も安定の方向に向う様であるが、ソ連との関係は益々深刻となるであろう。

六月三十日　水曜日　小雨　午後遊歩

中庭にて小雀遊歩場の板の上を飛び回りて親を求めて人を恐れず、一同深く憐みてこれをいたわる。

福井大地震を報ず。

チトー国際共産党より破門さる。

七月二日　金曜日　晴　遊歩　浴

北国震災死者三千を超ゆと。惨。

七月五日　月曜日　小晴　浴

獄内の空気何となく厳重となる。ホッグ問題の影響かとも思わる。ホッグ問題と云うのは、ホッグと云う若い将校（中尉）が常に非常に親切に私に談しかけていた。ある日同中尉はアームストロング大尉の娘と共に鎌倉に出かけて私の留守宅を訪問して家族等と歓談し写真等を撮った。中尉は私に対して近く又鎌倉に行く、何か用はないかとか種々の事を談していた。これを私の房の近くで立ち聞きした下士官があった。それが監督将校のブルーム大尉に密告したので、ブルーム大尉はホッグ中尉を懲罰に付し転勤せしめたので、私もその後は同中尉の顔を見ることが出来なかった。それ以来他の将校兵卒連も私と従来の様に親しく談しをしなくなった。

今日逞ましい体格の一少尉が中庭の柵を回《めぐ》らした板敷の遊歩場で東條を把《とら》えてポケットを捜査して巻煙草を余分に入れているかを検査した。煙草は監視の兵士に係りが出来て吾々はその係りに吸うだけ一本一本を貰いに行く、その兵は誰が何本貰いに来たかを記入する。余分に所持することは許されぬのである。

その同じ少尉が今度は嶋田海軍大将を指の先きで呼び出し、廊下を通過した際にA'の人々の中の後藤文夫君〔大政翼賛会副総裁〕等が庭で散歩しているのを見付けて、窓越しに黙礼を交わした。これを少尉は嶋田を呼び出して詰問したのである。

東條曰く

侮辱に晒らされるよりは早く

首を絞めて貰いたい

と、私は日米関係は改善し、日米人は親しまねばならぬと云う持論をこの牢屋にまで持ち越し、仮令《たとえ》千人の人間が永く牢獄生活を余儀なくせられる事態になっても願くばこの生活が他日日米親善の助けとなるとも害とならざることを希望して止まぬものであるが、最近の傾向ではこの希望は実現不可能の様である。何と云う、不必要にして且つ無意味なことであろうか。人間の浅墓《あさはか》さは遂に無限である。

この頃は遊歩場の側に小便をして差支ない下水の穴があって、これを開けてある。その前には衛兵が頑張って小便を一々監視している。

七月六日　火曜日　晴　遊歩

最近弁護人の面会に来るものが多い。裁判進行は遅々として裁判官の意見は分れ、到底九月中に判決云い渡しは困難なりとの事である。

七月七日　水曜日　晴　浴あり　暑さ堪え難し

本夕、当直将校、私に対し

「武藤は何か心配事でもあるのかと思われる。もし然らば我々にて出来ることは助力するから様子を知りたい」
　と親切に申出でた。斯る言葉は真意が何処にあろうとも身に沁みて感ずるものである。最近武藤は風邪気味で寝てばかりいるからである。
　私は早速訪問時間に武藤を訪いこれを伝えた。武藤も感謝していた。人情味程美しく見ゆるものはない。

七月十二日　月曜日　晴　浴あり
　夜クリーツベルグ Chrietzberg 大尉我々の受持主任となったからと特に私の房に挨拶に来る。

七月十三日　火曜日　午前午後遊歩
　初めて中庭でラジオを聞かせ外界の気に直接触る。

七月十四日　水曜日　昨夜大雷雨今日空気冷ゆ
　入梅も終りたる様である。新聞は大豊作を予報す。
　ベルリンの緊張止まず、米英は押しの一手、形勢油断ならず。
　三笠宮妃実父、高木子〔正得子爵〕失踪の報あり、世相を反映して悲壮。
　弁護士中判決は十一月に入るべしと云うものがある。判決を待つの忍耐は相当の力を要す。

七月十六日　金曜日　晴　遊歩
　ベルリン問題にてソ連の態度強硬、将来の見通し付かず。ドイツ問題は結局妥協の方法なきを思わしむ。
　荒木大将来り、英語の勉強をやる。

七月十七日　土曜日　雨　浴　遊歩
　昨夜は又大雷雨があった。建物が空爆されている様な音である。腕の痛味が薄らいだので又書物を始めようかと思う。然し永く鉛筆を持つと又痛くなるので弱る。
　昨日クリーツベルグ大尉が配給してくれた新

カードでペーセントを度々やって見た。

本日は洗濯物の日である。又新規則によって洗濯物全部自房で取り代えることとなった。獄吏（軍曹）より与えられる衣類と自分の着ているものとを丸裸になって交換するのである。P.W. と印されてある古い衣類であるが、清潔である点は有難い。

今日の遊歩は雨のために一階の廊下で希望者だけやると云うので私は房に残った。監視兵が少いから他人の房に行って一緒に居てくれろと云うので東條の房に行ってラミーをやった。東條の所は監視兵の集まる中央にある。その両隣が東郷と木戸、その次ぎが松井と板垣、板垣の隣りが鈴木となっている。奥の最後の房には広田や土肥原、木村、畑、賀屋等が居る。入口から私、平沼、南、佐藤、岡の順序で中央が監視の最も便利な大物の居る所となっている訳である。

裁判判決は遷延《せんえん》に遷延を重ねている。六月末には遅くとも判決があると云われたが、今は十一月になると云われている。四月十六日に休廷になってからすでに三ヶ月を経た。この三ヶ月は実に永い三ヶ月であった。昼夜煌々たる電燈の下に厳重なる監視下に晒らされる事は、人間の神経には最大の負担である。二畳の房の入口を頭にして夜は終夜燈の下で眠る。廊下は絶えず監視兵が歩いている。熟睡は出来ぬ。多数の監視兵は遠慮なく騒々しい。昼でも横になって寝ると監視兵は鉄網の扉を開ける規則の様である。（万一の場合に間に合うために）それで我々が疲れて横になっても監視兵は眠っているかどうかを確かめるために棍棒で扉を叩いたり、靴で蹴ったりする。それで目を閉じて安静をとることも出来ぬ。

永い時間を過すために碁、将棋、麻雀をやらぬ人は木戸の仲介でジン・ラミーを監視将校に習って毎日盛んにやっている。訪問を許される時間に房内でやり、又遊歩時間には中庭でやる。中庭の柵で回らされた板張りはヒマラヤ杉数本を取り込んであるのでその下蔭《したかげ》に古い異様な板机や腰かけを配してカードや将棋をやる。板張りの上にそのまま寝そべって休息する人もある。人々は人間自然の姿に返えっている。最近ブルーム大尉はラジオを中庭で聞かせてくれる様になった。
運命の日を待つ人々の心はすでに消耗しつつある。

七月十八日　日曜日　昨夜雷雨
K・Pは土曜日交替で昨夜から東郷の組となった。今日は遊歩はなかった。房内で読書や書き物をした。書き物をすれば腕が痛くなり、読書をすれば眠くなる。大分疲れて来た様である。

七月二十日　火曜日　午前遊歩　午後訪問を許さる。
手紙日で篤、華子に手紙を出す。
外部より久しく手紙なし。
室内にて横になって休んでいたら突然獄兵から入口を枕にせよと荒々しく注意された。

七月二十一日　水曜日
七月も下旬になった。判決は十月二十日頃の見込だとケ中佐来訪の時に告げられた時には殆んど永久の如く思われた、今後の三ヶ月は尚更の事である。健康維持について新工夫を要する。一同は体は瘠せぬが神心《しんしん》の消磨《しょうま》で、体はただ機械的に動いているに過ぎぬ。

七月二十二日　木曜日　昨夜雨　両度遊歩
偶々《たまたま》木戸と寛談す。彼れは過去の我軍部なるものが如何に横暴にして国を誤ったか、又軍務局なるものが政府の観を呈していた事を追想して、一々事例を上げて論じ「この戦争は日本のために好かった。丁度軍部を倒した処で終了したので自分は大成功と思っている。戦争が早く済んでもし今日軍部が残っていたら大変だ」と述懐した。
ベルリン封鎖は或る意味において米ソ戦争の開始を意味する。仮令フランスの躊躇によって大衝突は免れても、米英のソ連とじ込めは実行せらるることと思う。ソ連凍結の政策が遂には大規模の武力衝突に導くは必然の形勢である。米ソ関係は悪化一方と思われる。日本は速に平和条約を成立せしめ、国内を整理し、自衛的国防力を作りこの形勢に対処しなければならぬ。満洲問題は再び日本の死命を制する時期が来ると見られる。日本は過去の軍閥の誤りを繰返してはならぬ。日本の運命は好むと好まざるとに拘らず米国と共に在る。大局を誤ってはならぬ。これらの点を木戸に談した。

昨夜隣室平沼男突然異様の奇声に泣き出し監視兵を慌てさす。同老は時々この発作あり。夜オソワレルなり、昨夜は就寝匆々《そうそう》で、丁度ヴィンセント中尉の巡視中で監視兵は大騒ぎであった。

七月二十九日　木曜日　暑気甚し愈々盛暑

遊歩及入浴あり

中庭に腰掛数個増加好都合なり。

新聞は八月二日より法廷翻訳部開設を報ず。

七月三十日　金曜日　盛暑　遊歩

午前柳井、ファネス両氏来訪、ファネスは米国より帰り来りたるなり、元気に見ゆ。

七月三十一日　土曜日　遊歩

ブルーム大尉雑談

ライアン牧師殺し犯人逮《とら》わる。巣鴨米兵なり。(ライアン牧師は巣鴨入口にて銃殺された)前所長時代の不規律の結果で、その改革の急先鋒たりしライアン牧師が犠牲となった形である。

巣鴨新聞は政治的記事を除く必要あり。

八月一日　日曜日　好晴　盛暑　入浴

中庭に増加された腰掛にて漫談頻りに行わる。

八月二日　火曜日　雷雨

川崎に旋風あり、家屋倒壊、百人足らずの死傷あり、天譴《てんけん》〔天のとがめ〕限りなし。

八月六日　金曜日　毎日驟雨《しゅうう》あり　晴れ間に中庭に出ず

本日蝉声を中庭に聞く。

米英仏のモスクワ交渉はベルリン封鎖解除を回《めぐ》って双方の根本的態度に触れんとするものの如く、行けば行く程両者の考え方に相違を発見すべし。

八月十日　火曜日　雨上り残暑あるも空青く涼風あり　入浴す

秋立ちてこれから書き物でもしようとする折柄室検査あり、鉛筆見当らず不便この上なし。

一般情勢

一、モスクワ交渉――ベルリン封鎖はソ連側から見れば、米英が西ドイツにおける特殊通貨をベルリンにも強制せんとする等のポツダム協定違反行為に対する対抗処置であるから容易に譲歩することが出来ぬと云うのであり、解決困難な問題で何れが耐久力があるかと云うことに帰着する。根本的の妥協は出来ぬと見られる。

二、ベルグラード開催中のダニューブ会議は、ソ連が多数を有する最初の国際会議とて、ダニューブ河は沿河国のみによって支配すると云うソ連の主張を押し通すこととなり、これを国際河川として国際的に開放せんとする米英の主張は圧せらるるものと思う。この会議は国際連合の諸会議と対蹠《たいせき》的〔正反対〕のものである。

三、パレスタイン問題は米国の後援するユダヤ国建設の勢力に支配され、国際連合の分割案が強行せらるる様である。アラブの反抗は掛け声の様には実行が伴わず武力は新鋭なるユダヤ軍隊の敵ではない。

四、マレー、ビルマ方面の共産勢力は華僑を基盤として中共と連絡しているので根強いものがある。華僑は常に革命の原動力である。

五、馮玉祥は香港における陳済棠《ちんさいとう》や広西派の反蒋運動に参加して共産党とも連絡して米国で策動していたが、この程愈々帰国して反蒋の大運動を起すと宣伝せられ、南京側を刺激している。陰険なるかつてのキリスト将軍馮として首肯出来る行動であるが、彼れの暗い行動はかつて成功したことがない。

八月十一日　水曜日　晴　午前午後中庭

夜監視兵騒がしく安眠出来ず、米国兵には静粛は最も困難とする所である。監視は益々厳重となる。

中庭遊歩場の柵の外部より監視するもの、内部よりするもの、建物の窓より見下すもの、将校に率いらるる監視兵は数十人を下らざるべし。

私の独房の天井より水洩れ落つることすでに二週日に及ぶ。毎日の様に将校に注意しその都度直すことを引き受けて今日に及ぶ。水は丁度座席の上に堕《お》つ、汚物にあらざることを望む。我々の申出は引き受けて聞き流すことが彼等の遣り方とも見らる。強いて苦情を云えば多くは逆効果あり。

本日篤、林老人、堀田氏等より来信あり。

八月十二日　木曜日　晴後雨　終日遊歩場

ヴィンセント中尉、米国の雑誌を持ち入れ呉れた。その談話に白鳥、梅津のことあり、白鳥とは会談した。その声は低声なるも聴取し得た。案外元気にて入院当時の状態と変ることなし。彼は判決は弁護人の言う通り無罪を確信し居れり。家庭に帰れば更に元気付くべし。咽喉は三分の一は管にて息をする有様、患部は伝染性なしとの事である。死期の迫れる様子はない。

梅津は腹部切開せしも癌は取り去るを得ず、ただ管を入れて人工肛門を作りたるまでにて患部はそのまま進行に委《い》するの外はない。数ヶ月は問題なかるべし。時々部屋を歩行す。巣鴨に帰りたいと云い居るも手当上それは不可能である。

八月十三日　金曜日　又雨ふる　少時中庭　入浴あり

一般情勢

モスクワ交渉――米仏は在ソ大使をして、英国は特に外相の信頼する代表（ロバーツ）を送りて、モロトフ及スターリンに会見せしめて、ベルリン封鎖を中心に交渉せしめている。他方ベルグラードにおいてはソ連独占場たるダニューブ会議が開かれている。

ソ連はベルリンに共産勢力を中心に全ドイツの単独政府に発展せしむべき行政準備委員会を作った。米英仏はこれに対抗してロンドンにおける西欧会議の決定に従ってフランクフルト・アム・マインに西ドイツ政府を建つべく占領ドイツ各地の地方政府の首相（？）を集めて具体案を議せしめたが、統一を望むドイツ人の協力を得ず行き詰まりの状況である。然し西部ドイツを西欧組織に組み入ることはマーシャル・プランの実行上絶対に必要であるから、ソ連のドイツ貨幣無制限発行に対抗する意味からも西部ドイツの通貨を更新した。ソ連はロンドンにおける西欧諸国会議の決議はポツダム宣言違反であると反対し、米英側がベルリンの占領区域に新通貨を流通せしむるに至ってソ連は米英仏西欧側のベルリン占領地区を封鎖して、食糧電力の供給を絶つに至った。このソ連の報復行為がベルリン封鎖問題となった訳である。ベルリンはソ連占領ドイツ領の中央にある一つの島であってドイツの首都として米英仏ソの占領軍が分轄《ぶんかつ》統治している地域である。ベルリンに連合軍のドイツ管理委員会が設けられてある。西欧諸国の管理地区ベルリン西部では食糧及び電力はソ連地区よりの供給に拠らねばならぬ。然るに今ソ連の封鎖に会ってベルリン西部二百万の市民は飢餓に迫られて来た。地上輸送は全部遮断されたのであるから、この窮境を救うためには封鎖解除が出来ねば空中輸送によるの外はない。冬期を通じて日々必要なる食糧及石炭をベルリン西部に空輸することは超人的の事業である。ソ連はそれを見越して封鎖解除の前提として西ドイツの分離工作を中止せしめ西ドイツ地区よりの賠償物件の搾取にも故障なからしめんとする魂胆である。ベルリン封鎖問題の帰結如何は将来のドイツ問題処理の鍵と看做《みな》されている。

ソ連はベルリン封鎖と共に東欧衛星諸国をワルソウに会して決議文を発表した。モロトフはベルリン封鎖を解決するためにポツダム宣言に反した米英側の西部ドイツ建設を断念するの必要のあることを直言している。ソ連はベルリンの封鎖と云うことで米英の首根っ子をつかまえたと思っている様である。

これに反して米英はソ連に対しては一歩も譲らぬ態度を度々宣言している。ベルリン封鎖を武力的に解決することは戦争を意味する。然し西部ドイツ建設を思い止まることはマーシャル・プランの破綻を意味する。米英の立場は譲歩を許されない。ベルリン封鎖は空輸の成功によって打ち破るの外はない。

ダニューブ会議は国際連合の場合とは異ってソ連の独り舞台である。国際連合諸会議の復讐にもソ連は無遠慮に行動している。

両陣営の反発は益々深刻となりつつある。

八月十五日　日曜日　午後中庭蒸し暑し

降伏記念三周年、三年前熱海大観荘にて玉音放送を聴く。

本日の記念日を卜《ぼく》し南朝鮮李大統領の下に独立政府を樹立しマッカーサー参列す。

南朝鮮の独立は国際連合委員の監視下における国民投票の結果なり。ソ連の占領せる北朝鮮（三十八度以北平壌を首都とす）はすでに朝鮮解放委員会なる共産政府を組織している。斯くして朝鮮もドイツと同じく外部の力によって二分せられてしまった。日本は何とかして将来は自力によって国を立てたきものである。

八月十六日　月曜日　中庭

新聞は、朝鮮独立、マッカーサー演説の記事多し、朝鮮も前途多事、支那共産党、東亜赤化の問題は重大化しつつあり。

張群、日本来訪との記事あり。

篤、華子、沼津等より来信あり、華子病気快方との事、学校にて余りやり過ぎた疲労もある様である。心痛なり。

八月十七日　火曜日　晴　暑気強し

広田弘毅氏談（二十一ヶ条約問題について）

一、ロンドンにおいて加藤高明大使が桂内閣入閣のため親任の際、グレー外相に会見した時に大使より関東州租借地二十五年の期限は余りに心細く、日本は植林事業には多大の経費をかけたと述べたに対し、グレー外相は日本は植林したのみならず満洲には血を植え付けたのであると答えて、日本が関東州に関心を有するは当然であると云って了解を与え、加藤大使は租借権を九十九ヶ年に延長を考えておった。

二、その後阿部〔守太郎〕政務局長は袁世凱一点張りであったが陸軍はこれに反対し遂に阿部暗殺が行われた。牧野外相（権兵衛内閣か）は当時の南京事件を切っかけに関東州租借期限延長を要求せんと企図していたが、山座《やまざ》〔円次郎駐支特命全権〕公使はこれに反対した。

三、後大隅内閣に至り加藤〔高明〕外相は関東州期限の問題提起を決し、政務局長小池張造氏に一任して立案せしめた。（加藤外相は支那のことは小池に一任したと云っていた）小池は陸軍の注文を入れて遂に二十一ヶ条の交渉を訓令した。当時支那課長は出淵〔勝次〕でそれから小村〔欣一・寿太郎長男〕がこれを次ぎ陸軍では田中義一〔参謀次長〕の外《ほか》福田雅太郎《まさたろう》〔参謀本部第二部長〕等が支那問題を動かしていた。小池は孫文援助のため湖山の鋸山《アンチモニー》を抵当に久原より二百万円を融通せしめたが、利権はものにならず、小池は久原に入社してその後片付けをも試みた。

四、加藤外相は関東州の期限延長問題のみを念頭に置きその機会を待ったが、二十一ヶ条は小池局長の下に軍部の要求を採用した結果、希望条項なるものを付加し遂に重大事に立ち至った。（外交部ホリントンがパウェルに洩す）云々。

八月十八日　水曜日　夜来雨

夜平沼、荒木両氏来訪清談す。平沼男は思い出談《ばなし》をして頻りに明治大帝の遺徳を頌《しょう》した。

一、明治初年関西より軍艦にて東京に御帰船の際海上暴風にて横浜に御止泊《ごしはく》、陸上を視察せられ、地方裁判所の前を通り直に立ち寄られ、執務時間後にて小使だけ居たが、茶を飲みたいと仰せられ、茶を喫《きっ》して出られた。その後所長等参集した、その時の茶器は記念として保存しあり。

一、京都より駕籠《かご》に召されて東京に来られた時の御談に駕籠が坂道を通る時は体の重味が一方にかかって非常に窮屈であった等。

一、明治帝は徳大寺〔実則〕侍従長に向って「徳大寺の屋敷（京都）には好く狐が化けて出ていたね！そうであろう――徳大寺どうじゃ」侍従長は手を膝について、「全く左様に御座いまする」侍従陛下は「この徳大寺は左様ではないが、このおやじは仲々の八釜敷屋で時に弱らされた。気に逆《さか》うと出て来ないから機嫌を取ったことが度々ある」

一、川村純義《すみよし》が枢密顧問として決死の覚悟を以て担架に乗って会議に出席して意見を述べて引き上げたことがある。陛下は直に侍従を遣わして見舞われた。

八月十九日　木曜日　夜来雨　遊歩　入浴

獄中ソ米関係を論ずるものが多い。旧軍人中にはソ連ビイキ多くその優勝を信ずることかつてドイツを信じたるが如き風である。相変らずの心理状態である。

夜平沼、荒木来室清談す。多くは懐旧談である。

八月二十三日　月曜日　晴　中庭

ヴィンセント中尉来り、荒木将軍の獄吏に対する態度を非難す。又、数氏（鈴木、板垣、松井、畑）が便所にて臀部を洗うことを不潔として厳禁す。

夜平沼氏来り清談す。山岡鉄舟と禅の談、軍閥の横暴振り、西園寺公評等あり。

八月二十五日　水曜日　雨　外出なし

午後木戸来室の上、土曜日以来新聞配布なく、嶋田（木戸のラミーの相手）もやきもきし、将校に頭を下げて頼みたりしが、効果なし。思うに昨今彼等の態度厳重にて、荒木氏の態度に不満あり、荒木が貴下の処にて英語を教わり、タイムズを読み、政治上の討論するを見て、遂に彼等は新聞全部の配布を止めたるものと思わる。困った事なりと云う。妙な話を聞く。

後、ヴィンセント中尉来り、ハイマンの著書（Hans Heymann; We can do business with Russia.）と云う本を持参し来る。一読の上私の感想を聞き度し、と云う。その序《ついで》に、私が荒木に英語を教え、タイムズを読むことは何か好ましからざることありや。これが最近新聞の配布なき理由なりと憶測するものありと尋ねたるに、彼はノンセンス、英語は獄内にて奨励しているにあらずや、新聞は直に配布すべしと答う。後に新聞配布あり、獄内の空気は益々神経質にならん。

夜、平沼、荒木来訪清談。入浴あり。

八月二十六日　木曜日　雨　午後中庭

午前木戸来房雑談す。A級将軍達のぶざまを難ず。

夜、平沼、荒木来室清談す。

八月二十九日　日曜日　天気好し

夜、平沼、荒木来談。荒木将軍より二・二六事件について談す。

主謀者村中〔孝次大尉〕、磯部〔浅一一等主計〕は免職されたのを怒って立つに至った。

第一師団よりは第一連隊の安藤〔輝三〕、野中〔四郎〕両大尉の率いる約九百名の外。

近衛第三連隊より一小隊（高橋蔵相暗殺の分）参加、外に近衛師団中一個小隊は鎮定の配置に就かず、止むなく靖国神社境内に移した。

全国各地の形勢は不穏であった。

自決の相談なり一旦十八名の棺は大臣官邸に用

意され自決用のピストル、軍刀等は一室に準備された、が村中、磯部は北一輝の電話によりて遂に翻意す、後野中は総理官邸の庭先きにて自決した。
　当時、首相の所在は不明で、岡田首相は湯浅憲兵司令官の勧告に拘らず、直に参内しなかった。云々。

八月三十日　月曜日　中庭　急に寒さを感ず。
　夜平沼、荒木来訪
　モスクワ会談も破綻は免れベルリンも小康を得るものの様である。ソ連も封鎖の成功せざるを見透したものか。

八月三十一日　火曜日　晴　中庭　浴
　来朝のヘレンケラー女史の行績を感激を以て読む。中庭に大将元帥等の評を耳にす。「あれは盲目《めくら》を売物にしているんだよ！」と彼等こそ憐むべき心の盲者、何たる暴言ぞや。日本人のために悲しむべし。

夜平沼、荒木来る。荒木談
　軍部の虎の巻
関東軍を中心として内外に亘る詳細なる軍の計画あり、これを虎の巻と称した。計画は数期に分れ、部分部分に区別せられ、担当者は相互にも、上下にも直接の連絡者以外には全然関知せざる様に仕組まれ、共産式遣り方なりしため関係者の的確なる指名は困難なり。田中覚書よりも遥に詳細周密なる計画にして支那事変前に完全となったもののの如し。平沼男も近衛もこれを知る。小畑敏四《おばたとし》郎《ろう》（中将）がこれを知りこれらの徒輩《とはい》を一掃するため、柳川〔平助中将〕を現役に復帰せしむべく運動し近衛内閣の時に板垣も柳川現役復帰に賛成せしも遂に実現に至らず、小畑は大いに憤慨した。
　石原は右計画の中心人物の一人なり、経済方面は池田純久、秋永〔月三〕等の名前を記憶す。
　この計画が内外に対して実行に移されたものであって、三月事件、十月事件及満洲事変より更に二・二六事件皆これに基くものである。

九月一日（二百十日）　晴　震災二十五年記念日

終日中庭　残暑甚し　豊作の兆

夜平沼、荒木来談。

話題―

平沼――北一輝と大川周明、協和会と日本革新案、昭和研究会と後藤隆之助、山縣〔有朋〕と山本〔権兵衛〕、付、山縣の偏狭、やきもち。田中光顕《みつあき》〔宮内大臣〕と渡辺千秋〔宮内大臣〕、シーメンス事件〔日本海軍の収賄事件〕と山本及山縣、桂〔小五郎〕と内府。

荒木――黒木大将〔第一軍司令官〕葬儀と山本及東郷〔平八郎〕。

重光――馮玉祥の今昔、付、郭松齢《かくしょうれい》の乱、西原《にしはら》借款《しゃっかん》と寺内〔正毅首相〕。

九月二日　木曜日　晴　降伏記念日

夜平沼、荒木来談。

話題――赤化問題―ジュダノフ〔ソ連最高会議議長〕の死とソ連の没落十年説―東欧カトリック教徒の反抗。

九月四日　土曜日　蒸し暑し　中庭

夜平沼、荒木来室。

平沼より荒木に対し

「二・二六事件の時に軍事参議官一同は寧ろ踏み止まりて善後処理に任すべきに拘らず皆辞職退役せしは如何なる理由によるや」とて当時の派閥関係に談を向く。

荒木将軍の説明左の通り。

川島〔義之〕陸相は当時錯乱状態にあった。参議官会議においては自分は辞職を不可とし真崎これに賛成し、阿部〔信行〕、西〔義一〕、寺内〔寿一〕、植田〔謙吉〕等は辞職説であった。下級のものは五十歳以上の老人は一律引退と宣伝した。そこで問題は陸相の病床に齎さる。――すでに鋒先は真崎、荒木等の皇道派に向け集中され、真崎は監禁せられ、荒木の身辺は収賄名義で取り調べらる。斯くして皇道派は一掃せられて、関東軍を中心として作られた内外に亘る国家革新要綱なるもの（所謂虎の巻）が着々実行せらるるに至ったものである。小畑敏四郎中将が虎の巻の存在を知りその実行を阻止せんと決意し、これがため柳川を陸相に起用することを躍起運動し、第一次近衛内閣の時に板垣陸相によってこれを実現せんと計りしも成功せず。

右国家革新計画なるものは北、大川等の考案は勿論、昭和研究所（後藤隆之助主宰、尾崎秀実《ほつみ》等左翼思想家及武藤〈後の軍務局長〉等の軍人、多くこれに出入し国家の機密を論じ、国内〈大政翼賛会〉の組織等を考案す）、満鉄調査部、国策研究会等の資料が多く役立っていた。関係者は所謂中堅将校を中心とし相互上下の関係連絡は極秘とせられた。関係者は何れも要所に配置せられ、各々受持ち受持ちによってこれが実行を期し憲兵を監視に使用す。

この考案が着々実行に移されて満洲事変より支那事変、それより遂に大東亜戦争へと進み行きたり。

この形勢を完全に利用したのが共産党でここに魔に取りつかれたのである。云々。

九月五日　日曜日　中庭　蒸暑

昨夜は本年中最も苦しい暑さであった。本日は幾分気持好きも食欲なし。毎日中庭に出る。

大廊下を通行する日本女警官の颯爽たる容姿を見る。

一昨日は、東京ローズ〔米兵向け謀略放送の女性アナウンサー〕再び逮捕せられ、米国人として反逆罪に問われ、米国に赴くべく、本日巣鴨を出で、横浜より乗船せしめらる。そのバラ色の洋服が廊下を警護兵に囲まれて通った。付き添った女警官等は、中庭から見ている我々に向って、日本的に一礼して行った。

夜平沼、荒木両先生来談。

話題――支那国民党と共産党との関係、赤色軍閥の変遷、馮玉祥と李済深《りさいしん》等の反蔣運動、張群の訪日。

九月六日　月曜日　晴　蒸し暑し　米国労働祭日（九月第一月曜日）　午後中庭及入浴

ブルーム大尉来談

一、裁判は十月後半までは再開見込なし
二、英国においてドイツの高級軍人に対する裁判を今頃開くことに対し非難多し、米国においてもA'に対する裁判遷延を難ずる声が多くなった。
三、東京ローズの再逮捕は彼女に面会せし某山師の金儲け仕事なりとの風評あり、云々。
四、天皇が真珠湾攻撃を知られざりし筈なし、一般米人は天皇が戦犯とせられざる理由を解することは出来ない。
五、日本の防御的武装は当然実現すべし。共産党の危険は占領軍司令部において充分承知す。
六、日本人は個人としては能力を示すも、コムミュニテー・センス（公共心）に乏し。
七、流行性脳炎は米軍中にも発生し予防手段の手ぬるきを司令部は憤慨す。日本の公共衛生は大いに改善の余地あり。
八、四月には自分は帰国除隊せらるる筈。
夜入浴後、平沼、荒木両先生来談。

九月七日　火曜日　晴　夜雨後涼風
五日モスクワ発表によれば反蔣運動のためソ連経由米国より帰国中の馮玉祥はソ船ポベタ号で黒海バツームよりオデッサへ向う海上で映画の火災で子女と共に変死すと、馮の存在はソ連にとり不利となりしものか。
夜平沼、荒木両先生来談。

九月八日　水曜日　曇　涼風あり　中庭
馮玉祥の変死について広田氏と意見交換す。同氏はその乗船がニューヨークより出で馮は米国製映画を所持したりとの報ありとて、その変死は米国側の策謀によるとの印象を語る。
夜平沼、荒木両先生来談。
荒木氏と防御軍隊再興の問題について論議す。荒木氏は道に帰れと説き、戦前の天皇制を肯定し、軍隊は旧制によるにあらざれば建設出来ずと云う。彼氏は過去の失敗は人にあり、結局天皇側近にその人を得ざりしためなりと力説す。

九月九日　木曜日　晴　中庭　入浴

三宅正太郎君〔梅津担当弁護人〕の随筆中に二十五歳の死刑囚の不幸なる一生涯の手記あり。

夜平沼、荒木両先生来室、昨夜の激しき討論を続行す。

平沼老は、日本は天皇の大権について保留したのだから、その主張を今後も繰返してこれを実現する努力を継続すべし。

荒木大将は、米英仏及その他の各国は皆各自の伝統がある。米は自由を英は民主を仏は民主自由を支那は三民主義を、日本は古来天皇中心の国体なり、日本も各国の如く遠慮なくこれを主張し維持せざるべからず。云々

重光は、問題は何が国の伝統として自覚すべきことであるかを何人が判断するかにある。例えば軍人の一部のものが日本の皇道は斯く々々のものなりとて独断を以てこれを国民に押し付けんとしても結局これは出来ることでない。一国の理想の何なりやは国民全体の意思によって決するの外はない。政治は目的と共に手段を尊重すべきものである。

九月十日　金曜日　晴　中庭

裁判十月再開の報米国よりキーナン談として来る。

夜平沼、荒木両先生来会討議続行

平沼、自分は終戦の際天皇の統治権の不変更を条件としてポツダム宣言を受諾すべきを主張した。この意見は今日まで変ることなし。（荒木は右に対する米国の回答は回避的なりしと云う。私は然らず、天皇の権力は占領軍司令官の権力に従属す、又日本統治の問題は結局日本国民の決すべき問題なりとありたりと説明す）法律上の問題と事実上の問題は別なり、法文上に何とあるとも、天皇の日本統治は事実上日本開闢《かいびゃく》以来不変なり、日本は英国と異り天皇が直接統治すべき国柄なり。西園寺公等がこれを英国流に運用し輔弼《ほひつ》によって総て行わるることとし、天皇が直接命令せられざる習

慣を作りしは誤《あやまり》なり。彼等はこれによって皇室を守らんとせしも結果は反対となった。天皇が軍に対して明に命令せられてこそ軍を押うることが出来た筈である。

荒木、天皇は側近に阻まれて行動が出来ざりしなり。天皇さえ直接軍に命令されたならば何等問題なく、天皇の意思は実現せられた筈なり。国を誤りたるは側近なり。

重光、裁判書類に徴するも、天皇は多くの機会において明瞭にその意思を発表され、これを陸海軍に伝えられたのみならず、陸相及総長にして天皇より叱責せられたもの少からず（田中〔義一〕、杉山、板垣）。然るにも拘らず、天皇の意思を顧みず行動したるにより今日の如き国家の破綻を招きたるにあらずや、自分の経験によるも天皇の御思召の何辺《どのへん》にあるやは常に明瞭に感得せられた所である。

荒木貞夫陸軍大将

荒木、自分は側近宜しきを得ば天皇の御意思は更に明瞭に軍に伝わりしことと思う。

私は終戦時に天皇陛下の御意思を直接体《たい》して動きたる経緯、占領軍の軍制を排除した九月三日のマッカーサーとの会見等について当時の事情を説明して置いた。

九月十一日　土曜日　晴　二百二十日中庭事なし

夜平沼、荒木来会。

平沼——政治哲学を述ぶ。

一、民族の信念は事実問題で法律の規定以上のものである。法律の規定範囲内のものとその範囲外のものとを混合すべからず、民族の伝統は法律論を以て律することは出来ない。日本には日本独特の観念あり。一定不変の政治哲学ありて、これは法律を以て如何ともすることは出来ない。これは神人合一《しんじんごういつ》の思想で祭政一致の形式において現われている。これが政治においては天皇の国家統治の実体となっている。故に終戦の時に天皇の地位を保留するため外務省案に「天皇の国法上の地位」を留保する原案を自分は「天皇統治の大権」と修正した次第である。

二、科学万能の今日と雖《いえど》も科学によって解決し得ざる事少からず。宗教、哲学は科学の解決し得ざる事を受持つ。故に大科学者は科学の力の極限を知るが故に常に深く宗教に帰依す。

三、法律（科学）の及ばざる日本固有の宗教的思想を知り、これを顕現することが日本の国体問題ならざるべからず。

憲法は政体問題で国体問題ではない。英国初め外国には政体問題はあるが国体問題はない。

新憲法を議会にて討議した際、統治権は国民にありや天皇にありやとの質問に対し、金森〔徳次郎〕国務相が統治権は国家の象徴たる天皇にありと答弁したのは、その通りである。統治権は憲法以上の問題であるからである。

白鳥（大使）も法律以上の観点に立って日本を研究せざるべからざることに気付いた点は宜しい。日本の天皇統治の国体観は自然に合するもので大自然観（greater nature）と称して可なり。天皇は皇祖皇宗の有する統治権を子々孫々に伝えらるる地位にあり。

重光

一、原子時代になっても科学は大宇宙の唯一部分をのぞいたに過ぎない。科学の及ばざる処に哲学及宗教の分野の存《そん》するは論なし。問題は哲学宗教の研究立論の態度如何にあり。もしその態度が空想的、独善的、神秘的、感情的であったならばその人の主張はその人限りのものであって、人を納得せしむることは出来ず、価値のないものである。

二、大科学者が科学の限度を知るのもその態度が科学的で合理的であるからである。かかる故に彼等は造化《ぞうか》〔造物主により造り出された自然〕の偉大なることを人一倍強く感ずる。

哲学宗教が科学の分野を越えたものであるとは云え、これに対する態度は出来得るだけ科学的で合理的でなければならぬと思う。斯くして始めて一般の納得を得る訳である。

三、この点特に政治問題において然り。法律家は恐らく法律論を以て一国の統治権を論じ国体問題をも法律論を以て律するであろう。然し仮りに法律と国体問題とを分離して考えても日本過去の歴史伝統を単に神秘的に独善的に解釈してこれを人に信ぜしめんとしてもすでに不可能のことである。国民的信念の問題も今日では独断は許されない。国民の多数の判断によるの外はない。

四、この問題も世界各国に共通する即ち人類共通の観点より見る必要がある。ただ一国家一民族の特殊の観念である場合は単に一国一民族の独善思想で世界に通用せぬものである。それで国際的観察が必要となって来る。今日の世界が何と云っても民族国家の時代であることは争うことは出来ぬ。それで民族的伝統が国家の基本となることは論を俟《ま》たぬ。

然し世界は急速に国際主義に進みつつあることもまた否定することは出来ぬ。世界の一元化は左よりするも右よりするも未だ容易のことでないことは勿論であるが、同時に国境が低くなったことも争うことは出来ぬ。自由諸国が国際連合の傘下において始めて生息し得る如くに日本もその例に洩れぬ。孤立は許されないのである。斯様な共存共栄の時代において独り一国が神がかり的思想で唯我独尊的哲学を唱道してもそれはただその国の神経を消耗するだけで、無駄である。世界共通の思想を以て合理的に進んでこそ、他を納得せしめ自らを全うすることを得るのである。斯様な態度を以て日本独得の国粋的立場を維持し主張をしてこそ他より尊重を受け得るのである。この点より見て日本の国粋は平和主義であり、共存共栄（八紘一宇）であることも最も明に宣伝することが必要である。日本人はこの意味にその日本精神を自得すべきである。云々。

九月十二日　日曜日　残暑　中庭　夜入浴

二百二十日無事　夜雨

　支那問題の責任者の一人影佐中将病死、梅津危篤を報ず。

　巣鴨に自殺者あり、映画班に属せし人〔網戸修理・作業員 元記事がscreenを誤訳〕にて映画の器物を以て動脈を切断せしものなり。

　夜平沼来談。

　軍部の横暴振りを述懐し、今日もし戦争が好結果に終りたらば、日本は如何《どう》なったか寒心の至りであると云う。

九月十三日　月曜日　曇　中庭

　夜平沼、荒木来会。

　荒木――陛下は直接命令せられず、側近者の負うべき責任多し。側近の罪なり云々。

　平沼――西園寺元老の怠慢によって国家はこうなった、云々。

九月十五日　水曜日　曇　中庭　夜浴

　蒲団替えあり、貧弱なる和製品となる。夜監視兵騒ぎ眠られず。米兵に静粛を求むるは、木によって魚を求むるが如し。

九月十六日　木曜日　暴風雨　終日房内

　夜平沼、荒木来会。

　最近監視益々厳重、これに対して無神経となるの修養に苦心する。昼静座して居眠りをすれば監視兵は鉄扉を棒で敲《たた》いて「生死」を確めねば止まぬ。夜は強き電燈の下に監視兵の騒々しい廊下に頭を突き出して寝なければならぬ。眠れぬまま蒲団の上にあぐらをかくと監視兵は今度は強度の携帯電燈で寝るまで照らし続ける。

　彼等の喧騒は甚だしい。

吾々から希望を申出でてもそれは取り上げられることは殆んどない。配給品はその日に必要なものに限られる。便所用紙の欠配には閉口する。

　宮城県下の大暴風雨報ぜらる。

九月十七日　金曜日　風強し　空晴る

白鳥危篤の報あり。

夜平沼、荒木来会。

平沼――西郷戦争の際、小倉処平《おぐらしょへい》が大阪にて大久保を欺き、伊藤より百円の旅費を受け、鎮定と称して帰藩し、日向にて西郷に応ず。

荒木――十年後、熊本寵城、乃木連隊の苦戦を語る。

重光――赤と世論の指導方法等について荒木氏と議論す。

国民党と共産党――杜月笙《とげつしょう》と蔣経国〔蔣介石長男〕、東南亜細亜と共産党、タイムズとJapanism

九月十八日　土曜日　台風後晴　碧空風あり　中庭日光浴好し

午後平沼来室。

A　赤化防止、将来の対策を論議し、戦前の三井の遺り口、池田成彬との対談、警告等を語らる。

B　大津事件回顧（津田三蔵《さんぞう》事件）明治天皇の偉大性―直に京都へ行幸、露太子慰問―不慮の災難は誠に御迷惑、自分と共に東京へ御入来を請うと述べらる―太子は母心配しあれば一応帰国すと答う―国民的緊張、挙国一致の心配で各家庭に至るまで森閑とす―宮中震駭《しんがい》―皇后御憂慮―朝廷周章《しゅうしょう》〔うろたえる〕―伊藤公召さる。

九月十九日　日曜日　晴　夜寒し

二三日前寝具全部取り換え米国製の蒲団及毛布四枚を引き揚げ、日本製の蒲団及木綿毛布二枚を配布され、昨今夜寒く、漸く毛布の増配によりて寒さを凌ぐ。

　松井大将、数日前より顔面はれ少々熱あり。

夜平沼、荒木来会、雑談。

平沼——日本には明治以後大政治家はなくなった。伊藤、山縣等元老何れも後進の進出を好まず、自らその地位を独占せんとして後継者の養成に意を注がざりしためなり。

荒木——陸軍で後進の世話をした唯一の人は宇都宮〔太郎〕大将（佐賀出身）である。同大将は、川上〔操六〕、上原〔勇作〕の薩派を継ぎ、田中〔義一〕反対であった。武藤〔信義〕元帥も彼の流れであった。（即皇道派）云々。

九月二十日　月曜日　秋晴　中庭

夜平沼、荒木来会雑談す。

夕食後はどの部屋も多く碁、将棋、ジン・ラミーをやる。平沼、荒木両先生は私の部屋に会して雑談するを楽しまれた。

本日中庭にて大島、嶋田、東條と同席、

嶋田質問——ヒットラーのコーカサス進撃の可否を質問す。

大島説明——ドイツ陸軍は全力を挙げて、先ずモスクワを奪取する計画であったが、ヒットラーは深思熟慮容易に決せず、マッキー武官（独）の総司令部よりの報告に独軍は全力を以てモスクワを攻撃する予定なりと云う。仍《よ》って自分（大島）はヒットラーを往訪して事情を尋ねたるに総統は自分の腹案に変更なしと云う、腹案と云うのはコーカサス進撃の事なり。これより曩《さ》き日本海軍の野村武官を通じて頻りにドイツ側にコーカサス進撃を慫慂《しょうよう》し〔しきりに誘って勧め〕印度洋にて日独両軍・合一の案を提出した、自分も野村武官より頼まれてヒットラーにこれを進言したことがあった。

嶋田——成程ミッドウェーまでは海軍も余力があったので、そんな考《かんがえ》を持っていた。

大島——結局危険なるコーカサス政略出兵の失敗が戦争の大勢を決した次第で矢張り陸軍（独）のモスクワ集中進撃の作戦が好かった訳である。モスクワを取ってレニングラードを孤立せしめ、それからコーカサスへ軍を展開すれば一番好かったのである。

九月二十一日　火曜日　晴　中庭

夜平沼来雑談。

ブルーム大尉タイム等の雑誌を持ち来る、好意である。

九月二十四日　金曜日　晴　気分好くなり脚痛軽くなる。午後中庭に出で、夜浴

頭部の神経痛を防ぐため毛シャツを頭に巻く。夜当直将校（少尉）はこれは規則違反なりとて、これを取り去る。廊下に頭を突き出して寝るため頭に風邪を引くのである。

巣鴨が反米思想の養成所となるのは遺憾至極である。

九月二十七日　月曜日　晴　中庭　入浴

ハルの手記を読むに日米交渉は根本的に喰い違いがあった様である。

九月二十八日　火曜日　晴　中庭

夜平沼、荒木来会――私より終戦当時のことを説明す、又ソ連問題を論ず。

九月二十九日　水曜日　晴　中庭　夜入浴

ブルーム大尉来り東條、木村、佐藤に対し横浜裁判に証言を頼みたくそのため第八軍より明日派遣員ある筈に付協力を得度しと云う。

夜平沼、荒木来会、雑談ユダヤ問題を討議す。

十月四日　月曜日　雨　閉居不快

夜平沼、荒木来会清談、日本の将来を憂慮す。

東條と会談。

東條曰く

一、開戦当初の作戦は、対英作戦に主力を注ぎ、海軍はシンガポールより印度洋に活躍し、ここにドイツとの連係をする予定なりしも、海軍は何時の間にかミッドウェー攻撃を決し（これは多分艦隊長官〔山本五十六〕の意見を採用したものであろう）、多数の艦船を南西太平洋より引き抜きてミッド

ウェー作戦に使用した。ミッドウェー敗戦の状況は久しく自分も承知せず、左程のこととは思わず、従来の作戦を変更することを必要とするとまでは思わなかった。もし真相を知りたらば作戦全局を変うることを要したであろう。（これがため、印度洋においてドイツと連係する計画はそのままに実行された。）

二、首相と雖も、作戦には何等関与を許されず、作戦と政治との統一なかりしこと、又陸海軍間においても各々統率権の独立のため不統一があり、これが敗戦の主たる原因である。

三、ガダルカナルで日本（海軍）のフィジー方面進出が阻止せられた。濠洲の北端は占領するの予定であったが、珊瑚海々戦で阻止された。

四、印度作戦（イムパール）はボースの要求と云うよりも現地軍の要求で、参謀本部は容易に承認を与えざりし。

十月六日　水曜日　雨　籠居やや食欲出る

夜平沼、荒木来会、清談。

平沼――山岡鉄舟を論ず。

十月八日　金曜日　秋晴　中庭

ファネス来訪、判決は十一月一日からと云う。

十月十一日　月曜日　晴　中庭

夜平沼、荒木来会。

荒木大将よりシベリア出兵の時の談あり、

A　浦塩には米国等に約束した八千の出兵ありたるも、北満に一個師団〈後にブラゴエに駐屯〈第七師団〉イワノフカ虐殺事件を起す〉更にチタを中心としてザバイカルに一個師団（第三師団）駐屯した。これらの各部隊を軍団組織として東部シベリア経営が立案せられたるも実現せず。

B　セミヨノフは実力を以てイルクツクに拠っていた。

コルチャックは元黒海艦隊司令官で一旦赤軍に逮《とら》えられたるも英軍の救出する所となり、関係国協議の上、先ず日本に送り、それからシベリアに入れた。コルチャックのオムスク政権は日本の承認する所となって加藤恒忠氏大使たり。加藤大使はセミヨノフと満洲里に会見したが会見は不首尾であった。

C　オムスク政権敗退してチェッコの旧捕虜軍はコルチャック及金塊を擁して東方に漸次移動したが、イルクツクにおいて赤軍に押えられコルチャックを放棄し金塊だけを以て東方に遁れたが、チタにてセミヨノフのためにこれも奪われた。

赤軍に逮えられたコルチャックは冬の最中に丸裸にされ肩章として五寸釘を肩に打ち込まれ街を引き回わされて殺された。

チャチルはランディッドの保守党大会において大演説を行いソ連を攻撃しベルリン問題の譲歩すべからざるを説き、ベルリン封鎖に対しソ連の通商を封鎖すべしと説く。

十月十六日　土曜日　晴　中庭

冬服配布あり、風邪依然たり。

監視兵扉を叩き少しも安静なし。

カニンガム弁護人（大島）法廷より破門の新聞記事あり、米国にてなしたる同氏の演説に起因するが如し。

十月十八日　月曜日　中庭　風強し

不要の物品を房内に蓄《たくわ》うべからずとの命令又下る。獄人囂々《ごうごう》獄吏の行き過ぎた杓子定規と獄人等の不作法益々目につく。裁判の長引くためか果又《はたまた》判決を予想したためか。

大島大使の説明（日米交渉関係）

松岡外相が日米交渉の内容をドイツに告げたのは、ドイツから米国は日本の暗号を解読していると注意して来た直後のことである。自分はこのドイツ側の注意について三つの判断を加えて松岡外相にこれを電報した。松岡外相はこの事からドイツも日米交渉の内容を知っていると判断して、交渉の大要をドイツ大使に告げたものと判断している。近衛手記にある様に松岡が悪意を以てドイツ側に洩らしたものではないと思う。

十月十九日　火曜日　晴　午前中庭

房内外D・D・T、風邪《かぜ》気幾分好し。

夜荒木来雑談。

十月二十日　水曜日　中庭　入浴

佐藤中将弁護士より法廷は十一月一日より判決朗読開始を通告し来ると、ファネスの予報の通りなり。

豊田連合艦隊司令長官及田村〔浩〕俘虜情報局長官B・C級戦犯者として米軍東京裁判〔特設〕の裁判に付せらるる旨昨日発表さる。

家族の面会が米弁護士同伴で許さるる様になる。

十月二十一日　木曜日　晴　中庭

ファネス来訪。

法廷再開は予定（十一月一日）より一二週間遅れるかも知れぬと云い、豊田〔副武《そえむ》〕裁判の弁護を引き受けたと報告す。

監視将校は会話は政治問題に一切触れぬ様と注意を促す。

十月二十二日　金曜日　晴　温気　中庭

東條の寝方について（彼は扉に背を向く）監視将校より注意あり。東條は、監視兵騒々しく且つ房の入口より風が来て寝られぬとて抗議す。風邪を引くもの多し。

新聞に東條の家族の巣鴨訪問の記事あり。

十月二十三日　土曜日　晴　中庭　浴

午前花山〔信勝教誨〕師の説教あり。その一節に曰く、今日までですでに二十数名の死刑執行あり。昨夜も一名ありたり。何れも悟道《ごどう》に入り最後の一夜を熟睡し感謝の辞を捧げて死に就いた云々。

花山師より「白道《びゃくどう》」及無量寿経《むりょうじゅきょう》等を貰い受く。

十月二十四日　日曜日　曇　房に籠る

夜寒く度々顔にかかった毛布を剝ぎ去らる（監視兵により）。

本日は気分宜しからず。

十月二十五日　月曜日　曇　中庭

昨夜又安眠妨害さる。米兵に静粛の規律なし。

新聞報道

国連――ベルリン問題小国調停案をソ連拒絶す。

朝鮮――暴動（共産）あり。

支那――国民軍鄭州《ていしゅう》放棄、蔣介石下野を公然勧誘さる。

パレスタイン――再び衝突。

概観

西欧マーシャル・プランは効果あり、西欧漸次復興し、ソ連は押され気味なり。東亜方面において共産軍急増す、ソ連は視聴を欧洲に向けて（ベルリン問題等）仕事を東亜でなさんとするものの如し。英帝国会議は注意の要あり。

十月二十六日　火曜日　暖気　中庭好し　夜入浴

一昨日ヴィンセント中尉絹製（?）頭巾を配布す。女の古靴下を裁《き》って一方を結んで作った簡単なもので、透視し得るものである。これでも安眠を助けたとて一同非常に喜ぶ。

十月二十七日　水曜日　曇り

寒さ加わり終日籠居遊歩なし

Atomic Energy by David Dietz を終る、世界の急変を予想す。

偶々《たまたま》支那哲学史中の易の部を読む、近代科学者は原子より森羅万象を解かんとし、易はこれを現象的に推測して解釈せしものの如し。支那思想の根本的に科学と行く所を異にする所以《ゆえん》である。一つは結果を観念し、他は原因を究明する。

十一月一日　月曜日　晴　中庭

奉天（瀋陽）陥落、共産軍の手に帰し北支危く鄭州、済南《さいなん》すでに落ち蔣介石没落に瀕す。李宗仁《りそうじん》大統領説あり。恐らく蔣政府は広東に南下余命を繫ぎ後図《こうと》を策すべきも時すでに遅く、米国の対支政策は完全に失敗し東亜大乱の基を開くべし。ソ連はベルリン問題にて米英を西欧に牽制し、東方において着々進出、事実朝鮮、満洲、支那に既成事実を作り南下して植民地を赤化せんとするものの如し。日本内地にも共産党は着々手をつけ北海道に本部を移すとの噂あり。北海道は彼等の本拠にして道長官は彼等の仲間なり。北海道独立、即自由日本委員会を北海道に立てソ連保有の俘虜を訓練しここに日本占領の基礎を樹《た》てんとしつつあり。

頭　巾

夏は何時しか過ぎて秋もすでに半ばを越えた。

夜明け頃は急に寒さを覚える様になった。終夜枕許を歩いて吾々Ａ級戦犯人を監視している兵隊も風邪引きが大分出来た。鼻を啜《すす》るものあり、咳をするものあり、廊下に枕を突き出し開け放たれたる戸口を頭にして寝ている老囚共は、撒きちらされる病菌に忽ち侵されて毎日の様に熱を出すものが出来る有様である。

兵隊さん達は静粛を厳命されている。然し米国の若者に静粛を要求することは不可能のことである。将校の巡視の時は皆静かになる。それが終ると、踊りのステップは未だしも、カケ会い漫才の様なことや、母犬の真似や豚や鶏の真似をする。口笛を吹く、笑う、歌う、手拍子をとる。彼等は静かにせんと努めつつ何時の間にか高声になる。時には故意に大騒ぎをする。到底吾々は安眠は出来ぬ。

夜廊下から寒い風が頭に浸みる。一秒置きに通る監視兵の闊歩で又風が起きる。独房の窓は多くはガタガタだが更に窓の上方と下方に二寸平方位の風穴が明けてある。廊下の風がこの通風孔に向って容赦もなく狭隘《きょうあい》なる独房を通り抜ける。小さなコンクリートの独房は恰も煙突の様な具合になって冬は堪えられない。この独房で廊下に頭を向けて寝るのであるから頭が寒くて風邪を引く、よく眠れぬ、毛布を頭に被ると監視兵が引っ剝ぐ、老人共は遂に悲鳴を挙げた。一番強そうな武藤、板垣、佐藤や橋本も風邪にやられて監獄当局も弱ったらしい。

平沼老も十月二十六日にはとうとう寝込んでしまった。八十の老人を三年越の裁判に持ち越して生かして置くことは容易のことではない。担架に乗せて急に病院に運んでしまった。板垣は巣鴨内の病室に移された。

彼は昨日（十月三十日）やって来てキャップ（頭巾）を作ったから頭にはまるか見てくれと云う。見れば薄絹物の袋である。ヴィンセント中尉が自腹で造ったものらしい。夫人の古靴下を利用したもので洗濯の印の付いているものもある。誰が如何に使ったものであってもこれが夜の寒さを凌ぎ、風邪を引かぬ方法に役立つならば結構である。吾々を故意に侮辱するものであると云う議論は多数決にはならなかった。南大将の如きは昼間でもこれを被って中庭に出る。高砂髯《ひげ》に頭巾姿とパジャマのいで立ちはピッタリと似合う。二十数名のＰ服の行列の中の愛嬌あるおどけ役者としてはあつらえ向きの服装である。

十一月二日　火曜日　晴　中庭

ケンワージー中佐来り明後木曜日より法廷再開を告ぐ。特報なり、法廷行外套の配給及所持品持ち出しについて注意があった。

十一月三日　水曜日　曇

明日出廷準備のため更衣演習をなさしめらる。理髪、入浴もあり。

木戸を往訪。

十一月四日　木曜日　晴　入浴

法廷再開、人々気息えんえんたるものがある。

平沼入院中、白鳥、梅津も同様。

本日は朝食馬鹿に早し。

ケ中佐バス隊出迎前の如し、門前の叢菊《むらぎく》未だ漸く蕾《つぼみ》なり。途上処々菊の満開を見る。路傍の光景前と変りなきも気自ら新なるものあり、久し振り義肢を付け足重く用心せり。

法廷、九時半ウェッブ裁判長以下判事入場直に裁判長の判決朗読に入る。多数判決にて少数判決は読まず。

ウィリアム・フラッド・ウェッブ
裁判長（濠）

総論において日本の国内政治に軍閥勢力の圧倒的となった歴史を、各被告の名前を点綴《てんてい》して日本の侵略政策を検事以上に深刻に評論した。広田内閣の侵略政策を重視し広田氏を軍部政策遂行の傀儡なりと論断した。梅津次官の名前引用非常に多く特にソ連関係には大小とかく梅津の名が引合いに出されたのは注意を引いた。

多数判決の論陣は日本軍部が侵略政策の推進力で政府が次第々々にその共謀者となり、その背後に大川周明や橋本欣五郎（桜会）の策動があったと云う三段伝えであった。今日までの処広田が首相外相として最も多く引用された。

本日昼休みに篤、華子法廷に来訪、何れも元気に見えた。彼等も相当苦慮している様である。大阪林老人は方面委員関係で過《すぐる》十月二十七日宮中で御陪食《ごばいしょく》仰せ付けられ、そのため上京同時に裁判々決の結果、私の無罪自由となるのを鎌倉で俟っていると。一般の定評では私は勿論無罪となると云うことである。

米大統領選挙は一般の予想を裏切って民主党トルーマン当選す。タフト・ハートレー反労法規〔労働者の権利を制限〕の不評もたたった様である。

芦田前首相の身辺危し。

法廷控室にてケ隊長挨拶して如何なる判決あるも自分は貴下等の友人として変ることなし、もし有罪と宣告せらるるも平和条約にて洗い去らるべし、と述ぶ。この人の親切一同真に感銘す。

巣鴨では例による厳格な侮辱的体格検査あり、医官は赤裸の吾々の口腔、耳穴、陰部、肛門等を乱暴に検査した。各自の房は畳を全部変え、蒲団毛布も全部古びたる品物に取り換えあり。

木戸が広田内閣成立の事情を説明した。

二・二六事件の際近衛組閣を辞し、宮中にて一《いち》木《き》（喜徳郎枢密院議長）、湯浅（倉平宮相）、木戸（秘書官長）等食事の時に、広田はソ連関係も処理したき際一案ならんと一木宮相《きゅうしょう》の言あり、これを宮中に起居していた西園寺公に通じて広田に決した。

近衛等と相談の上吉田茂大使をして広田の内意を聞かしめたのであった。

十一月五日　金曜日　曇　昨夜雨

法廷、裁判長判決朗読、総論続行。

広田内閣から、林、近衛内閣を経て米内内閣に至る。内容はやや極端に走る観あり。広田内閣時代に軍の侵略政策を採用決定し、有田外相の対外発展策、九ヶ国条約の門戸開放反対、対ソ強硬政策等は総て後に来る日米交渉不調の原因をなしたと論断し、梅津、広田、板垣、東條を引合いに出し、荒木、橋本等の思想的推進力を指摘した。三ヶ国同盟の交渉経過は最も詳細に亘り、大島の重要なる活動、白鳥の援助、平沼内閣の有田、米内、板垣、石渡（荘太郎）の抗争、平沼の軍支持を詳論す。

私については軍の侵略政策を遂行するためにソ連に派遣せられたと云い、更に高圧的態度を以てソ連をして領土割譲の要求をなしたと述ぶ。

昼休み、篤、華子来会、華子も病気は全快したる自信あるが如し。

新聞

トルーマンの勝利は全然予想を裏切った。大統領選挙のみならず、上下両院の改選にも絶対多数を得、トルーマンは夫人令嬢一家三人の孤軍奮闘の結果、何人の予期にも反する未曾有の大勝を得たるは米国選挙史上の異彩である。今後の政策は不変と称せられるも、タフト・ハートレー法は改訂せらるべく、対ソ政策は緩和せらるべし。支那南京政府は共和党の敗北のため将来に対し絶望感を表す。

裁判所は極刑を課するものの如し。

十一月六日　土曜日　雨　籠居

広田、平沼、荒木等来室裁判の事を談ず、裁判判決は峻厳を極め総て免るるものなき形勢なり。

十一月七日　日曜日　夜入浴

風衰え雲早く時々青空を見る。

東條仰天曰く、

この青空を見るのはこれが見収めかナー！

荒木、平沼来り雑談、カード遊びをなす。

十一月八日　月曜日　晴天

法廷　往復前の通り

判決は平沼、阿部、米内々閣に入り、三国同盟交渉、東亜共栄圏、新秩序、大政翼賛会、有田外交批判等に亘り詳細を極め、米内、有田、大島、白鳥、小磯、南、大川、橋本、荒木、木戸等を引合いに出して日本の内外政治を解剖して深刻を極む。

私についてはロンドンより有田外相宛の電報（検事の提出したるもの）を摘出朗読して、平和と戦争不介入政策の進言を繰返したる事実を認め寧ろ称賛したるの観あり。一同「重光デー」なりと云って聞くものに奇異の感じすら与えた。然し最後に重光は松岡外相に対してはやや意見を変更した様であると云いしは、電報（私の）を読み違えたるものと見ゆ。

この日妻来訪、法廷の様子を聞き大に安心し、少しでも真実が出て来て大に満足なりと云う。

小さなる事をも喜ぶ老妻の
笑顔をうつゝに我はまどろむ

十一月九日　火曜日　曇

法廷、朝、例によってファネス弁護人に面会す、ファネスは満面微笑、昨日の判決文朗読中私の平和政策を賞揚せる点に付満足の意を表す。

U・Pのホーブライト報道にも、法廷が一被告（私）に対して有利なる判決をなしたりとて、私の平和政策について判決中に言及せるを指摘し、元来重光拘引は米側の反対を押し切ってソ連の強行せし所にして、同氏が張鼓峯事件解決に関係せしがためなりとて当時の内容を暴露す。

毎日新聞も大見出しを以て「重光枢軸接近を警告す」と報道す。

警戒監視共に厳重を極む。

重光の娘華子（左）と妻喜恵子

篤、華子新聞記事を持参す。昨日の法廷は第二放送にて全部聴取したとの事で非常に喜んだ由。

十一月十日　水曜日　曇

朝晴れて窓端に近く雀なく
　声は恋しも秋はさびしき
秋晴れて好し東條の高笑ひ
秋たけて念仏の声の冴え渡り
老将の読経の声や秋深む

法廷、満洲事変より対ソ侵略、日本の南進、松岡外交より日米交渉の前奏に及ぶ。対ソ関係においては全然ソ連検事の云い前を容れ、日本に侵略の意思と準備あり、張鼓峯及ノモンハンは正に侵略戦争なりと断定し私に関しては交渉の態度を高圧的なりしと非難す。

英国との関係においては私とイーデンとの折衝等を引用す。本日は殆んど全被告の名前出ず、特に板垣、東條、小磯、広田、平沼、星野、木戸、鈴木なり。

篤、華子来訪、篤よりはテニスの談をきいた。ファネスは俘虜問題以外には心配なし、金曜日には終る見込なりと云う。

警戒は厳重を極め、夜は将校終夜緊張して巡視す。バスのＭ・Ｐもその数倍加す。

十一月十一日　木曜日

本日は休戦記念日（第一次世界戦争）にも拘らず法廷続行。例の通り厳重なる監視の下に巣鴨を出ず。

表玄関前の叢菊は殆んど満開で、蘆荻《ろてき》の穂も秋の風情を添えている。富士山が西方にかすかに遠望された。沿道は秋風蕭々《しょうしょう》〔寂しい《もの》〕である。

法廷、太平洋戦争開戦の幕から判決が朗読された。一時間に英文三四十頁を読んで行く。近衛第二次内閣の末期から第三次内閣に及び、東條内閣の成立に至って劇は高潮に達する。東條の開戦決意が繰返し出て来る。日米交渉の一部仔什《しじゅう》が展開される。御前会議が繰り返され海軍の奇襲計画が述べられる。ここでも勿論日本の侵略戦争の責任が強く断定された。

太平洋戦争の幕から俘虜虐待問題及日本軍の残虐行為の一幕が醜く繰り拡げられ、その叙述は聞くものをして面を蔽わしむるものがあった。真に痛恨事である。この段階において日本の外務大臣としての私に送られたる抗議文の取り扱い方の不満足なることが指摘された。当時私はこの問題を心配して軍に対してその是正について総ゆる手段を取った。連絡会議にも持ち出し軍部大臣にも注意を喚起した。遂には天皇陛下の御力を藉《か》りて陛下より度々軍部当局に種々御下命があった。多少の改善は実現したが、敵側を満足せしむることは出来なかった。

本日は俘虜問題は完了しない。然し昨日は一般論は終りとなって刑の言い渡しのある段取りで、裁判所は予定通り厳重なる刑罰 Stern Justice の云い渡しがある模様である。勝者が敗者を裁く軍事裁判で自らの立場を正義と前提し敗者を不正としてその責任を問うものである。日本は国家として犯罪者であり、侵略戦争の責任者であることがすでに今日までの判決（多数）で繰り返し論ぜられた。明日はその局に当った各個人がその責任を課せられて刑罰の云い渡しを受ける訳である。

午休《ひる》みに家族の面会が許される。今日は家妻がその父林市蔵老を伴って来た。妹夫婦の堀田健男《ほったたけお》氏（前静岡県知事）夫妻も一緒に見えた。家兄蔟《あつむ》も懐しい顔を見せてくれた。一同皆私の元気な様子を見て喜んでくれた。何れも私の無罪を信じているのである。私も老人の変りなき姿を見、家兄の笑顔に接して限りなく喜んだ。私一生の公正なる平和外交の努力が、幾分かでも裁判によって公けにされたことに満足し、人生は常に最善を尽した上は、泰然自若として成り行きに委《まか》すべきものであるとし、一同無事を悦び将来を励まし合った。

網越しではあったが好き会合であった。

弁護士は大体楽観説である。M・Pの将校も、明日は愈々あなたに取って期待された如く大きい日となるであろう、と祝意を述べてくれるものもある。

隊長ケ中佐は今日は法廷控室で夕食をとり、それから病院に行って身体検査をして巣鴨に帰ると云う。身体検査は司令部の命令であると云う。一抹の不安が漲《みなぎ》った。

病院と云うのは本所の蔵前の軍病院で、現に梅津や白鳥の入院している所である。簡単な食事の後に最も厳重な警護の下に、目かくしバスは市ヶ谷から市内を通って病院に向った。街の様子も少しは見えた。こみ合った町の通行人、夜店の寒むそうな陳列もちらちらと眼に止まった。

病院では、要するに自殺用の薬品を所持していないかを調べるもので、X光線で丸裸にした身体を仔細に検査し、更に口腔、鼻孔、肛門等一々手荒く検査するのである。検査は粗暴で痛味を感ぜしめるものであった。身体検査後、着衣は全部奪《と》られ、別の下衣とパジャマが与えられた。

穿き物も勿論取り換えられた。ケ中佐はこれでは寒かろうとて、特に毛布を周旋して来て、一人に一枚宛を配り、外套の代りに身に纏わしめた。バスの輸送は同隊長の責任であるが、病院の検査は全部巣鴨 Prison の責任で、ブルーム大尉やヴィンセント中尉が部下の監視兵を多数連れて来て世話していた。

四時に法廷が終り、直に食事をして病院に行き、病院を出たのが七時前、真暗であった。

巣鴨では幸に元の房に入れられた。然し房にあるものは畳まで含めて全部、蒲団も毛布も衣類も石鹼も歯磨きようじも、一切の日常品は全部取り替えられて、その他のものは、書物もバイブルも新聞片も全部完全に持ち去られていた。生息に必要なる最少限度の日常品以外は許されぬのである。私の松葉杖も取り去られたが、巣鴨監獄備付けのものが持って来られた。

夜は八時頃入浴があった。外出前夜、恒例の御化粧であった。

入浴後の訪問時間に平沼男が見えた。大分神経質に見えた。八十老翁《ろうおう》がこの境遇に居られるのは実に御気の毒である。判決は未だ全般論で、各個人については幾分好い方面も見てくれるでしょう、等と御談したりした。訪問は十時消燈まで許された。消燈と云っても、房内には小燈が終夜つけられている。

十一月十二日　金曜日

夜は熟睡した。洗面器はゴム栓が取り去られているので、水をためることが出来ないから手で水を掬《すく》って顔を洗った。朝食も充分摂った。

それから黙禱《もくとう》もし、書き物をもした。

例の如く鈴木中将の威勢の好い南無妙法蓮華経も聞え、松井大将の読経も聞こえた。

何時もより早く整列して、更衣室に行って出発準備をした。そして定時にバスに乗り込んで市ヶ谷に向った。

少し寒いが天気は上々であった。法廷に着いた時には、入口で多勢の写真班に迎えられた。見物人も最後の光景を沢山見物しに来た。

ケ隊長は自分に対し、こうなったのは英国人（判事）のためであると憤慨して云った。私はこれは不吉な予報であることを感知した。

彼は又控室に入ってから「自分は諸君との交誼《こうぎ》〔友人としての親しい付き合い〕を誇りとするものである」と云って、最後的の友情を示した。又彼は、今日は最早家族との面会は許されないが、夫人だけには面会が出来る様取り計うと云った。

柳井及ファネスも顔を出した。ファネスは昨日の朗読は余りよくないとやや悲観的であった。柳井君は私に罪を着せぬ余地は残してあると幾分楽観的であった。私は両君に自分は全く楽観していると云ったら両君とも直にこれに賛成した。

ファネス弁護人は、改めて「自分が貴下を弁護したことは最も誇りとする所である、最初より貴下の人格に敬服したが、裁判を通じて一層尊敬の度を高めた」と挨拶した。私はこれ以上有力に且つ有能に弁護して貰えなかったと確信する旨を応えた。柳井君は「今日は是非一緒に御伴して帰りたい」と付け加えた。

法廷開く

判決は不愉快なる俘虜問題を露骨に叙述して行った。而して、外交的抗議が私等歴代の外相によって不満足に取り扱われたことを次ぎ次ぎに述べて、その段階を終ったのはすでに十一時に近かった。

これで総論を終って、各個人の責任の叙述に入る順序となった。午後一時半まで休廷が宣せられた。

午後の判決の準備が進められた。

各個人について一般的に責任の有無が朗読せられた後、一旦休廷せられ、それから一人々々が法廷に呼び出されて刑の判決を云い渡される手筈となった。

今日の午後は裁判の最後の幕で、被告は今日までの経過に顧みて何れも極刑の申渡しを予期している。これが外交官生活の終末を語る誇を感ず。

一点の曇りなき秋の青空に
なぞいなづまの鳴り響くらむ

午前十一時に休廷して個人判決を云い渡すために午後一時半に再開廷のこととなった。その間に法廷も控室もその準備に忙しかった。被告の通路は法廷からも見えぬ様に遮断せられた。警官も看護兵も万一に備えて配置せられた。ケ中佐夫人は、傍聴席の家族の万一の際の手当のために、看護人として志願して出て配備に付いた。

控席の被告達の様子は平常と何等異るものはなかった。カードを遊ぶものもあった。煙草は豊富に供給された。監視兵は特に親切に行動してくれた。

広田氏は判決朗読が初まってから、どう云うものか、遠く離れた私の席の隣に椅子を持って来てかけた。心細く感ぜられたためか、常になく私と裁判の結果について種々談した。私は「お互に一生かかって平和外交を推進し何とか戦争にならぬ様努力して来たことを、いくら軍事裁判とは云いながら、了解している筈だから、まさかその人々を極刑には処することはないと思う」

と力強く云い放ったら広田氏も「自分もその通りに考える」

と応えた。

午後一時半から約一時間個人に関する一般判決があった。一九二八年から一九四五年まで完全に共同謀議があったと断定して次ぎ次ぎに有罪を宣告せられた。

私に対しては

共同謀議には参加しておらぬが、日本の政策が侵略であると知りつつ戦時内閣に加入して戦争を遂行した。且つ俘虜問題の抗議に対し取扱いに怠慢があった。よって侵略戦争実行と俘虜問題について有罪であるとの判決が下された。

共同謀議に入れられておらぬのは松井大将と私のみであった。松井はその地位に居なかったと云うのである。

東條に対しては最も激しかった。

私は、終始戦争に反対したことを裁判所が承認し、戦時、戦争に協力したことを有罪としたのは寧ろ誇りに感じた。自分は戦争となって応分の事をなしたことは最も誇りとする所である。而して、戦時においても自分が平和回復のために最善を尽したことを裁判所は承知している。俘虜問題については自分が最善を尽したことを法廷は知っているのである。斯様な云いがかりはソ連判事を満足せしむるための英米判事の妥協に過ぎないことは余りに見えすいている。

刑の云い渡しのために十五分の休廷が宣告せられた。法廷は満員で立錐の余地のないまでであった。私はこの裁判所の判決は無視していた。判決朗読中、この異様な裁判所の光景を記念するため、絶えず被告席からスケッチを撮った。

刑の云い渡しは各個人を一人々々呼び出して判事席に向き合った被告席の中央に起立せしめて、裁判長より云い渡しを終り、その被告は退席し、次の被告がA・B・C順に呼び出されるのである。

荒木大将が呼び出されたが、間もなく控室に帰って来て、控席の隅の席を与えられて監視兵が一人付いた。荒木さんは緊張した顔ではあるが別に変った様子も見せぬ。次で土肥原大将が呼び出されて法廷に向った。暫くして帰って来て、室の入口の外套掛けから護衛兵が外套をとって着せかけたが、そのまま吾々の居る控室を通過して隣の室へと連れて行かれた。次に橋本欣五郎氏は吾々の控室に帰って来た。畑大将も平沼老も帰って来て吾々の仲間へ入った。唯監視兵に付かれているのは同様である。広田氏は衛兵に外套を着せられた。一番入口に近い席にいた私とは強いて眼を合わさぬ様にして隣室に引いて行かれた。板垣、松井、武藤、木村、東條計七名は隣室へ引かれた。吾々はその意味を皆直感した。

私に対しては、逮捕の日より七年の禁錮に処すとの云い渡しがあった。裁判席では英国判事は異常に緊張した顔で私を見つめていた。ソ連判事の顔色は冷然たる様であった。

判決云い渡しが終って、一人々々の衛兵に付き添われた吾々は自由に会話が許された。東郷（二十年）と私（七年）の外は全部終身刑を云い渡されたのである。木戸、平沼、嶋田、岡、畑の諸氏は絞首刑を免れた。平沼老はこれでサッパリしたと云った。これらの人々は安心したと云う心理状態であった。噂された如く、殆んど全部絞首刑を云い渡す形勢であったのが、その半分が終身刑に緩和されたものの如くである。

私に対して祝意を表するものもあり、又ケ中佐の如く非常に憤慨して

「マッカーサーは必ず判決を変更するから見ていなさい」と云う人もあった。

被告全部に対して能《あた》う限りの極刑を加えたのである。これでソ連を含む全戦勝国が凱歌を挙げた訳である。然しこれは果して公正であろうか、ただ歴史のみが判断し得る。米国の正義感は果してこれを如何と見又如何処理せんとするであろうか。残る処は総司令官マッカーサー元帥の最後判断のみである。十九日即ち一週間後には司令官の決定があると云う。訴追したキーナン主席検事も判決の峻厳なるに一驚を喫したと伝えられた。

東京裁判は私がモスクワで見た政治的の軍治裁判と何等異るなき〔異ならない〕民主型である。

法廷控室では一人に一人の監視兵付きで永く待たされた。人々は何れも平然として常と何等変りはなかった。待っている間に巣鴨の準備が進行している訳である。絞首刑七人組を先ず市ヶ谷から送り出した様子である。

吾々が一人に一人の監視兵付きで、巣鴨に着いたのは、やがて六時過ぎであったが、自分の洋服を更衣室に最後的に脱ぎ捨てて獄衣に着換えて引かれて行った。今後は独房に二名宛入れられると云うことで第三棟に引かれて行った。この棟はA'級の人々の居る処で、吾々はそれ等の人々の房の前の廊下を通って奥の方へ行った。

食後の時間と見えて、これらの人々は一つの房に二名宛居て、カードや何かをやっている。谷君

も天羽君もいた。吾々はその奥の方の房に二人宛入れられたが、私は幸にして奇数の人員の最後として一室を単独に占領することが出来た。

これで愈々《いよいよ》囚徒として監獄生活に入る訳である。食事が運ばれたが、昨日までと違って昔の日本食であった。それでも空腹でもあり久し振りに和食をうまく食べた。

私の室の前は西側で平沼老と橋本氏が入っている。

ブルーム大尉は早速やって来て「驚いた」と云い「貴下の無罪は何人も疑わぬ所であった」と憤慨し「マッカーサーは必ず判決を変更する、彼は判決を加重することは出来ぬが軽減する権能は有っている。彼はこれを最近屢々行使している。死刑を無罪に変更したこともある。貴下は必ず許されると思う」と慰安してくれた。

その他の将校達も同じ様な慰安を云ってくれた。

これらの慰安の言葉は、仮令それが架空なことであっても大きな慰安であったことは争われない。

室にはカードが入れてあった。今日のタイムズと毎日新聞が投入されてあった。寝具は幸《さいわい》充分でその上に寝ころんで新聞を読んだりした。

家族の生活設計はこの判決で全然台なしになった。家族の今後のことを考うれば胸も裂けるばかりであるが、いくら考えても手の届かぬ所であるから強いて考えぬこととした。総ては神の試練と考うる外はなく、好い修業の出来ることを感謝してその夜は熟睡した。

萠え出づる新芽の色の古木かな

『巣鴨日記』解説 ――今こそ必要な重光葵の精神

山岡 鉄秀（情報戦略アナリスト・令和専攻塾塾頭）

重光葵について語る上で、次の三点を強調したい。

まず、あの時代に重光のような日本人が実在したことは驚きである。重光は叙勲しているが、あまりにも過小評価されている。重光を知る者は、欠点がないのが欠点と重光を評したというが、その国益への貢献たるや吉田茂の比ではない。戦前、戦中、戦後と外交官、大使、さらに外務大臣として、幅広い国際的視野を持ち、常に国益の観点から尽力した重光を今こそ日本人は再評価すべきである。

第二点として、重光のような人材を擁しながらも、日本は開戦を避けることができず、壊滅的な敗戦を喫したという事実である。あの時代の日本の他の指導者たちが推進し、かつ、日本国民の多くが支持した道は、重光が示した道とは全く逆だった。勝ち残る道があったにも拘らず、日本は敗戦すべくして敗戦したのである。重光の合理的な判断は活かされなかった。この点を重く受け止めるべきである。

第三点として、今の日本に最も必要なのは重光の如き人材である。日本は百年に一度の国難を迎え、存亡の危機に立たされているが、政治家も官僚も、国民の多くもそのことを認識していない。今の日本の危機は一九九〇年代初頭から一部の優れた欧米の国際政治学者が予言したことではあるが、重光が懸念したことでもある。戦後、日本人は重光が示した道を歩まず、その当然の帰結として今日の危機を迎えるに至ったのである。重光が今の日本に在ったなら、何を言い、どう行動したであろうか？ 今の日本には、重光のような国際性と分析力と行動力と胆力を持った指導者が必要である。そのような人材を見出すためにも、重光の再評価が絶対に必要なのである。

以下、これらの論点に基づいて述べて行きたい。

国益の観点に立ち常に正しい道を示した重光

重光は一八八七年(明治二〇年)七月二十九日、大分県大野郡三重町に士族で大野郡長を務める父・重光直愿《なおまさ》と母・松子(重光景行の娘)の次男として生まれた。しかし母の実家(重光家本家)に子供がなかったため養子となり重光家二十六代目の当主となった。一九一一年に東京帝国大学法科大学独法科を卒業すると、文官高等試験を受けて外務省に入省する。

重光の功績は実に戦前、戦中、戦後と継続される点において稀有である。『重光葵―連合軍に最も恐れられた男』を著した福冨健一は、「当初、重光と吉田をあざなえる縄のように比較しながら書く構想であったが、吉田にさしたる実績がなかったのでできなかった」と述懐している。

戦前の重光は、戦争回避に全力を尽くす。一九三一年(昭和六年)九月、満州事変が勃発し、国際問題となると、重光は「明治以来積み立てられた日本の国際的地位が一朝にして破壊せられ、我が国際的信用が急速に消耗の一途をたどって行くことは外交の局に当たっている者の耐え難いところである」(重光著『昭和の動乱』より)と憤激し、外交的解決を目指して奮戦する。

重光は、欧米との戦争回避の為には、中国大陸の和平が不可欠と理解し、一九三二年(昭和七年)一月に第一次上海事変が発生すると、欧米諸国と協調しながら中華民国との停戦交渉を行う。なんとか停戦をまとめた重光はしかし、同年四月二十九日、上海虹口公園での天長節祝賀式典中に朝鮮独立運動家・尹奉吉の爆弾テロを受けて重症を負ってしまう。

医者から命を救う為には右足を切断するしかないと告げられた重光は了承すると、手術の直前にベッドの上で激痛に耐えながら上海停戦協定の署名を行う。その時の重光の言葉が、「停戦を成立させねば国家の前途は取り返しのつかざる羽目に陥るべし」であった。果たして事態は後に重光の懸念通りに進行してしまうのだが、重光は文字通り命がけで日本が破滅の道を進むのを止めようとした。

重光は足元に弁当箱に入った爆弾が転がって来ても、微動だにしなかった。後に逃げなかった理由を問われると、「国家斉唱中だったから」と答えたという。当時の日本人のメンタリティだったのだろう。隣にいた野村吉三郎海軍大将も避難せず片目を失った。

その後、公使としてソ連に赴任した重光は、張鼓峰事件、乾岔子島事件といった国境紛争に関わる。名目的にはソ連と満州国間の国境紛争だが、実質的にはソ連と日本の国境紛争だった。重光はそれぞれ外交的に問題を解決するが、この時の辣腕がソ連の恨みを買うことになる。

さらに駐英大使となった重光は、悪化する日英関係を好転すべく奮闘する。特筆すべきは、チャーチルを含むイギリス側を説得し、援蔣ルートを通じた蔣介石政権への援助を中止することに合意させたことである。欧米との戦争を避けるためには、中国との戦争を迅速に収束せねばならない。しかし、英米仏ソが背後から中国を支援し続ける限り、戦争は終わらずに泥沼化し、欧米との戦争にエスカレートしてしまう。

そこで重光はイギリスを説得して、援蔣ルートのうち、ビルマルートの閉鎖に合意させる。さらに、日本訪問団の設立と日本訪問まで画策する。日本と対決したくないイギリスは重光の和平を目指す外交努力を評価して協調姿勢を示す。これは特筆すべき外交努力である。結局重光の努力は実らず、日英は開戦に陥るが、イギリス側は重光への信頼と尊敬を保ち続け、戦後も東京裁判から重光を救おうと努力する。

重光の懸命の努力にも拘らず、日本は欧米（連合国）を敵に回して大戦争に突入してしまう。普通なら完全にやる気を失う局面だが、吉田茂とは対照的に、重光は戦時下の東條英機内閣・小磯国昭内閣において外相を務め、日本の勝利と自らの理想の実現のために尽力し続ける。特筆すべきは、ルーズベルトとチャーチルが一九四一年八月十四日に発表した大西洋憲章に対抗する必要性を論じ、大東亜共同宣言の発出を行ったことだ。

大西洋憲章とは、第二次世界大戦終了後のアメリカとイギリスの目標を著した声明である。言い換えれば、戦争に理念と大義名分を与えたのである。この憲章には、次の八つの主要条項があった。

一、米国や英国が領土的利益を求めてはならない。
二、領土の調整は、関係諸国民の希望に合致したものでなければならない。
三、すべての人々は自決の権利を有する。
四、貿易障壁は引き下げられるべきものである。
五、世界的な経済協力と社会福祉の増進が必要である。
六、参加者は、欠乏と恐怖のない世界のために努力する。

七、参加者は、海洋の自由のために働く。
八、侵略国の武装解除と、戦後の一般的な武装解除が行われる。

重光は戦争遂行にはこれに対抗する理念の確立が必要であると説き、東條内閣にあっては大東亜省設置に反対しながらも、一九四三年（昭和十八年）十一月の大東亜会議開催に尽力し、人種差別をなくし亜細亜の国々が互いに自主独立を尊重し対等な立場で協力し合うことを謳う宣言を発表する。

一、大東亜各国は、協同して大東亜の安定を確保し、道義に基づく共存共栄の秩序を建設する。
二、大東亜各国は、相互に自主独立を尊重し、互いに仲よく助け合って、大東亜の親睦を確立する。
三、大東亜各国は、相互にその伝統を尊重し、各民族の創造性を伸ばし、大東亜の文化を高める。
四、大東亜各国は、互恵のもとに緊密に提携し、その経済発展を図り、大東亜の繁栄を増進する。
五、大東亜各国は、すべての国との交流を深め、人種差別を撤廃し、広く文化を交流し、すすんで資源を開放し、これによって世界の発展に貢献する。

戦後の日本人は、大東亜共同宣言は日本が自らの侵略戦争を肯定するために無理やりアジア人に合意させたという連合国側のプロパガンダに洗脳され、重光の理想を理解しようとしない。その体たらくが今日の危機を招いたとも言える。

日本は健闘虚しく敗戦するが、それでも重光の役割は終わらない。重光は敗戦直後に組閣された東久邇宮稔彦王内閣で外務大臣に再任され、一九四五年（昭和二〇年）九月二日、東京湾に停泊したアメリカ戦艦「ミズーリ」甲板上で執行された連合国への降伏文書調印式において、大本営代表の参謀総長梅津美治郎と共に日本全権として降伏文書に署名を行った。

戦争回避に全力を挙げた人間が敗戦を背負って降伏文書に署名するとは、何という悲劇であろうか。しかし、重光は拒まず、自らの責任を全うする。そして、その時の心情を次のように歌に詠んだ。

願わくは　御国の末の栄え行き　吾名さげすむ人の多きを
（将来、私の名を多くの人が蔑むほどに日本国が栄えますように）

しかし、重光の役割はまだ終わらない。なんと、マッカーサーは、日本の主権を認めるとしたポツダム宣言を反故にし、軍政を敷く方針を表明したのだ。用意された布告には「行政、司法、立法の三権を含む日本帝国政府の一切の機能は、マッカーサーの権力下に行使せらるるものとす。英語を公用語とする」と書かれていた。

知らせを聞いた重光は、マッカーサーに面談し猛抗議する。「ドイツは政府が壊滅し軍政を敷いたが、日本政府は壊滅していない。天皇陛下はポツダム宣言の忠実な履行を決意しておられる。そもそも陛下は元来戦争に反対し、平和維持に熱意を示され、戦争の終結にも決定的な役割を演じられたのである」という趣旨をぶつけ、マッカーサーを説得した。マッカーサーは重光の意見を聞き入れ、GHQの占領政策は日本政府を通した間接統治となった。

戦後日本人はマッカーサーを神のように敬ったが、この重光の毅然たる抗議がなかったら、日本は軍政下で直接統治されていたのだ。この事実はあまりにも重大だ。

そんな重光を英米は尊敬していたから、重光を戦犯に問う意思は全くなかった。しかし、重光の外交官としての辣腕に恨みを持つソ連の代表検事が、重光を起訴しないのなら裁判に参加しないと強硬に主張してきた。結局、キーナンらアメリカ検事団も妥協を余儀なくされ、重光は逮捕収監される。判決は禁固七年と、A級戦犯の中では最も軽いものとなったが、それでも四年七か月の長きに亘って服役を強いられる。その間、片足の不自由で、劣悪な環境と屈辱的な扱いに耐えながら書き綴ったのが巣鴨日記である。二度も狭心症の発作に襲われ、常人なら絶望のあまり自殺しかねない状況下で、緻密な思考力を維持し、公判に耐え、精緻な日記を書き続けた重光の精神力には驚嘆せざるを得ない。

巣鴨日記は、東京裁判の復讐劇としての実態、検事、裁判長、弁護人らの言動、A級戦犯として捕えられた人々の横顔、重光の思想などが詳細に記された貴重な資料である。

重光は南京事件を始め、日本軍による様々な捕虜虐待の詳細を裁判の過程で聞き及び落胆するが、当時の重光に事実がいかに誇張され歪められていたかを知る由もなかった。

昭和二十五年（一九五〇年）六十三歳になっていた重光はついに釈放されるが、それでも天が重光に与えた任務は終わらない。サンフランシスコ講和条約が発効し、公職追放が解除されると、重光は衆議院議員に三回選出され、改進党総裁や日本民主党副総裁を務める。吉田茂を好敵手とし、総理大臣指名一歩手前まで行く。そして一九五五年（昭和三〇年）の保守合同による自由民主党の結党に参加する。自民党にはかくも立派な先輩がいたのである。今の自民党では想像もできない。

この間、鳩山一郎内閣で四回目の外務大臣を務めた重光は、再び外交の世界で国益を背負って理想を追求する。ソ連の妨害を受けながら国連加盟を目指し、一九五六年十二月十八日、国連総会において、ついに日本の国連加盟が加盟七十六か国の全会一致で承認される。国連加盟受諾演説を担当した重光は「日本は東西の架け橋になりうる」と述べ、出席していた加盟国の代表団から万雷の拍手で受け入れられた。

その歴史的瞬間の後、重光は国連本部の前庭に自らの手で日章旗を掲揚した。はためく日章旗をじっと見上げる重光の後ろ姿を見た娘の華子は、溢れ出す涙を堪えることができなかった。重光はその時の心境を「霧は晴れ 国連の塔は 輝きて 高くかかげし 日の丸の旗」と詠んでいる。

ニューヨークを去る際、重光は同行した加瀬俊一国連大使に「もう思い残すことはないよ」と笑顔で言って機上の人となった。昭和三十二年一月二十六日、帰国してひと月後、重光は奥湯河原の別荘で急死する。釈放されてから六年間、重光は残された命を国家のために燃やし尽くした。

戦争回避に尽力し、一度開戦してからは勝つための外交とアジアの解放に務め、戦後はＧＨＱと戦い、独立後は日本の国際社会復帰に貢献した重光。いかなる状況においても絶望せず、降伏文書への署名と、国連加盟受諾演説の両方を行うという数奇な運命を辿った重光は、逃げることなく一貫して国家を背負い続けた。そして、入院することもなく、突然この世を去った。かつてこのような人物が存在したことを、日本人は決して忘れてはならない。

重光の合理的な判断が活かされず敗戦へ

だが、ここで我々は重大な事実を直視する必要がある。それは、重光のような人材を擁しながらも活かしきれず、敗戦して滅亡寸前まで追い込まれたという事実である。これは何ゆえであろうか？

当時中国大陸で延々と戦線を拡大すれば、中国大陸に利権を持ち、周辺のアジア諸国を植民地支配する欧米諸国との関係が悪化するのは自明の理であった。日本の大陸進出に嫌気する欧米諸国とソ連は援蒋ルートを使って中国を支援し続ける。それ故に日本は中国での戦争を早期終結することができず、泥沼に陥る悪循環となる。

その状態で、陸軍は大臣現役武官制を悪用して米内内閣を潰し、近衛内閣で松岡洋右外相と大島浩駐独大使が日独伊三国同盟を強力に推進してしまう。重光の猛反対は完全に無視された。ドイツは既に英仏と開戦していた。その段階でドイツと同盟を結んだら、わざわざヨーロッパの戦争に参戦することになる。イギリスと対立すれば、当然アメリカの態度を硬化させる。さらに仏領インドシナに進駐したら爆弾に着火するようなものである。日本は包囲されて締め上げられ、苦し紛れに対米開戦する最悪のパターンを辿る。

この愚を批判するのは決して後知恵ではない。当時においても重光らは大反対していたのである。しかし、当時の日本人はナチスドイツの強さに酔いしれ、憧れていた。近衛文麿は仮装大会でヒトラーのコスプレをした。

重光は、近衛内閣と松岡外相の政治手法は「万事ナチ流になった」と批判した。そして、松岡についてこう述べる。「ドイツの知識のない、欧州問題に暗い松岡外相は軍部の虜になっていて、外務省出先の意見を無視し、軍部の判断と意見とに聴従し、ドイツの宣伝をそのまま受け入れた」

そして日本についてはこうも述べている。「日本人の国際情勢に対する感覚は鈍感である。ドイツが英本土上陸を断念したときに、英本土上陸作戦が行われるように思ったり、ドイツがソ連と戦うことを決意したとき、ソ連との親善を説いたドイツをそのまま見ようとする」

この国際感覚音痴は継続する。頼みのドイツがソ連を攻めあぐね、劣勢に転じた後に日本は真珠湾攻撃を敢行する。完全な自滅行為である。日本はナチスドイツの強さに魅了されて追随した。そして敗戦後はアメリカに追随する。この、国際感覚の乏しさ、分析の甘さ、戦略性の欠如、強い者に追従する性格は当時から今日まで変わらずに引き継がれている。

今の日本に必要とされる重光のような人材

近年、戦後の日本絶対悪の自虐史観から脱し、日本の近代史を肯定的に見直す動きが顕著になってきた。それ自体はいいことなのだが、重光のような人材を擁しながら戦略的大失態を演じた事実には謙虚に向き合わなくてはならない。我々日本人は未だにその弱点を克服していないからである。重光に学ぶことは日本人の弱点を学ぶことでもある。

そして今、日本に必要なのは、まさに重光のような人材なのである。そもそも日本が現在、戦後最大の危機に瀕していることを認識している日本人が何人いるだろうか?

日本は戦後、安全保障を米国に委ねて生きてきたが、その米国が目を疑う崩壊状態を呈している。その一方で、覇権主義を隠さなくなった中国による浸透影響工作（サイレント・インベージョン）が確実に日本を蝕んでいる。また、ウクライナ戦争を通じて中露が深く結びついたことで、日本は中露北朝鮮という核保有国に囲まれ、有事の際には三正面作戦を強いられかねない状況に陥った。

今から三十年以上前にソ連が崩壊し、米国が一国覇権主義を唱えたとき、複数の国際政治学者達は米国の失敗と衰退を予見し、二〇二〇年代に日本は中国の支配下に入ると予言した。今、その予言がまさに的中しつつある。米国はもはや二正面作戦を戦う力はなく、ウクライナ戦争で明らかになったように、米国は核保有国とは戦わない。日本自身が自立し、防衛力を大幅に向上し、何よりも抑止力を強化しなければ、日本国の存立が危機に晒されている。

岸田政権は防衛費を増額し、国家安全保障戦略をより能動的なものに書き換えたが、深い議論もしないままに非核三原則と専守防衛を維持し、米国依存からの脱却はできていない。国会では憲法九条改正もスパイ防止法も審議されず、無意味な中傷と妨害に血道を上げている。座して死を待たんがばかりである。

かかる危急存亡の秋《とき》にあって、もし重光が今の日本に蘇ったならば、何を言っただろうか？ ひとつ確かなことがある。それは、重光自身が努力しながら果たせなかった、吉田ドクトリンからの脱却の必要性である。

一九五二年四月二十八日、サンフランシスコ講和条約が発効し、日本は主権を回復して独立を果たした。しかし同時に、日米安全保障条約も発効した。これは何を意味するか？ 日本は名目的には独立したが、米軍に日本中どこにでも、いつまでも基地を設置して保持することを許可することによって、米国による間接統治が無期限に継続されることを受け入れたのである。

前述のように、マッカーサーは当初、ポツダム宣言を反故にして、日本から司法行政立法の三権を奪い、軍政を敷こうとした。それを重光が直談判して撤回させ、間接統治に移行した。講和条約の発効と共に、その間接統治も解かれるはずだったが、吉田茂は独立国として必須の再軍備を忌避し、米軍基地を日本中に受け入れることで安全保障を米国に肩代わりさせ、日本自身は経済復興に専念して経済的繁栄を目指す道を選んだ。これを吉田ドクトリンと呼ぶが、それは必然的に米国による間接統治を半永久的に受け入れることに帰結した。

吉田は晩年、自らの政策を反省し後悔するが、米国の間接統治は独立後七十年以上を経ても継続されている。この間、米国は宗主国として、日本に独自外交も独自防衛も許さず、たとえ日本が核保有国に囲まれても、日本だけには核武装させない方針を貫いてきた。日本は全てのリソースを経済発展に注ぎ込むことでしばし経済的繁栄を享受したが、脆弱な半独立国は宗主国の衰退と共に、存亡の危機に陥りつつある。

日本では一般的に、吉田はマッカーサーら占領軍と対等に渡り合って戦後の日本社会を安定と繁栄に導いたと評価されているが、それは完全な幻想である。実際にはマッカーサーに平身低頭媚びへつらい、米国製の憲法を押し付けられたあげく、前述のように日本を永遠の属国的立場に固定したのである。

かつて「負けて、勝つ〜戦後を創った男・吉田茂〜」というＮＨＫのドラマスペシャル（二〇一二年五回連続）があった。ストーリーの概略には、「戦後、占領下の日本の舵取りを荷った宰相・吉田茂の激動の人生を描く全五回の土曜ドラマスペシャル。外務大臣に就任した吉田（渡辺謙）は進駐軍と対等に渡り合う」とあるが、とんでもない話である。実際には、「負けて、負けた」のである。このドラマには重光は登場しない。

罷免されたマッカーサーが帰国の際、吉田がマッカーサー宛に書いた手紙はまるでラブレターである。「あなたが、我々の地から慌ただしく、何等の前触れもなく出発されるのを見て、私がどれだけ衝撃を受けたか、どれだけ悲しんだか、あなたに告げる言葉もありません」

これのどこが「負けて、勝つ」なのか？

この吉田と対照的な態度を戦前、戦中、戦後と貫き通したのが重光葵である。重光は自らの外交姿勢について『重光葵手記』で次のように述べている。

「対外的に堂々と正論をもって強硬論をとなえ、または交渉するのは自分の歓迎するところである。自分は任を外に奉じ、未だかつて弱腰で交渉したことはない。しかしながら、交渉は常に大所高所から見た理路整然として、国家の大局に益するものでなくてはならぬ」

実際に重光はそのように行動した。

日本は重光が望む方向とは真逆に動いた。重光の落胆は計り知れない。そこでやる気を無くして隠遁していれば、戦犯にならずに済んだだろう。ソ連は重光が戦時中の外相だった事実を捉えて強引に戦犯指名した。しかし、重光はどんな逆境にあっても絶望せず、国家の為に責任を全うし続ける。

過酷な獄中にあっても重光は世界情勢を追い続け、日本の独立維持にこだわり続ける。占領当初、日本弱体化ばかりを狙い、左翼的政策を押し付けて来たＧＨＱに重光は苛立ちを覚えて巣鴨日記に次のように記す。

「米国としてもその世界政策を遂行する決意を有するならば、日本に対する政策でも単に敗戦国に対する戦勝国の既定の政策を、ソ連をも含む他国と共に遂行するだけで事足りるのであろうか。もし米国が真にその責任に覚醒するならば、その東亜政策特に対日政策の如きは急速に且つ飛躍的に変更して行かねばならぬと思われる。今日の占領政策の如き、ただ微に入り細を穿って、日本を各方面に亘って指導するという干渉政策に耽っていて、果たして事足りるのであるか。一体米国人には大局が見えないのであるか」

重光は勝者に迎合するのではなく、むしろ勝者の大局観の無さを憂いている。そして、日本国民に対しても厳しい目を向ける。

「日本国民は民主主義も共産主義も共に無理解である。唯強者たる占領軍の指揮棒の振り方を見ているのである。旧時の軍部に左右せられたと同様に新たなる武器を有った強者に追随する。自主独立の意気地のないものは結局右か左かに蹂躙せられる。米国は日本弱体化政策を何時まで続けて自主性のない日本を要求するのであろうか。日本は何とかして、速やかに自主性を取り返し立派な独立国として世界の平和に貢献し得る様にならなければならぬ。米国は必ずこれを欲する様になる」

実に透徹した見識である。福沢諭吉も『学問のすすめ』の中で、日本国民はまるで食客のような態度で独立心に欠ける、独立心を養うために学問に励まなければならないと論じた。果たして敗戦から八十年近くが経過して日本国民は進歩したのであろうか？　答えは否である。それどころか、令和の日本人は自分たちが独立していないことにすら気が付いていないのである。

当時の日本の指導層においても重光のような自主独立の精神を持つ人間は少なかった。玉砕、特攻、無差別都市空襲、原爆を経て敗戦していながら、吉田のみならず、当時の指導者はマッカーサーという新たな強者に媚びへつらった。その象徴例が「マッカーサー神社」である。秩父宮両殿下、田中耕太郎（最高裁長官）、金森徳次郎（国立図書館館長）、野村吉三郎（大映社長）、本田親男（毎日新聞社長）、長谷部忠（朝日新聞社長）らが発起人となって、マッカーサーの功績を記念する神社を建てようと合意したのである。

この申し出はマッカーサーに承諾され、いざ土地を探そうと動き出した途端に頭から冷水をかけられる事態となった。米国に帰国したマッカーサーが議会の公聴会で「日本人は歴史は長いが知的には十二歳」と言明したのだった。吉田が弁護するも、さすがに屈辱に耐えられず、神社建立案は潰えた。

それでも巣鴨プリズンから釈放され、公職追放が解けて政界に復帰した重光は筋を通し続けた。「自らの使命は、吉田の残した仕事の後始末をすることである」と自認する重光は、第二次鳩山内閣で副総理・外務大臣となると、吉田が結んだ日米安保条約を対等な条約にしようと奮闘し、ダレス国務長官と激論を交わす。重光が目指したのは、後に岸信介が行ったような米軍による日本防衛義務を付加するような修正ではなく、豪州と結んだような相互防衛義務を伴う対等な条約だった。これにはダレスも驚嘆すると共に感服した。

もし、重光が戦犯にならず、吉田に代わって日本の戦後を創っていたら、日本は三島由紀夫が嘆いたように、属国の立場に甘んじて経済的繁栄だけに現《うつつ》を抜かすような国にはならなかっただろう。逆に言えば、吉田のように占領軍に屈服した人間が日本人にとってヒーローであることは、統治者である米国にとって都合が良いことなのである。NHKは戦後一貫して占領軍に協力している。

巣鴨日記にある、重光の東条英機評が興味深い。

「彼は勉強家である。頭も鋭い。要点をつかんでいく理解力と決断とは、他の軍閥者流の遠く及ばざるところである。惜しい哉《かな》、彼に宏量（広い度量）と世界的知識とが欠如しておった。もしも彼が充分の時をもってこれらの要素を修養によって具備していたならば、恐らくは今日の如き日本の破局は招来しなかったであろう。蓋《けだ》し、彼が軍部を押え得る唯一の軍人であったことは確かであったからである。今日彼の唯一の念願は禍の天皇及び皇室に及ばざらんことである」

官僚的には有能であっても、世界的知識が欠如した東條に、ルーズベルト、チャーチル、スターリンといった海千山千と互角に渡り合えるはずもない。

東京裁判中、英国大使館が重光は戦犯ではないと主張したことを聞いた重光は、自分の外交が日本人よりも外国人に寧ろより多く理解されていることは大きな慰安であり、誇りであると巣鴨日記の中で述べている。海外でより高く評価され、尊敬されたという点で、安倍晋三と重なる。

重光の努力も虚しく、日本は真の独立を果たせないまま二十一世紀に突入し、宗主国の米国が急速に衰えているにも拘らず、未だに吉田ドクトリンにしがみ付いたまま存亡の危機に直面している。草葉の陰から重光はどんな思いで今の日本を見つめているだろうか? 否、今の日本にこそ、重光のような人材が死活的に必要なのだ。そして、今度こそ国民が覚醒することが絶対に必要だ。日本人は重光葵を再評価し、吉田から重光への転換を図らねばならない。

重光を再評価するために、一人でも多くの日本人に巣鴨日記を読んで欲しい。東京裁判が膨大な時間を費やして個別事実の検証を行うふりをしながら、いかに一方的な復讐劇であったか。囚人たちがいかに過酷で屈辱的な環境下に置かれたか。その中にあってなお、くじけることなく、媚びることなく、日本の将来を案じ続け、敵国である欧米からも尊敬と信頼を集め、真摯に弁護された重光の生き様を見れば、その偉大さが理解できるだろう。そして、今こそ重光の精神を復活させることが日本民族の存続に不可欠であることを確信するだろう。

判事団メンバー、前列左からパトリック(英)、クレーマー（米)、ウェッブ裁判長(濠)、梅(中)、ザリヤノフ(ソ)、後列左からパル(印)、レーリンク(蘭)、マクドゥガル(加)、ベルナール(仏)、ノースクロフト(新)、ハラニーリャ（比)

法廷入口で被告人が一堂に会して撮影

重光 葵 しげみつ・まもる

1887年大分県生まれ。子供の頃朝の沐浴と教育勅語の朗読を日課とする。東京帝大法科大学独法科卒業。外務省に入り、上海総領事、駐華特命全権公使等を歴任、上海事変停戦協定を成功させた直後、上海天長節爆弾事件で右足を失う。その後、外務次官、駐ソ、駐英、駐華の各大使、さらに東条内閣、小磯内閣、東久邇宮内閣で外相を務める。日本政府全権として戦艦ミズーリ艦上で降伏文書調印。昭和天皇の信頼厚く、調印前天皇から激励を受ける。張鼓峰事件の解決、ビルマ援蒋ルートの一時的閉鎖、戦後の占領軍による軍政阻止などは、重光の卓越した交渉能力を示す例である。大東亜共同宣言も終戦の御聖断も重光の提言によって実現。日華和平を目指し、三国同盟や日米開戦には反対の立場だったが、極東国際軍事裁判ではソ連の横やりでA級戦犯の被告人となり、禁固7年の判決。政界復帰後、改進党総裁、日本民主党、自由民主党副総裁、そして鳩山内閣の外相として日本の国際連合加盟に尽力。1957年没、享年69歳。

解説 **山岡 鉄秀** やまおか・てつひで

1965年、東京都生まれ。中央大学卒業後、シドニー大学大学院、ニューサウスウェールズ大学大学院修士課程修了。公益財団法人モラロジー道徳教育財団研究員、令和専攻塾塾頭。著書に『vs.中国(バーサス・チャイナ)—第三次世界大戦は、すでに始まっている!』(ハート出版)、『新・失敗の本質』『日本よ、情報戦はこう戦え!』(育鵬社)、『日本よ、もう謝るな!』監訳に『目に見えぬ侵略—中国のオーストラリア支配計画』(共に飛鳥新社)などがある。

編集協力:和中光次

[新字体・現代仮名遣い版] 巣鴨日記

令和5年 5月27日　第1刷発行

著　者　重光 葵
発行者　日髙 裕明
発　行　株式会社ハート出版

〒171-0014 東京都豊島区池袋3-9-23
TEL03-3590-6077 FAX03-3590-6078
ハート出版ホームページ https://www.810.co.jp

Printed in Japan ISBN978-4-8024-0157-9 C 3021
印刷・製本 ディグ

［復刻版］**高等科修身**［男子用］
今の日本だからこそ必要な徳目が身につく
高須 克弥 解説
ISBN978-4-8024-0152-4　本体 1500 円

［復刻版］**国民礼法**
ＧＨＱに封印された日本人の真の礼儀作法
竹内 久美子 解説
ISBN978-4-8024-0143-2　本体 1400 円

［復刻版］**初等科修身**［中・高学年版］
ＧＨＱが葬った《禁断》の教科書
矢作 直樹 解説・推薦
ISBN978-4-8024-0094-7　本体 1800 円

［復刻版］**ヨイコドモ**［初等科修身 低学年版］
低学年の時からこんな道徳を学んでいた！
矢作 直樹 推薦
ISBN978-4-8024-0095-4　本体 1600 円

［復刻版］**中等歴史**［東亜及び世界篇〈東洋史・西洋史〉］
驚くほど公正な戦時中の中等学校「世界史」
三浦 小太郎 解説
ISBN978-4-8024-0133-3　本体 1700 円

［復刻版］**高等科国史**
世に出ることのなかった"幻の教科書"
三浦 小太郎 解説
ISBN978-4-8024-0111-1　本体 1800 円

［復刻版］**初等科国史**
ＧＨＱが廃止した我が国最後の国史教科書
三浦 小太郎 解説　矢作 直樹 推薦
ISBN978-4-8024-0084-8　本体 1800 円

［復刻版］**初等科地理**
ご先祖が学んだ我が国と大東亜の"地政学"
宮崎 正弘 解説　矢作 直樹 推薦
ISBN978-4-8024-0123-4　本体 1700 円

［復刻版］**初等科国語**［中学年版］
日本語の美しい響きと力強さ、道徳心を学べる
葛城 奈海 解説　矢作 直樹 推薦
ISBN978-4-8024-0103-6　本体 2000 円

［復刻版］**初等科国語**［高学年版］
道徳的価値観に基づく愛の心に満ちた教科書
小名木 善行 解説　矢作 直樹 推薦
ISBN978-4-8024-0102-9　本体 2500 円

［復刻版］**よみかた**上・下［初等科国語 低学年版］
低学年の時からこんな国語を学んでいた！
佐波 優子 解説　矢作 直樹 推薦
ISBN978-4-8024-0100-5 箱入り 本体 4500 円

中国共産党
毛沢東から習近平まで 異形の党の正体に迫る
小滝 透 著
ISBN978-4-8024-0153-1　本体 1800 円

反日国家の野望・光州事件
光州事件は民主化運動か？ 北朝鮮が仕組んだ暴動なのか？
池 萬元 著　松木 國俊 監修
ISBN978-4-8024-0145-6　本体 2000 円

ステルス侵略
中国の罠に嵌まった日本
佐々木 類 著
ISBN978-4-8024-0149-4　本体 1600 円

日本が３度目の核攻撃を受けないために
核問題の第一人者がタブーを破り６大難問に回答
高田 純 著
ISBN978-4-8024-0142-5　本体 1400 円

中国が仕掛ける東アジア大戦争
安倍晋三元首相が提唱した「インド・太平洋構想」が世界を救う
ペマ・ギャルポ 著
ISBN978-4-8024-0144-9　本体 1400 円